Japanese Language
Proficiency Test Special Class

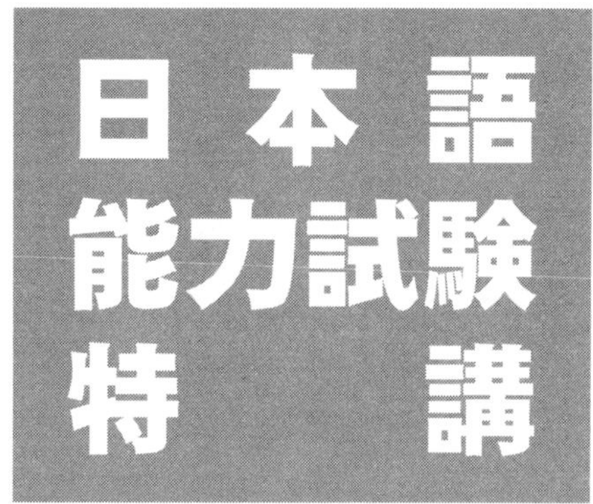

日本語能力試験特講

저자 이계옥

제이앤씨
Publishing Company

머리말 日本語 能力試驗 特講

일본어를 공부하는 여러분!

이제까지 분발해온 일본어 실력의 정리라는 의미에서 이 교재를 3회 이상 반복

학습을 함으로써, 일본어 능력시험 경향과 문제 푸는 시간 배정 등을 점검함은

물론이거니와 문제 해결을 위한 철저한 준비가 가능하도록 하였습니다.

일본어 능력시험 1·2급 기출 문제를 수록하였고, 일본어 능력시험 1·2급 취

득을 위해 꼭 익혀야 할 표현들을 모았습니다.

처음부터 끝까지 정성껏 공부하면 여러분의 기대에 부응하리라 믿습니다.

2009年 8月

이계옥

2009 JLPT 접수 및 실시에 대한 안내

2009년 JLPT 일본어능력시험의 접수 및 실시에 대하여 아래와 같이 알려드립니다.

1. **시험일자 :** [1차] 2009년 7월 5일(日) 09:00 –

    [2차] 2009년 12월 6일(日) 09:00 –

2. **접수기간 :** [1차] 2009년 3월 30일(月) ~ 4월 10일(金) [09:30~17:30]

    [2차] 2009년 8월 31일(月) ~ 9월 11일(金) [09:30~17:30]

3. **접수방법 :** 온라인접수, 우편접수, 방문접수

    [단, 방문접수는 2009년 4월 6일(月) ~ 4월 10일(金) / 9월 7일(月) ~ 9월 11일(金)]

4. **수 험 료 :** 일반성적통지 39,000원 (1급~4급) / 빠른성적통지 47,000원 (1급~4급)

< 日本語能力試驗대비 JPT 권장점수 >

JPT	日本語能力試驗[JLPT]
715점 이상	1급
540점 이상	2급
415점	3급

< JPT 시험일정 >

회 차	시험일자	인터넷 접수기간	방문 접수		성적 발표 (인터넷)
			대학접수처	일반접수처	
제150회	09.08.23(일)	09.06.22 ~ 09.07.12 밤 12:00	09.06.22 ~ 09.07.02	09.06.29 ~ 09.07.02	09.09.07(월) 15:00
제151회	09.09.20(일)	09.07.27 ~ 09.08.16 밤 12:00	09.07.27 ~ 09.08.06	09.08.03 ~ 09.08.06	09.10.05(월) 15:00
제152회	09.10.18(일)	09.08.24 ~ 09.09.13 밤 12:00	09.08.24 ~ 09.09.03	09.08.31 ~ 09.09.03	09.11.02(월) 15:00
제153회	09.11.29(일)	09.09.21 ~ 09.10.11 밤 12:00	09.09.21 ~ 09.10.01	09.09.28 ~ 09.10.01	09.12.14(월) 15:00
제154회	09.12.27(일)	09.11.02 ~ 09.11.22 밤 12:00	09.11.02 ~ 09.11.12	09.11.09 ~ 09.11.12	10.01.11(월) 15:00
제155회	10.01.31(일)	09.11.30 ~ 09.12.20 밤 12:00	09.11.30 ~ 09.12.10	09.12.07 ~ 09.12.10	10.02.15(월) 15:00

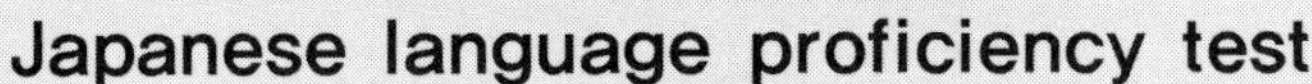

日本語能力試験
Japanese language proficiency test

1. 目 的

この試験は、日本語を母語としない人を対象として、日本語能力を測定し、認定することを目的として行います。

2. 試験日

2009年12月6日（日曜日）

▶ 신분증 미지참시 시험응시 절대불가

3. 出願の手続

受 付 期 間 ： 1回 ＞ 2009年3月30日（月）～ 2009年4月10日（金）

2回 ＞ 2009年8月25日（月）～ 2009年9月12日（金）

4. 試験の内容

試験は4つの級に分かれていて、各級とも「文字・語彙」、「聴解」及び「読解・文法」の3種類があります。試験の構成及び級別認定基準は、次のとおりです。

級	構 成			認 定 基 準
	類 別	時 間	配 点	
1級	文字・語彙 聴　　解 読解・文法 計	45分 45分 90分 180分	100点 100点 200点 400点	高度の文法・漢字(2,000字程度)・語彙(10,000語程度)を習得し、社会生活をする上で必要な、総合的な日本語能力(日本語を900時間程度学習したレベル)
2級	文字・語彙 聴　　解 読解・文法 計	35分 40分 70分 145分	100点 100点 200点 400点	やや高度の文法・漢字(1,000字程度)・語彙(6,000語程度)を習得し、一般的なことがらについて、会話ができ、読み書きできる能力(日本語を600時間程度学習し、中級日本語コースを終了したレベル)
3級	文字・語彙 聴　　解 読解・文法 計	35分 35分 70分 140分	100点 100点 200点 400点	基本的な文法・漢字(300字程度)・語彙(1,500語程度)を習得し日常生活に役立つ会話ができ、簡単な文章が読み書きできる能力(日本語を300時間程度学習し、初級日本語コースを終了したレベル)
4級	文字・語彙 聴　　解 読解・文法 計	25分 25分 50分 100分	100点 100点 200点 400点	初歩的な文法・漢字(100字程度)・語彙(800語程度)を習得し、簡単な会話ができ、平易な文、又は短い文章が読み書きできる能力(日本語を150時間程度学習し、初級日本語コース前半を終了したレベル)

목차

日本語 能力試験 特講

第 1 課

2006年 2級 文字・語彙
（100点 35分）

問題I　下線の言葉は、どのように読みますか。その読み方を、1・2・3・4から一つ選びなさい。

問1　彼が<u>来日</u>した<u>目的</u>は、研究のための<u>資料</u>を集めることである。

(1) 目的　　1　もくてき　　2　もくでき　　3　もくひょう　　4　もくびょう

(2) 資料　　1　げんりょう　　2　ざいりょう　　3　しりょう　　4　ひりょう

問2　このまちでは、住民の<u>努力</u>で<u>犯罪</u>や<u>事件</u>が減っている。

(3) 努力　　1　きょうりょく　2　きょりょく　　3　どうりょく　　4　どりょく

(4) 犯罪　　1　はんさい　　2　はいざい　　3　はんさい　　4　はんざい

(5) 事件　　1　じけん　　2　じこ　　3　じじょう　　4　じだい

問3　今度引っ越すマンションは、<u>家賃</u>が今の<u>二倍</u>だ。

(6) 家賃　　1　いえだい　　2　いえちん　　3　やだい　　4　やちん

(7) 二倍　　1　にかい　　2　にき　　3　にばい　　4　にぶ

問4　<u>険しい</u>山の中で<u>鉄橋</u>をかける工事が行われている。

(8) 険しい　　1　あやしい　　2　くわしい　　3　けわしい　　4　ひとしい

(9) 鉄橋　　1　てっきょ　　2　てっきょ　　3　てつきょう　　4　てっきょう

問5　<u>優勝</u>を<u>祈って</u>、みんなで<u>応援</u>した。

(10) 優勝　　1　ゆうしょう　　2　ゆうじょう　　3　ゆしょう　　4　ゆじょう

(11) 祈って　　1　ねらって　　　2　ねがって　　　3　いわって　　　4　いのって
(12) 応援　　　1　しんえん　　　2　しえん　　　　3　おえん　　　　4　おうえん

問6　あの人はいつも、自分の損得より他人のことを考えて行動する。

(13) 損得　　　1　そんどく　　　2　そんとく　　　3　いんどく　　　4　いんとく
(14) 他人　　　1　ちにん　　　　2　ちじん　　　　3　たにん　　　　4　たじん

問7　大都市の大学は、広いキャンパスを求めて、次々と郊外へ移転していった。

(15) 求めて　　1　もとめて　　　2　みとめて　　　3　まとめて　　　4　つとめて
(16) 次々と　　1　つぎつぎと　　2　だんだんと　　3　たびたびと　　4　おくぞくと
(17) 郊外　　　1　ごうがい　　　2　こうがい　　　3　ぎょうがい　　4　きょうがい
(18) 移転　　　1　はってん　　　2　じてん　　　　3　かいてん　　　4　いてん

問8　この標識のあるところは駐車できません。

(19) 標識　　　1　ひょうじき　　2　ひょうしき　　3　しょうじき　　4　しょうしき
(20) 駐車　　　1　ていしゃ　　　2　ちゅうしゃ　　3　たいしゃ　　　4　しゅうしゃ

問題II　下線の言葉は、どのような漢字を書きますか。その漢字を、1・2・3・4か　　ら一つ選びなさい。

問1　ここはあさくて　なみが静かなので、子どもでもおよげる。

(21) あさくて　1　汚くて　　　　2　浅くて　　　　3　深くて　　　　4　清くて
(22) なみ　　　1　河　　　　　　2　波　　　　　　3　流　　　　　　4　湾
(23) およげる　1　泳げる　　　　2　浴げる　　　　3　涼げる　　　　4　渡げる

問2　けってんが見つかった場合、それをおぎなう　ほうほうを考えるべきだ。

(24) けってん　1　欠店　　　　　2　欠点　　　　　3　決店　　　　　4　決店
(25) おぎなう　1　捕う　　　　　2　浦う　　　　　3　補う　　　　　4　鋪う
(26) ほうほう　1　方々　　　　　2　方法　　　　　3　法々　　　　　4　法方

問3　ここで<u>はんばい</u>されている<u>かわぐつ</u>は、<u>やわらかくて</u>はきやすい。

(27) はんばい　　1　敗売　　　　2　敗買　　　　3　販売　　　　4　販買

(28) かわぐつ　　1　毛靴　　　　2　毛鞄　　　　3　革靴　　　　4　革鞄

(29) やわらかくて　1　快らかくて　2　和らかくて　3　柔らかくて　4　適らかくて

問4　<u>そんけい</u>する先生に<u>まんねんひつ</u>を<u>おくった</u>。

(30) そんけい　　1　恵尊　　　　2　敬尊　　　　3　尊恵　　　　4　尊敬

(31) まんねんひつ　1　万年章　　2　万年草　　　3　万年帯　　　4　万年筆

(32) おくった　　1　借った　　　2　受った　　　3　贈った　　　4　貸った

問5　彼は<u>しゅっぱんしゃ</u>で<u>ざっし</u>の<u>へんしゅう</u>をしている。

(33) しゅっぱんしゃ　1　出坂社　　2　出阪者　　　3　出版社　　　4　出板社

(34) ざっし　　　　1　冊紙　　　　2　冊誌　　　　3　雑紙　　　　4　雑誌

(35) へんしゅう　　1　編収　　　　2　編集　　　　3　練収　　　　4　錬集

問6　鳥の<u>むれ</u>が大きな<u>わ</u>をえがいて北の空に<u>とんで</u>いった。

(36) むれ　　　　　1　群れ　　　　2　組れ　　　　3　族れ　　　　4　団れ

(37) わ　　　　　　1　円　　　　　2　丸　　　　　3　周　　　　　4　輪

(38) とんで　　　　1　羽んで　　　2　昇んで　　　3　飛んで　　　4　離んで

問7　この国の<u>そうじんこう</u>は約1<u>おく</u>人である

(39) そうじんこう　1　計人口　　　2　算人口　　　3　全人口　　　4　総人口

(40) おく　　　　　1　憶　　　　　2　億　　　　　3　臆　　　　　4　檍

問題Ⅲ　＿＿＿＿＿に入れるのに最もよいものを、1・2・3・4から一つ選びなさい。

(41) 旅行につれていけないので、わたしは友人にペットの犬を＿＿＿＿＿。

　　　1　あずけた　　　　2　ふざけた　　　　3　くっつけた　　　4　よびかけた

(42) 飲み終ったら、______になったビンをこちらに捨ててください。

    1　あき　　　　　　2　なし　　　　　　3　すき　　　　　　4　から

(43) 昨夜は、ベッドで本を読んでいるうちに______寝てしまった。

    1　いつのことか　　2　いつのまにか　　3　いつまでも　　　4　いつでも

(44) わたしの会社は、倉庫を______して、オフィスにしている。

    1　改正　　　　　　2　改造　　　　　　3　改善　　　　　　4　改定

(45) このごろ少し太ったせいか、ズボンが______なった。

    1　ずるく　　　　　2　ゆるく　　　　　3　にぶく　　　　　4　きつく

(46) 「山田さんは、まだ来ていないんですか。」「______、昨日も休みでしたね。」

    1　そういえば　　　2　それとも　　　　3　なぜなら　　　　4　だって

(47) 工事は______進んでいて、予定どおり来月には終了しそうです。

    1　順調に　　　　　2　自然に　　　　　3　にぶく　　　　　4　きつく

(48) あまりに寒くて、手足の______がなくなってきた。

    1　感情　　　　　　2　感動　　　　　　3　感覚　　　　　　4　感激

(49) 台風の接近にともない、夜になって雨と風が______強くなってきました。

    1　しだいに　　　　2　せっせと　　　　3　ばったり　　　　4　ちかぢか

(50) 今回のマラソンは、こちらの競技場から______することになっています。

    1　セット　　　　　2　ノック　　　　　3　スタート　　　　4　サービス

**問題IV　（51）から（55）は、言葉の意味や使い方を説明したものです。その説明
　　　　に最もあう言葉を、1・2・3・4から一つ選びなさい。**

(51) 新しい考えが頭に浮かぶ。

    1　思い込む　　　　2　思いあう　　　3　思い出す　　　4　思いつく

(52) 量が十分にある様子。

    1　めっきり　　　　2　たっぷり　　　3　ぴったり　　　4　すっきり

(53) ほかの人に言えないこと。隠しておきたいこと。

    1　恐怖　　　　　　2　暗記　　　　　3　秘密　　　　　4　我慢

(54) 特定の分野で豊富な経験のある人。

　　　1　コーチ　　　　　　2　ベテラン　　　3　キャプテン　　　4　ジャーナリスト

(55) 自分から進んでしようという態度ではない。

　　　1　消極的　　　　　　2　積極的　　　　3　肯定的　　　　　4　否定的

問題Ⅴ　(56) から (60) の言葉の使い方として最もよいものを、1・2・3・4から一つ選びなさい。

(56) うたがう

　　　1　田中君は、クラスのみんながうたがっている人気者である。

　　　2　わたしは、彼がかならず帰ってきてくれるとうたがっている。

　　　3　あの人は、わたしがうそを言っているのではないかとうたがっている。

　　　4　前からうたがっていたのですが、あのカレンダーの写真は何の写真ですか。

(57) 楽（らく）

　　　1　楽そうに遊ぶ子どもたちの声が聞こえてくる。

　　　2　では、こちらに楽な姿勢でこしかけてください。

　　　3　昨日は、久しぶりにお目にかかれて本当に楽でした。

　　　4　どうぞ楽にいらっしゃってくださいね。お待ちしています。

(58) 少しも

　　　1　いろいろ忙しいのは分かっているが、少しもわたしの話を聞いてほしい。

　　　2　おもしろいと聞いて読んだ本は、少しもつまらなかった。

　　　3　10年ぶりに会った彼女は、少しも変わっていなかった。

　　　4　フランス語はあまりうまくないが、少しも話せる。

(59) 支配する

　　　1　このサルのグループを支配しているのは、あの大きなサルらしい。

　　　2　おみやげにりんごをたくさんもらったので、近所の人に支配した。

　　　3　上から押す力と下から支配する力のバランスがうまくとれている。

　　　4　クラスの友人たちに支配してもらって、すばらしい留学生活を送ることができた。

(60) ユーモア

   1　木村さんはいつも<u>ユーモア</u>ばかり言っていて、感じが悪い。

   2　大木さんは<u>ユーモア</u>のある人で、一緒にいるといつも楽しい。

   3　山口さんは授業中よく<u>ユーモア</u>をして、先生に怒られている。

   4　村山さんは仕事に対して<u>ユーモア</u>は持っているのだが、うまくいかない
　　　ことが多い。

問題VI　（61）から（65）の下線の言葉に意味が最も近いものを、1・2・3・4から一つ選びなさい。

(61) あちらの会社には<u>再三</u>お願いしています。

   1　何度も　　　　2　何度か　　　　3　いつも　　　　4　いつか

(62) 鈴木さんは毎日まじめに<u>トレーニング</u>している。

   1　翻訳　　　　2　世話　　　　3　生活　　　　4　練習

(63) この二人は何から何まで<u>そっくり</u>だ。

   1　変わっている　2　違っている　3　合っている　4　似ている

(64) すっかりここが<u>気に入って</u>しまった。

   1　おかしくなって　2　やさしくなって　3　すきになって　4　いやになって

(65) 市役所に行って<u>苦情</u>をうったえた。

   1　不満　　　　2　不運　　　　3　不便　　　　4　不正

第 2 課

「い」形容詞

1	良い	よい	安くて良い品を買う。
2	粗い	あらい	このセーターは目が粗い。
3	堅い	かたい	彼は考え方が堅い。
4	臭い	くさい	たばこで部屋が臭い。
5	渋い	しぶい	渋いお茶を飲む。留学したいと言うと、父は渋い顔をした。
6	緩い	ゆるい	やせたので、ベルトが緩くなってしまった。
7	貴い	とうとい	博物館には貴い資料が残されている。
8	尊い	とうとい	お坊さんが人々に仏の尊い教えを説く。
9	醜い	みにくい	この鳥は、雄は美しいが、雌は醜い。
10	快い	こころよい	快い音楽を聞きながら眠ってしまった。
11	惜しい	おしい	大きな魚を釣ったのに、惜しいことに逃げられた。
12	怪しい	あやしい	現場から怪しい男が走り去った。
13	卑しい	いやしい	人の分まで取って食べるなんて卑しい。
14	厳しい	きびしい	あの先生は学生に厳しい。
15	悔しい	くやしい	弟に負けて悔しい。
16	詳しい	くわしい	この辞書は説明がとても詳しい。
18	寂しい	さびしい	家族と離れて暮らすのは寂しいものだ。寂しい道
18	乏しい	とぼしい	彼は経験は乏しいが、仕事は熱心だ。
19	激しい	はげしい	台風の接近に伴い雨と風が激しくなった。

20	著しい	いちじるしい	政治への不満が著しく高まっている。
21	騒がしい	さわがしい	休み時間の教室は、いつも騒がしい。
22	懐かしい	なつかしい	このテープには、懐かしい曲が入っている。
23	悩ましい	なやましい	問題の解決策が見付からず、悩ましい。悩ましい姿
24	甚だしい	はなはだしい	深夜に電話をかけるとは、非常識も甚だしい。
25	華々しい	はなばなしい	彼女は映画スターとして、華々しい活躍をしている。
26	煩わしい	わずらわしい	役所の手続きは、時間がかかって煩わしい。
27	慌ただしい	あわただしい	引っ越しの準備で毎日が慌ただしい。
28	汚らわしい	けがらわしい	不正に得た金なんて汚らわしい。
29	紛らわしい	まぎらわしい	「職」と「識」は、似ていて紛らわしい。
30	平たい	ひらたい	この料理には平たい皿が合う。
31	酸っぱい	すっぱい	このみかんは酸っぱい。

1 粗い: 엉성하다. 성기다(코가 성기다). (태도 행동 등이) 거칠다. 세차다. 맹렬하다. 헤프다.

2 堅い: 단단하고 튼튼하다. 견고하다. 굳다. 견실하다. 확실하다. 딱딱하다. 완고하다.

3 臭い: 구리다. 역한 냄새가나다. 의심스럽다. 수상쩍다.

4 渋い: 떫다. 수수하면서도 깊은 맛이 있다. 차분하다. (표정 등이) 떨떠름하다. 씁쓸하다. 인색하다. 쩨쩨하다.

5 緩い: 느슨하다. 헐렁하다. 헐겁다. 엄하지 않다. 완만하다. 느리다. 부드럽다.

6 貴い: 존귀하다. 고귀하다. 존엄하다.

7 尊い: 귀중하다. 소중하다.

8 醜い: 추하다. 보기 흉하다. 못생기다.

9 快い: 기분이 좋다. 상쾌하다. 즐겁다. 병세가 좋아지다.

10 良い: 우수하다. 질이 좋다. 양호하다. 원만하다. 아름답다. 효과가(효력이)있다. 도움이 되다. 건강하다. 이익이 되다. 득이 되다. 유익하다. 바르다. 바람직하다. 친숙하다. 마음씨좋다. 호의적이다. 경사스럽다. 알맞다. (나이가)상당하다. 제격이다. 안성맞춤이다. 충분하다. 상관없다. 괜찮다. 그렇게 하는 것이 바람직하다.

11 惜しい: 아깝다. (잃거나 헛되게 됨이) 아깝다. 애석하다. 섭섭하다. 유감스럽다.

12 怪しい: 불가사의하다. 신비스럽다. 이상하다. 별스럽다. 의심스럽다. 수상하다. 어설
　　　프다. 믿을 수 없다. 심상치 않다.
13 卑しい: (신분 지위가) 낮다. 천하다. 상스럽다. 저속하다. 초라하다. 탐욕스럽다.
14 厳しい: 엄하다. 엄격하고 가차 없다. (산 등이) 험하다. 냉엄하다. 혹독하다. 힘겹다.
15 悔しい: (실패나 치욕을 경험해서) 분하다. 억울하다. 후회스럽다.
16 詳しい: 상세하다. 자세하다. 자상하다. 정통하다. 잘 알고 있다. 밝다.
17 寂しい: 쓸쓸하다. 호젓하다. (외로워서) 쓸쓸하다. 허전하다. 서운하다. 내용이 빈약
　　　하다. 허술하다.
18 乏しい: 부족하다. 불충분하다. 가난하다.
19 激しい: 심하다. 격심하다. 격렬하다.
20 著しい: 현저하다. 두드러지다. 명백하다.
21 騒がしい: 시끄럽다. 떠들썩하다. 소란스럽다. 뒤숭숭하다.
22 懐かしい: 그립다. 정답다. 정겹다. 반갑다. 기쁘다. 사랑스럽다. 귀엽다.
23 悩ましい: 괴롭다. 고통스럽다. (관능에 자극되어) 마음이 어지럽다(흐트러지다).
24 甚だしい: 매우 심하다. 대단하다. (흔히 좋지 않은 뜻으로 씀).
25 華々しい: 화려하다. 찬란하다. 멋들어지다. 눈부시다. 훌륭하다.
26 煩わしい: 번거롭다. 귀찮다. 성가시다. 까다롭다. 뒤얽혀 복잡하다.
27 慌ただしい: 황망하다. 분주하다. 부산하다. 어수선하다.
28 汚らわしい: 더럽다. 역겹다. 불결하다. 추잡스럽다.
29 紛らわしい: 아주 비슷하여 헷갈리기 쉽다. 혼동하기 쉽다.
30 平たい: 넓적하다. 납작하다. 평평하다. 판판하다. (성격 따위가) 모나지 않고 둥글다.
　　　부드럽다. 겸손하다. 알기 쉽다. 통속적이다.
31 酸っぱい: 시큼하다. 시다.

{　　　　　　}から適当な言葉を選んで（　　　）に入れなさい。

A.　感覚、感情

1　{ a　苦しい　　b　切ない　　c　辛い }

❶　最近、夜遅くまで勉強しているので、朝、起きるのが（　　　）。

❷　愛する彼と1年も会えないと思うと涙が出るほど（　　　）。

❸　アルバイトの収入だけで生活するのは金銭的に（　　　）。

2　{ a　不気味な　　b　怖い　　c　恐ろしい }

❶　最近は、子供をしかる（　　　）親が少なくなった。

❷　新しく開発された兵器は（　　　）破壊力があるらしい。

❸　事故が起きた原子力発電所の周囲には（　　　）静けさが漂っていた。

3　{ a　情けない　　b　憎らしい　　c　ばかばかしい }

❶　一生懸命勉強したのに、こんな点しか取れなくて（　　　）。

❷　ずる休みした人の仕事まで私がやるなんて（　　　）。

❸　この映画でヒロインをいじめる役の俳優はとても（　　　）顔をしていた。

4　{ a　心苦しい　　b　ありがたい　　c　もったいない }

❶　（　　　）ことに、私が困っていた時、友達がいろいろ助けてくれた。

❷　まだ使えるものを捨ててしまうなんて（　　　）。

❸　助けてもらうばかりで、お返しができなくて（　　　）。

5 { a 恋_{こい}しい　　b 懐_{なつ}かしい　　c 羨_{うらや}ましい　}

❶ 友達とよく旅行した学生時代が本当に（　　）。

❷ 学生時代のボーイフレンドが今でも忘れられなくて（　　）。

❸ 社会人になってみると、自由な時間がたくさんある学生が（　　）。

6 { a 頼_{たの}もしい　　b ほほえましい　　c かわいい　}

❶ 最近、言葉を覚えた2歳の娘がとても（　　）。

❷ 夫の単身赴任中、父親の役目をしようとする高校生の長男が（　　）存在に
思えた。

❸ 小さい男の子が一生懸命妹の世話をしているのはなんとも（　　）光景だ。

7 { a 痛い　　b かゆい　　c くすぐったい　}

❶ 愛犬に顔をなめられると（　　）が、うれしいものだ。

❷ 蚊に刺されたところが（　　）ので、薬を塗った。

❸ 3日前に階段から落ちて、まだひざが（　　）。

8 { a 煙_{けむ}い　　b 眠_{ねむ}い　　c だるい　}

❶ ゆうべ徹夜で仕事をしたので、今日は本当に（　　）。

❷ 風邪気味で体が（　　）ので、パーティーを欠席した。

❸ 隣の席の人のたばこが（　　）ので、ほかの席に移った。

9 { a 悔_{くや}しい　　b 残念_{ざんねん}な　　c 惜_おしい　}

❶ （　　）ことに、スミスさんは1点足りずに不合格になった。

❷ （　　）ことに、テニスを始めたばかりの妹と試合をして負けてしまった。

❸ 山田さんが仕事で今度の旅行に参加できないのはとても（　　）ことだ。

10　{ a　面倒くさい　　b　煩わしい　　c　ゆううつだ　}

❶　準備不足なので、明日のスピーチ大会のことを考えると（　　　）。

❷　一戸建てはマンションの生活と比べて、近所の人たちとの人間関係が
（　　　）。

❸　こんなにたくさんの書類を書き直さなければならないなんて（　　　）。

11　{ a　鈍感な　　b　無関心な　　c　不用意な　}

❶　「彼女の気持ちに気づかないなんて、君は本当に（　　　）男だ。」

❷　政治に（　　　）若者が年々増えているようだ。

❸　「あなたの（　　　）一言が木村さんをひどく傷つけたのよ。」

12　{ a　気楽な　　b　快適な　　c　楽な　}

❶　給料が良くて（　　　）仕事なんてあるわけない。

❷　一人暮しは人に気を遣わなくて済むので、（　　　）面もあるが、寂しいとき
もある。

❸　この地方は気候もいいし、食べ物もおいしいので、（　　　）生活が送れそう
だ。

13　{ a　壮絶な　　b　悲惨な　　c　惨めな　}

❶　大地震の後の（　　　）光景を見て、胸が痛くなった。

❷　彼は独立戦争で先頭に立って戦い、（　　　）死を遂げた。

❸　相手チームが強すぎたとはいえ、あんな（　　　）負け方はしたくなかった。

14　{ a　ぬるい　　b　蒸し暑い　　c　うっとうしい　}

❶　日本の夏は（　　　）ので、過ごしにくい。

❷　疲れを取るには、（　　　）風呂にゆっくり入るのがいい。

❸　梅雨時は天気が悪い日が多く、（　　　）。

15 { a すっぱい　　b 苦^{にが}い　　c 渋^{しぶ}い }

❶ レモンの （　　） 味と香りが、魚の臭みを消してくれる。

❷ 「（　　） 薬ほどよく効くと昔から言われているから、我慢して飲みなさい。」

❸ この柿は （　　） ので、そのままでは食べられない。

16 { a 濃い　　b からい　　c しつこい }

❶ 油をたくさん使った料理は、私にはちょっと （　　） ので、毎日は食べられない。

❷ 眠いので （　　） コーヒーをいれて飲んだ。

❸ このカレーはとても （　　）。ちょっと食べても、舌がひりひりする。

A. 感覚、感情

(1) 苦しい: 답답하다. 고통스럽다. 괴롭다. 난처하다. 힘겹다. 곤란하다. 거북하다.
　　切ない: (몸이) 괴롭다. (숨이 막힐 것 같아) 힘들다. (슬픔 외로움 등으로) 안타깝다. 애달프다.
　　辛い: 괴롭다. 고통스럽다. 가혹하다.

(2) 不気味な(無気味な): 어쩐지 불안함. 어쩐지 무서움.
　　怖い: 무섭다. 겁나다. 두렵다.　　　　恐ろしい: 무섭다. 걱정스럽다. 불안하다.

(3) 情けない; 한심하다. 비참하다. 정나미 떨어지다. 무정하다. 멋없다.
　　憎らしい: 얄밉다. 밉살스럽다.　　　　ばかばかしい: 시시하다. 몹시 어리석다. 터무니없다.

(4) 心苦しい: 마음이 괴롭다. 미안하다. 안타깝다.
　　ありがたい: 고맙다. 감사하다. 자기에게 유리하여 기쁘다. 다행스럽다. 반갑다. 달갑다.
　　もったいない: 황송하다. 과분하다. 아깝다. 죄스럽다.

(5) 恋しい: 그립다.　　　　懐かしい: 그립다. 정답다. 정겹다.
　　うらやましい(羨ましい): 부럽다. 샘이 나다.

(6) 頼もしい: 믿음직하다. 장래가 촉망되다.
　　ほほえましい: (호감 귀여움 등으로 말미암아) 절로 미소 짓고 싶다. 흐뭇하다.
　　かわいい: 귀엽다. 사랑스럽다. 작아서 예쁘다.

(7) 痛い: 아프다.　　　かゆい: 가렵다.　　　くすぐったい: 간지럽다. 낯간지럽다. 겸연쩍다.

(8) 煙い: 냅다.　　　眠い: 졸리다. 자고 싶다.　　　だるい: 나른하다. 노곤하다.

(9) 悔しい: (실패나 치욕을 경험해서) 분하다. 억울하다. 후회스럽다.
　　残念な: 유감스러움. 아쉬움. 분함. 억울함.　　　　惜しい: 아깝다. 섭섭하다. 유감스럽다.

(10) 面倒くさい: 몹시 귀찮다(성가시다). 번거롭기 짝이 없다.
　　煩わしい: 번거롭다. 귀찮다. 까다롭다. 뒤얽혀 복잡하다.

ゆううつだ: 우울하다.

(11) 鈍感な: 둔감한.　　　無関心な: 무관심한.

　　 不用意な: 준비가 되어 있지 않은. 조심성이 없는. 부주의한.

(12) 気楽な: 속편한. 홀가분한. 한가한.　　　快適な: 쾌적한.

　　 楽な: 편안한. 안락한. 쉬운. 용이한. 수월한. 유복한. 생활이 넉넉한.

(13) 壮絶な: 장렬한.　　　悲惨な: 비참한.　　　惨めな: 비참한. 참담한.

(14) ぬるい: 미지근하다. 굼 뜨다. 느리다. 미온적이다. 엄하지 않다.　　　蒸し暑い: 무덥다.

　　 うっとうしい: (기분 날씨 등이) 잔뜩 찌푸리다. 울적하고 답답하다. 거추장스럽다.

(15) すっぱい: 시큼하다. 시다.　　　苦い: (맛이) 쓰다. 싫다. 언짢다. 괴롭다. 쓰라리다.

　　 渋い: 떫다. 수수하면서도 깊은 맛이 있다. 차분하다. 씁쓸하다. 인색하다.

(16) 濃い: 짙다. (빛깔 맛 냄새 등이) 진하다. (농도가) 진하다. (밀도가) 촘촘하다. (확률이) 높다.
　　　　　(관계가) 밀접하다.

　　 からい: 맵다. 얼얼하다. 얼큰하다. 짜다. (술맛 등이) 독하다. 쏘는 맛이 있다. 가혹하다. 괴롭다.

　　 しつこい: (맛 빛깔 냄새 등이) 개운하지(산뜻하지) 않다. 칙칙하다. 집요하다. 치근치근하다. 끈덕지다.

B.　人の特性・動作

1　{ a　おとなしい　　b　穏和な　　c　しとやかな　}

❶ 私の妹は、外へ行くと（　　）のに、家ではとてもおしゃべりだ。

❷ 木村さんは（　　）人柄で、怒ったところを見たことがない。

❸ 隣の奥さんはつも、もの静かで、（　　）女性だ。

2　{ a　賢い　　b　鋭い　　c　知的な　}

❶ あの子はまだ小さいのに大人の言うことがよくわかる（　　）子だ。

❷ 小林さんは（　　）洞察力と大胆な決断力の持ち主だ。

❸ 私はただきれいな人より（　　）女性に魅力を感じる。

3　{ a　あさましい　　b　ずうずうしい　　c　ふてぶてしい　}

❶ こちらの都合も聞かずに「家に泊めてくれ」と言うのはあまりに（　　）。

❷ 金持ちなのに、人の財産まで取ろうなんて（　　）根性の持ち主だ。

❸ 鈴木さんは何度注意されても平気な顔をしている（　　）男だ。

4 ｛ a　ずるい　　b　あくどい　　c　けちな　｝

❶ （　　）商法で、お金をだましとられた老人がたくさんいる。

❷ 人が見ていないからといって、仕事を怠けるなんて（　　）人だ。

❸ 田中さんは（　　）人で、人におごったことがない。

5 ｛ a　有能な　　b　巧みな　　c　器用な　｝

❶ このプロジェクトを成功させるために、社内から（　　）人材を集めた。

❷ 私の妹は手先が（　　）ので、マフラーならすぐ編めると思う。

❸ 山本さんは（　　）話術で客を増やし、営業成績を伸ばしている。

6 ｛ a　熱心な　　b　几帳面な　　c　忠実な　｝

❶ リンさんほど（　　）学生は見たことがない。毎晩遅くまで勉強している。

❷ 鈴木さんは（　　）性格で、約束の時間の10分前には必ず着いている。

❸ 犬は飼い主に（　　）動物だと言われている。

7 ｛ a　素朴な　　b　誠実な　　c　素直な　｝

❶ 山田さんは、自然の多い田舎でのびのび育った（　　）青年だ。

❷ 隣の正男君は（　　）子で、周りの大人の言うことをよく聞く。

❸ 鈴木さんは約束を必ず守る（　　）人だ。

8 ｛ a　健全な　　b　丈夫な　　c　健やかな　｝

❶ 私は風邪一つひかない（　　）子供だった。

❷ 親はだれでも子供の（　　）成長を望んでいる。

❸ A社はリストラによって（　　）経営状態を取り戻した。

9 { a たくましい　　b タフな　　c 頑丈^{がんじょう}な }

❶ このビルは（　　）建物で、大きな地震でも全然壊れなかった。

❷ 試合を待つ水泳選手たちは、鍛えられた（　　）体をしていた。

❸ 田中さんは（　　）人で、2日徹夜してもいつもどおり仕事をしている。

10 { a そそっかしい　　b 愚^{おろ}かな　　c 幼稚^{ようち}な }

❶ 田中さんは二十歳を過ぎているのに、（　　）話し方をする。

❷ 一度失敗しているのに、同じやり方でまたやるなんて（　　）人だ。

❸ 間違って人のかばんを持って来るなんて（　　）人だ。

11 { a 生意気^{なまいき}な　　b 気難^{きむずか}しい　　c 頑固^{がんこ}な }

❶ 私の父は自分の主張を絶対に曲げない（　　）人だ。

❷ 田中さんは神経質で（　　）ので、友達が少ない。

❸ 「新人のくせに上司にそんな（　　）口をきくな。」

12 { a いいかげんな　　b わがままな　　c だらしない }

❶ あの人は、人の迷惑も考えず自分の意見を通す（　　）人だ。

❷ あの人は時間に（　　）人だ。待ち合わせをするといつも待たされる。

❸ 面接試験では、ズボンからシャツを出すような（　　）格好をしてはいけない。

13 { a 見苦^{みぐる}しい　　b みっともない　　c 醜^{みにく}い }

❶ 親の遺産を分けるにあたって、兄弟の間で（　　）争いが起きている。

❷ 試験で0点なんか取ると（　　）から勉強しよう。

❸ 社会的な事件になっているのに、責任をとろうとしない社長の態度は（　　）。

14 〔 a でたらめ　　b 大<ruby>おお</ruby>げさ　　c 大<ruby>おお</ruby>ざっぱ 〕

❶ ちょっと転んだぐらいで、大騒ぎするなんて（　　）だ。

❷ ○×式のテストは、（　　）にやってもいくつかは当たる。

❸ あの人はいつも（　　）に掃除するだけなので、部屋の隅にほこりがたまっている。

15 〔 a 大胆<ruby>だいたん</ruby>な　　b 果敢<ruby>かかん</ruby>な　　c 強気<ruby>つよき</ruby>な 〕

❶ デザイナーのA氏が発表したドレスは（　　）デザインで人々の注目を浴びた。

❷ 柔道<ruby>じゅうどう</ruby>の全日本大会で、無名の選手が（　　）攻めでチャンピオンを破った。

❸ 公金横領<ruby>おうりょう</ruby>で追求されているA市長は（　　）発言を繰り返している。

B.　人の特性、動作

(1) おとなしい: 얌전하다. 온순하다. 수수하다. 고분고분하다.

　　穏和な: 온화한. (성질 태도가) 온순하고 유함. (기후가) 따뜻하고 심한 변화가 없음. (문장의 표현 등이) 부드러움.

　　しとやかな: (흔히 여성이) 얌전함. 정숙함.

(2) 賢い: 현명하다. 슬기롭다. 영리하다. (하는 행동이) 약다. 요령있다. 약삭빠르다.

　　鋭い: 날카롭다. 예리하다. 예민하다.　　　知的な: 지적인.

(3) あさましい: 한심스럽다. 비참하다. 딱하다. 치사스럽다. 비열하다. 볼꼴사납다.

　　ずうずうしい: 뻔뻔스럽다. 낯두껍다. 넉살좋다.

　　ふてぶてしい: 뻔뻔스럽다. 유들유들하다. 넉살좋고 대담하다

(4) ずるい: 교활하다. 약삭빠르다.

　　あくどい: (색깔이나 맛 따위가) 야하다. 불쾌할 만큼 강렬하다. 지독하다. 악착스럽다. 악랄하다.

　　けちな: 인색한. 초라한. 하찮은. 비열한. 나쁜 운수.

(5) 有能な: 유능한.　　　巧みな: 교묘한. 능란한. 솜씨가 좋은.

　　器用な: 손재주가 있는. 솜씨가 좋은. 약삭빠른. 순순히 하는.

(6) 熱心な: 열심인.　　　几帳面な: 성격이 규칙적이고 꼼꼼한.

　　忠実な: 충실한. 성실한. (허위 틀림이 없이) 정확한.

(7) 素朴な: 소박한.　　　誠実な: 성실한.

　　素直な: 순진한. 솔직한. 온순한. 곧은. 구김살이 없는. 자연스러운. 얌전한.

(8) 健全な: 건전한. 건실한. 건강한.　　　丈夫な: 건강한. 탄탄한. 튼튼한.

健やかな: 몸이 튼튼한. 건강한. 건전한.

(9) たくましい: 억세다. 다부지다. 강인하다. 왕성하다.

　　 タフな: 강인한. 완강한. 억센.　　　　頑丈な: 튼튼한. 옹골찬. 실팍한.

(10) そそっかしい: 경솔하고 조심성이 없다. 덜렁대다.

　　 愚かな: 미련한. 어리석은.　　　　幼稚な: 유치한. (하는 짓이나 생각이) 미숙한.

(11) 生意気な: 건방진. 주제넘는.

　　 気難しい: 성미가 까다롭다. 깐깐하다. 신경질적이다.　　　　頑固な: 완고한. 끈질긴.

(12) いいかげんな: 엉성한. 엉터리인. 무책임한. 미적지근한. 철저하지 않은.

　　 わがままな: 제멋대로 구는. 방자한. 버릇없는.

　　 だらしない: (마음가짐 태도 등이) 단정하지 않다. 깔끔하지 못하다. 야무지지 못하다.

(13) 見苦しい: 보기 흉하다. 볼꼴사납다.　　　　みっともない: 보기 싫다. 꼴사납다. 꼴불견이다.

　　 醜い: 추하다. 보기 흉하다. 못생기다.

(14) でたらめ: 엉터리. 되는대로 하는. 무책임한.　　大げさ: 과장된. 야단스러운. 요란스런.

　　 大ざっぱ: 대략적인. 조잡한. 엉성한. 대충.

(15) 大胆な: 대담한.　　　　果敢な: 과감한.　　　　強気な: (성질이) 야귀찬. 강경한. 적극적.

C.　物事の特性・状態

1　{ a　もろい　　b　硬い　　c　柔軟な }

❶ 初めてお菓子作りに挑戦したが、焼きすぎて（　　）クッキーが出来てしまった。

❷ 体操選手は（　　）体を保つために、毎日厳しい練習をしている。

❸ 最近の子供は骨が（　　）ので、ちょっと転んだくらいで骨折してしまう。

2　{ a　やかましい　　b　にぎやかだ　　c　騒がしい }

❶ 暖かくなって春が近づいてくると、猫の鳴き声が（　　）。

❷ 政治家のスキャンダルが次々に明るみに出て、世間が（　　）。

❸ 駅前の商店街は、いろいろな店があり、人通りも多く（　　）。

3　{ a　清潔な　　b　清らかな　　c　すがすがしい }

❶ 都会の人ごみを逃れて、（　　）高原の空気を吸いたい。

❷ 彼女ほど純粋で（　　）心を持った人はいない。

❸ 彼の部屋はきれいに掃除がしてあって（　　）感じがした。

4　{ a　あざやかな　　b　きらびやかな　　c　さわやかな　}

❶ この辺は紅葉の名所で、10月下旬になると山々は（　　）赤や黄色に染まる。

❷ 幕が開き、（　　）衣装を身につけたスターが登場すると、大きな歓声が上がった。

❸ 登りは大変だったが、頂上で（　　）風に吹かれて、疲れを忘れた。

5　{ a　優雅^{ゆうが}な　　b　豪華^{ごうか}な　　c　華^{はな}やかな　}

❶ 美しく着飾った若い女性がたくさんいて、会場は（　　）雰囲気だった。

❷ 鈴木さんは数億円で買った（　　）マンションに住んでいるようだ。

❸ 着物を着慣れた山田さんの（　　）姿に人々の視線が集まった。

6　{ a　下品^{げひん}な　　b　こっけいな　　c　くだらない　}

❶ ピエロは（　　）格好をしているが、なんとなく人生の悲哀を感じる。

❷ どちらが先にやるかという（　　）ことで、友達とけんかしてしまった。

❸ 山田さんはいつもきちんとした格好をしているのに、（　　）食べ方をするのが気になる。

7　{ a　不思議^{ふしぎ}な　　b　怪^{あや}しい　　c　意外^{いがい}な　}

❶ ゆうべ、大きい鳥に乗って空を飛んでいる（　　）夢を見た。

❷ 殺人現場の近くをうろついている（　　）人物を目撃した。

❸ 今日の試合は、昨年の優勝チームが敗れるという（　　）結果に終わった。

8　{ a　エレガントな　　b　デラックスな　　c　ロマンチックな　}

❶ パリに3年留学していた妹は（　　）女性になって帰って来た。

❷ 恋人と横浜の夜景を見ていたら（　　）気分になった。

❸ 設備もサービスも最高級の（　　）ホテルに泊ってみたい。

9 ｛ａ　論理的　　ｂ　抽象的　　ｃ　主観的｝

❶ あの政治家の話は（　　）で、何を実行しようとしているか分からない。

❷ あの人の話はいつも（　　）で、周囲の人の共鳴が得られない。

❸ あの学者の話はとても（　　）で、反論の余地がなかった。

10　｛ａ　正確に　　ｂ　的確に　　ｃ　明確に｝

❶ この事故の責任の所在を早く（　　）すべきだ。

❷ パスポートを申請するときは姓名を（　　）書いてください。

❸ 仕事がうまくいかないとき、部長は（　　）アドバイスしてくれる。

11　｛ａ　あやふや　　ｂ　不明　　ｃ　大まか｝

❶ 「詳しい説明をする前に、まず作業の（　　）な内容を説明します。」

❷ 自分の意見をはっきり言わずに（　　）な態度をとるのは良くない。

❸ 事故から1年たったのに、その原因はいまだ（　　）だ。

12　｛ａ　地味　　ｂ　簡素　　ｃ　清楚｝

❶ 今まで面倒だった役所の手続きが少し（　　）化された。

❷ 「その茶色の服はパーティーには（　　）だと思うわ。」

❸ 真っ白いワンピースを着た（　　）な感じの女性があそこに立っている。

C.　物事の特性・状態

(1) もろい: 깨지기 쉬운. 부서지기 쉬운. 무른. 약한. 여린.
　　硬い: 굳은. 확실한. 틀림없는.
　　柔軟な: 유연한. (몸 동작 등이) 부드럽고 나긋한. 융통성이 있는.

(2) やかましい: 시끄럽다. 요란스럽다. 성가시다. 번거롭다. 잔소리가 심하다. 까다롭다. 엄하다.
　　にぎやかな: 번화한. 청거리는. (명랑하게) 떠들썩한. 왁자지껄한.
　　騒がしい: 시끄럽다. 소란스럽다. 왁자지껄하다. 떠들썩하다. 뒤숭숭하다.
(3) 清潔な: 청결한. 깨끗한. 더럽지 않은.　　　清らかな: 맑은. 깨끗한. 청아한. 청순한.
　　すがすがしい: 상쾌하다. 시원하고 개운하다.
(4) あざやかな: 산뜻한. 선명한. (솜씨 동작 등이) 능란하여 멋진. 훌륭한. 뛰어난.
　　きらびやかな: 눈부시게 화려하고 아름다운. 현란한.
　　さわやかな: 기분이 개운한. 산뜻한. 상쾌한. 명쾌한. 막힘이 없이 시원스런.
(5) 優雅な: 우아한.　　　豪華な: 호화로운.　　　華やかな: 화려한. 뛰어난. 눈부신.
(6) 下品な: 품위가 없는. 천한. 상스러운.　　　こっけいな: 익살스러운. 우스꽝스러운.
　　くだらない: 시시하다. 하찮다. 쓸모없다.
(7) 不思議な: 불가사의한. 이상한. 괴이한.
　　怪しい: 불가사의하다. 신비스럽다. 이상하다. 의심스럽다.　　　意外な: 의외의. 뜻밖의.
(8) エレガントな: 우아한. 고상한.　　　デラックスな: 사치스런. 고급스런. 호화로운.
　　ロマンチックな: 낭만적인. 공상적인.
(9) 論理的: 논리적.　　　抽象的: 추상적.　　　主観的: 주관적.
(10) 正確に: 정확히.　　　的確に: 정확히.　　　明確に: 명확히.
(11) あやふや: 애매함. 모호함. 흐릿하고 불확실함.
　　不明: 도리에 어두움. 불민함. 불명.　　　大まか: 대범함. 대충.
(12) 地味: 수수함. 검소함.　　　簡素: 간소함.　　　清楚: 청초.

D.　人に対する態度

1 ｛ a　平等な　　b　自由な　　c　公平な　｝

❶ 裁判官は常に（　　）判断をしなければならない。

❷ 今の日本は、まだ男女が（　　）社会だとはいえない。

❸ この学校は制服がないので、生徒は（　　）服装をしている。

2 ｛ a　和やかな　　b　丁寧な　　c　寛大な　｝

❶ 久しぶりに同級生が集まったパーティーは（　　）雰囲気だった。

❷ あの店は店員の（　　）応対が気持ちいい。

❸ 山田さんは（　　）人だから、このくらいの失敗は許してくれるだろう。

3　{　a　冷淡な　　b　苛酷な　　c　残酷な　}

❶　彼は厳しい暑さの中、砂漠を縦走する（　　）レースを完走した。

❷　病気の父にこんな悲しいニュースを知らせるのは（　　）ことだ。

❸　今までやさしかった恋人が最近（　　）態度をとるようになった。

4　{　a　よそよそしい　　b　そっけない　　c　なれなれしい　}

❶　その人は初対面なのに（　　）態度で話しかけてきた。

❷　親しい相手に敬語で話すのは（　　）感じがする。

❸　思い切って好きな人を映画に誘ったら、（　　）返事しか返ってこなかった。

D.　人に対する態度

(1)　平等な: 평등한　　　　自由な: 자유로운. 편한.　　　公平な: 공평한.

(2)　和やかな: 온화한. (분위기 기색)부드러운.

　　丁寧な: 정중한. 공손한. 예의바르고 친절한. 주의 깊고 세심한.

　　寛大な: 관대한. 너그러운.

(3)　冷淡.な: 냉담한.　　　　苛酷な: 가혹한.　　　　残酷な: 잔인한. 잔혹한.

(4)　よそよそしい: 쌀쌀하다. 서먹서먹하다. 냉담하다.

　　そっけない: 무뚝뚝하다. 쌀쌀하다.　　　　なれなれしい: 매우 친하다.

E.　味を表す言葉

次の言葉は味を表す言葉ですが、別の意味もあります。適当な言葉を選び、

（　　）に入れましょう。

　　　　{　甘い　　うまい　　しつこい　　渋い　　苦い　}

A：どうしたんですか。（❶　　　　）顔をして

B：お金をだまし取られてしまったんです。今、投資すれば10倍になると言われて。

A：そんな（❷　　　　）話はあるわけがありませんよ。

B：あまりに勧誘が（❸　　　　）ので、つい断りきれなくて。それに、私も昔から考え

が（❹　　　）ところがあるんです。

A：（❺　　　）経験をしましたね。これからは気をつけてください。

(1) 甘い：(맛이)달다. (간이)싱겁다. 짜지 않다. (냄새나 소리, 사람의 말 등이)달콤하다. 엄하지 않다. 무르다. 만만하다. 대수롭지 않다. 느슨하다. 헐겁다. 꼭 맞지 않다. (칼날 등이) 무디다. (주시 값이)내림세이다.

うまい：맛있다. 훌륭하다. 솜씨가 좋다. (자기에게)편리하다. 유하다. 바람직하다.

しつこい：(맛 빛깔 냄새 등이 너무 짙어)개운하지(산뜻하지)않다. 칙칙하다. 집요하다. 치근치근하다. 끈덕지다.

渋い：떫다. 수수하면서도 깊은 맛이 있다. 차분하다. 구성지다. (표정 등이)떨떠름하다. 찌무룩하다. 씁쓸하다. 인색하다. 쩨쩨하다.

苦い：(맛이)쓰다. 싫다. 언짢다. 불쾌하다. 괴롭다. 쓰라리다.

〈慣用表現〉

次の言葉は形状を表す形容詞ですが、別の意味もあります。適当な言葉を選び、
（　　　）に入れましょう。

{　厚い　　固い　　軽い　　　鋭い　　　広い　　　柔らかい　}

A：山田課長はアイディアが豊富ですな。

B：頭が（❶　　　）からじゃないかな。

A：それに、顔も（❷　　　）ですよね。いろいろな分野の人を知っていて、情勢を集めるのがうまいですよ。でも、ちょっと口が（❸　　　）ですけどね。秘密にしておくことができないんですね。

B：それに引き替え、鈴木課長は口が（❹　　　）から、なんでも相談できて、みんなの信頼も（❺　　　）ですよね。厳しいところもあるけど、指摘は（❻　　　）と思いますよ。

第 3 課

2006年 2級 聴解
（100点 40分）

問題 I

列1

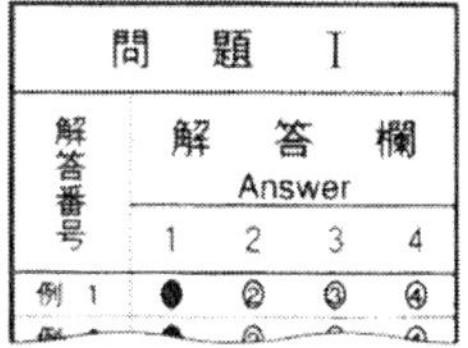

列2

1. コーヒーカップ
2. スプーンセット
3. ベビー腹
4. ワインセット

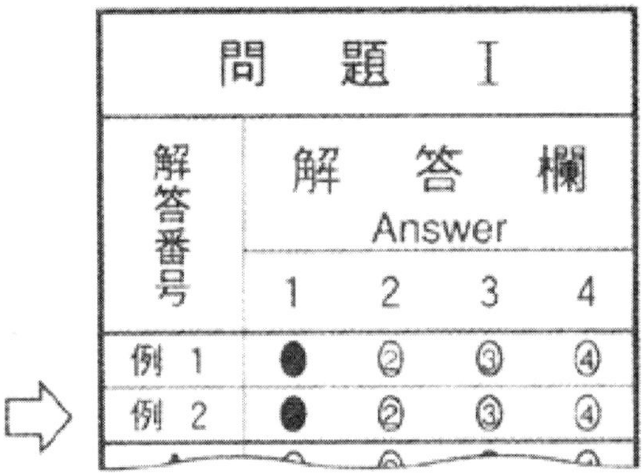

問　題　Ⅰ				
解答番号	解　答　欄 Answer			
	1	2	3	4
例 1	●	②	③	④
例 2	●	②	③	④

1番

2番

1 ． 6 ： 0 0

2 ． 7 ： 0 0

3 ． 8 ： 0 0

4 ． 1 0 ： 0 0

3番

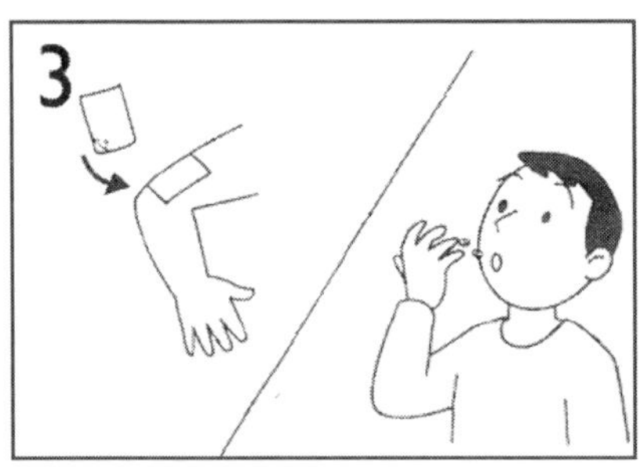 

4番

1	右に回して 8に合わせる	→	右に回して 6に合わせる	→	左に回して 2に合わせる
2	右に回して 8に合わせる	→	左に回して 6に合わせる	→	右に回して 2に合わせる
3	右に回して 1に合わせる	→	右に回して 6に合わせる	→	左に回して 2に合わせる
4	右に回して 1に合わせる	→	左に回して 6に合わせる	→	右に回して 2に合わせる

5番

1
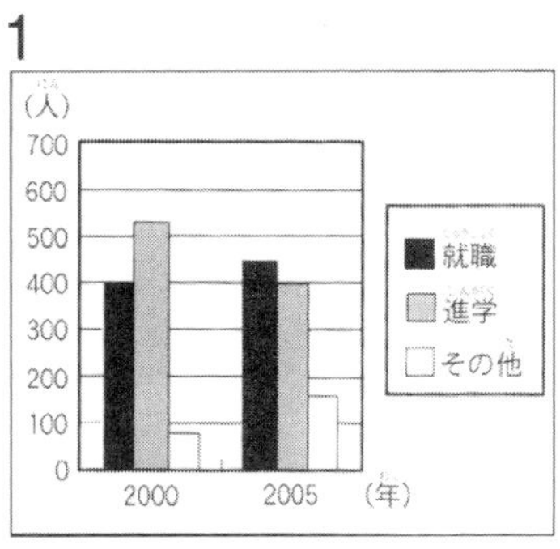

2
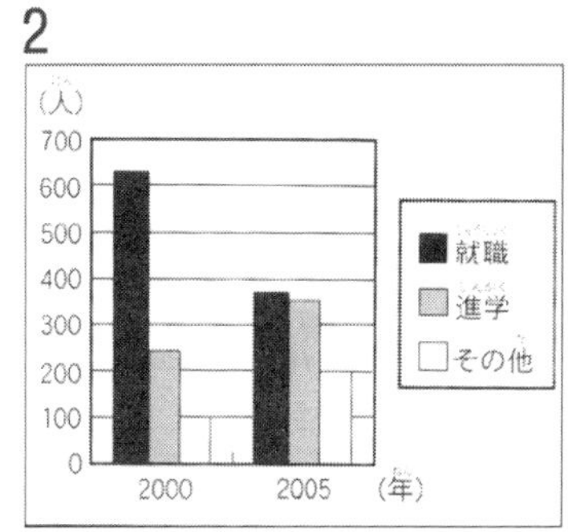

3
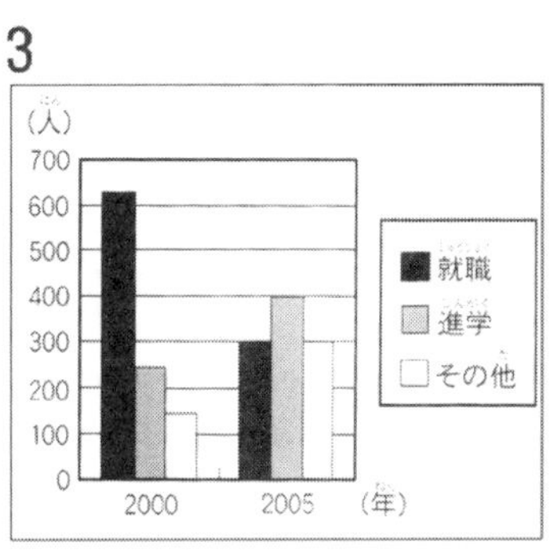

4
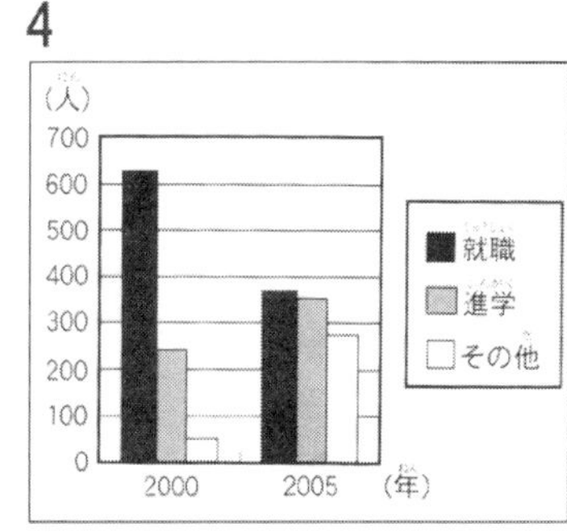

6番

1
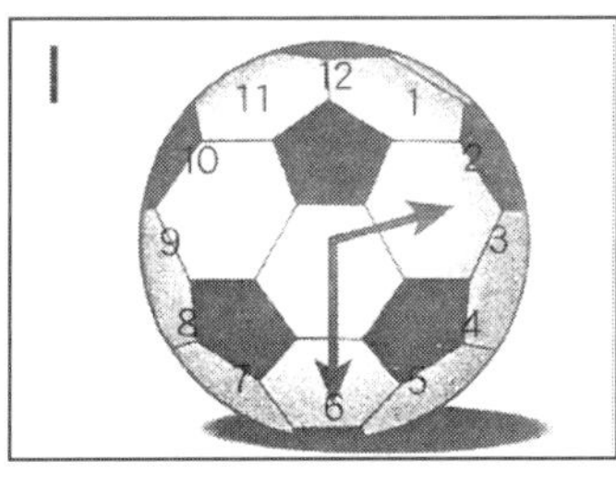

2

3
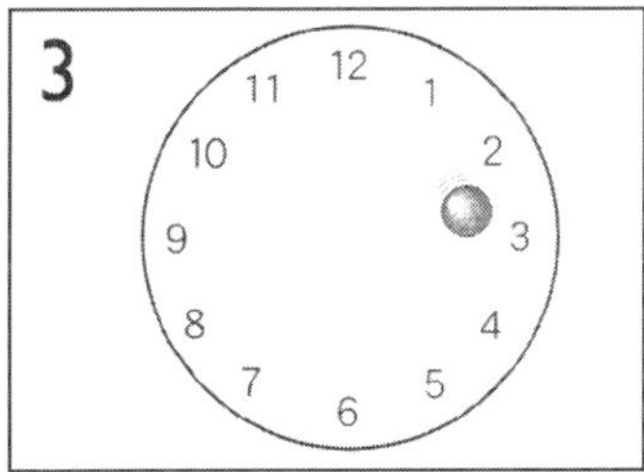

4
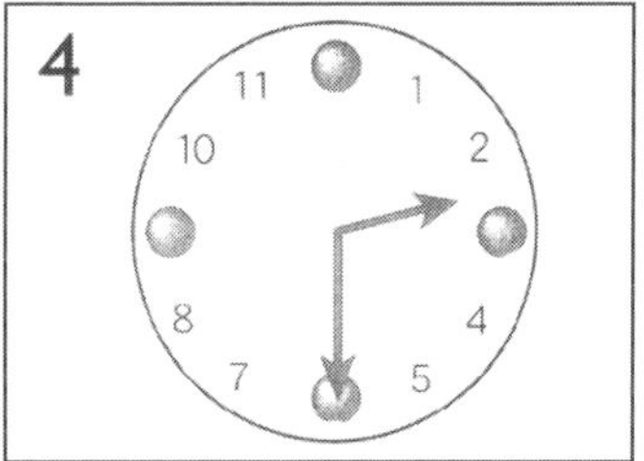

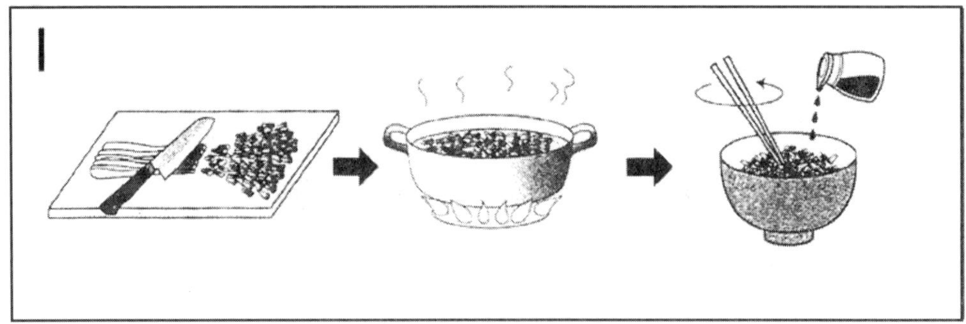

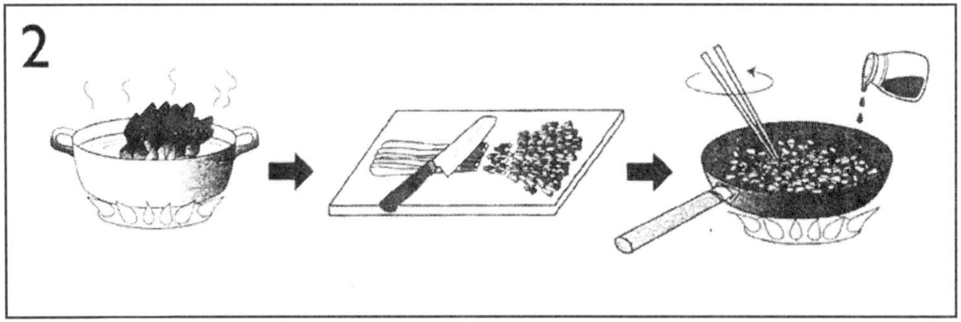

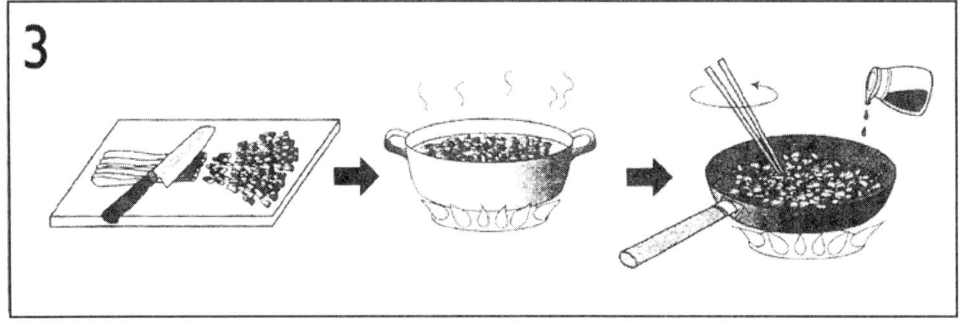

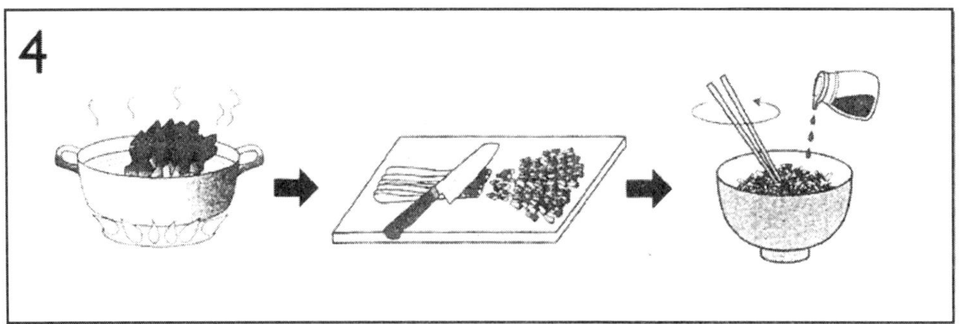

8番

1
北駅
地下鉄東南線
西駅
中央線
地下鉄
山の内線
南駅

2
北駅
地下鉄東南線
西駅
中央線
地下鉄
山の内線
南駅

3
地下鉄
東南線
西駅
中央線
地下鉄
山の内線
南駅

4
地下鉄
東南線
西駅
中央線
地下鉄
山の内線
南駅

9番

1

2

3

4

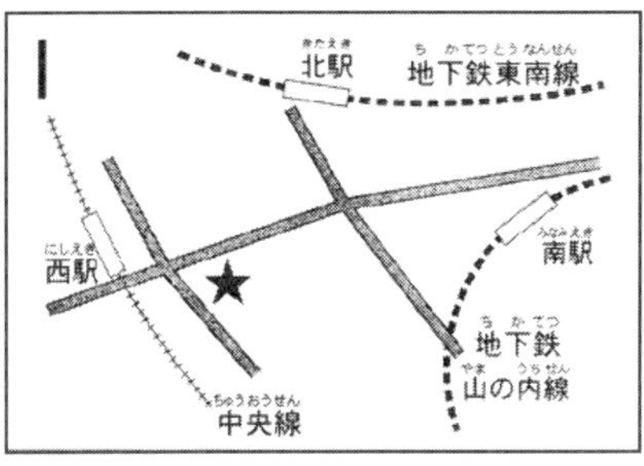

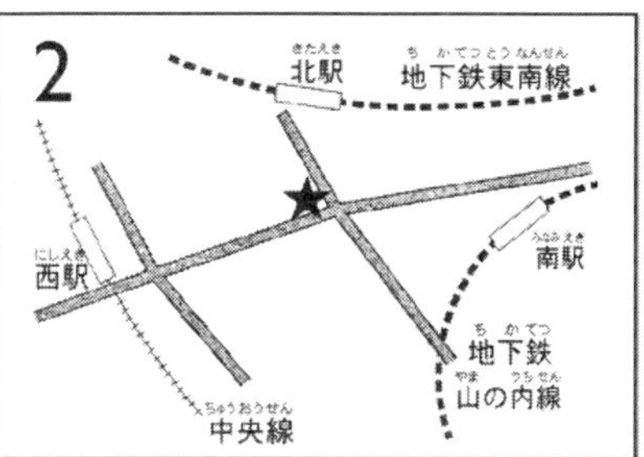

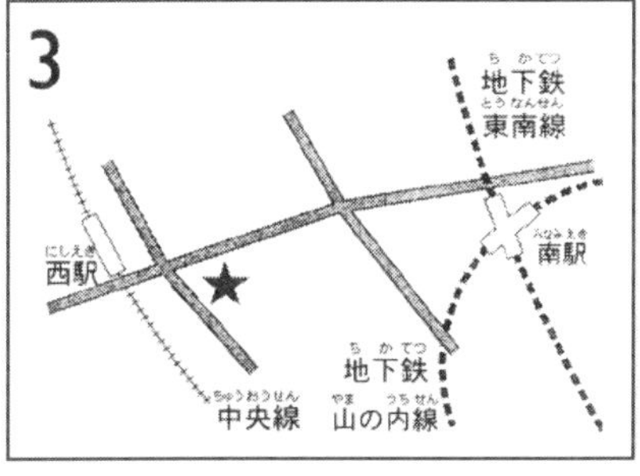

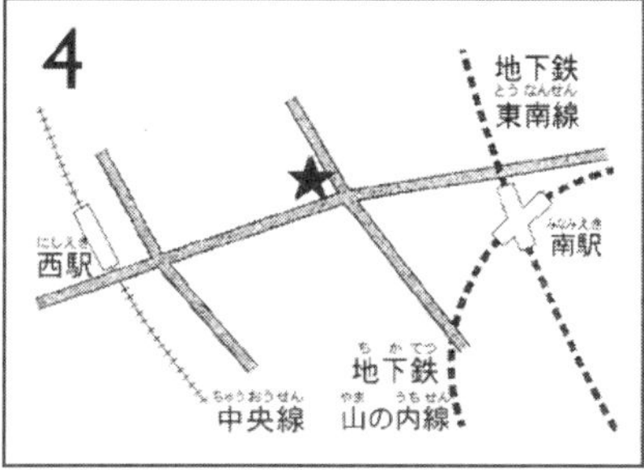

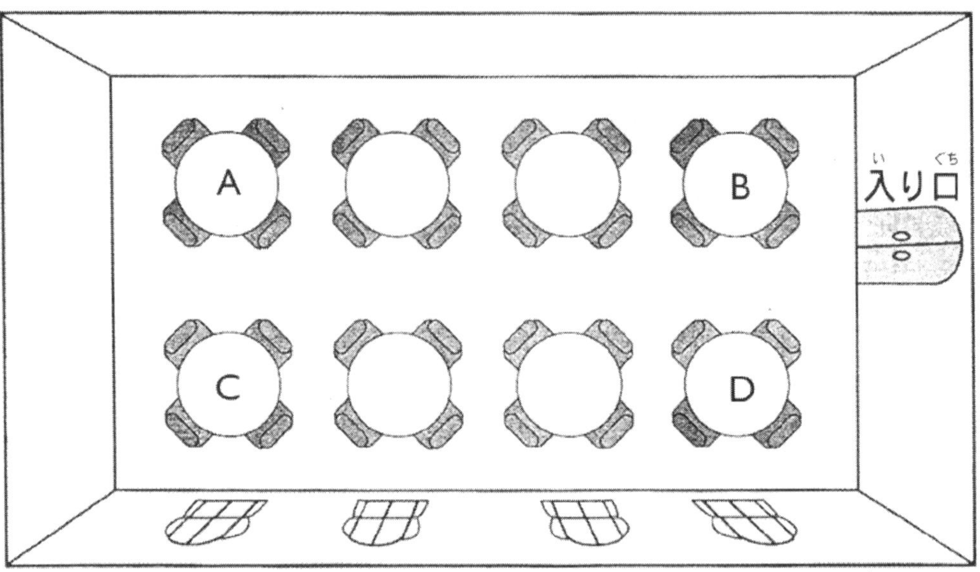

1.　D→C→A→B

2.　C→D→A→B

3.　D→C→B→A

4.　C→D→B→A

11番

1
その他
買い物
アイロン
そうじ

2
その他
買い物
そうじ
アイロン

3
その他
買い物
アイロン
そうじ

4
その他
買い物
そうじ
アイロン

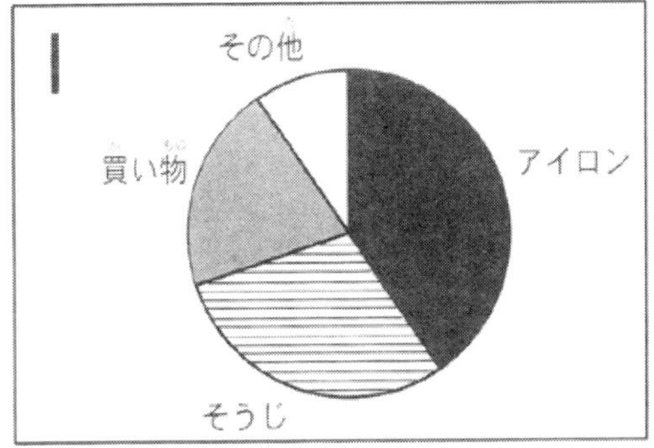

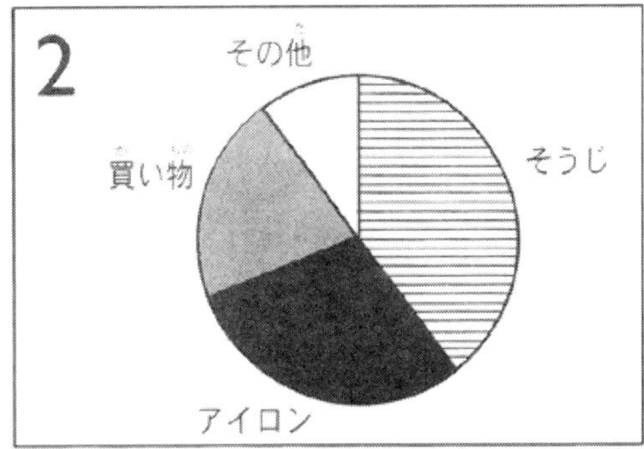

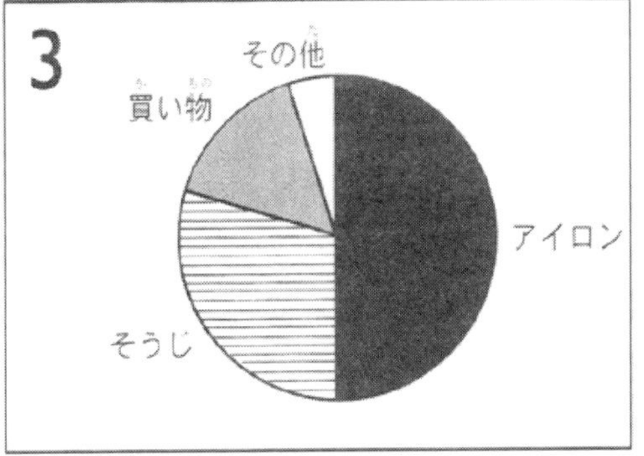

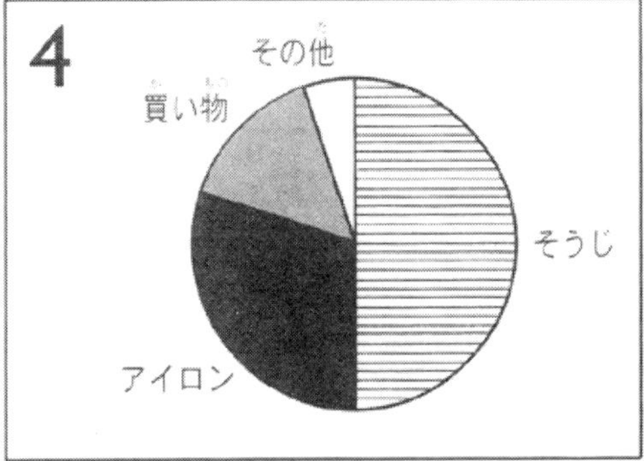

12番

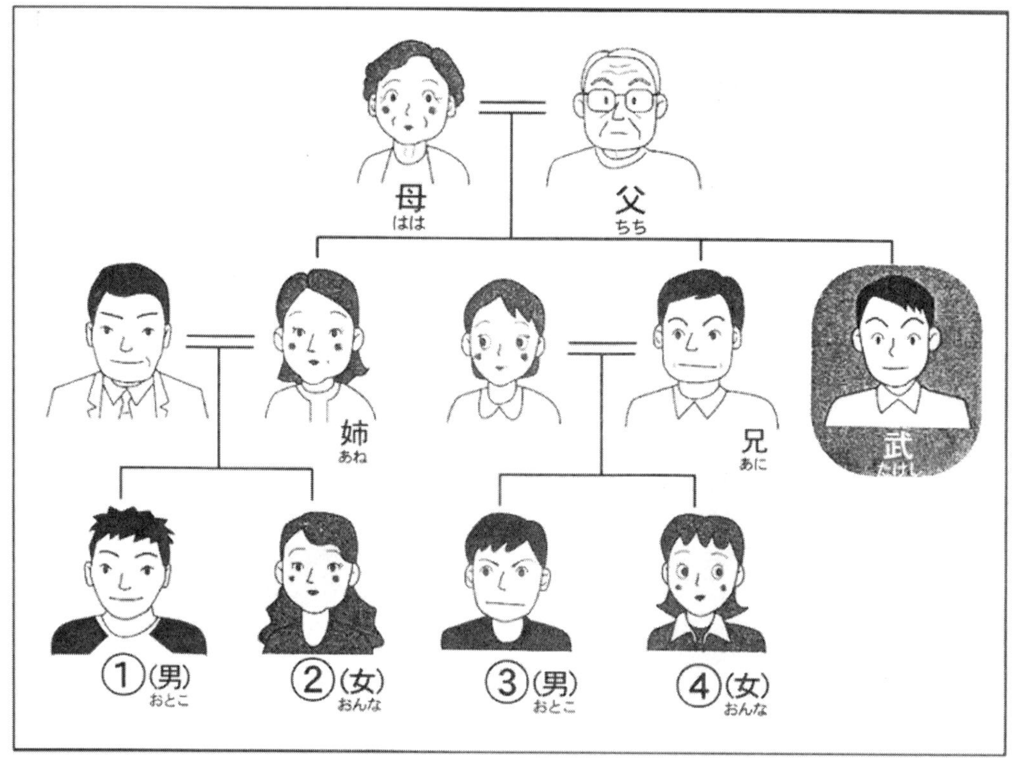

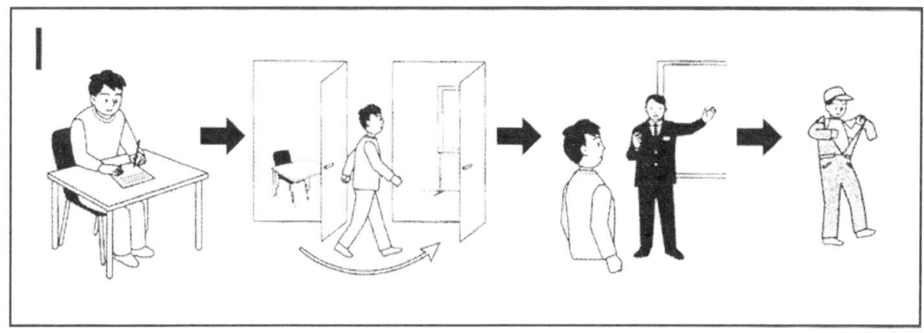

14番

1. 11月<ruby>がつ</ruby>

2. 12月

3. 1月

4. 2月

問題II　絵などはありません。

例

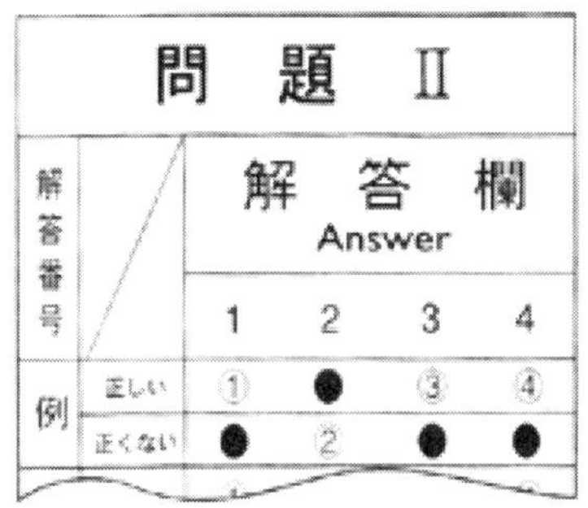

このページはメモに使ってもいいです。

第 4 課

「な」形容詞

1	嫌な	いやな	嫌な仕事は早く終わらせよう。
2	嫌いな	きらいな	嫌いな野菜も食べたほうがいい。
3	愚かな	おろかな	同じ間違いをするなんて、本当に愚かなことだ。
4	巧みな	たくみな	包丁を巧みに使って魚を料理する。
5	惨めな	みじめな	試合は10対1と惨めな結果となった。
6	哀れな	あわれな	両親を事故で亡くした子供が哀れだ。
7	盛んな	さかんな	日本では野球が盛んだ。
8	厳かな	おごそかな	教会で厳かに結婚式が行われた。
9	鮮やかな	あざやかな	秋になると鮮やかな色の紅葉が美しい。
10	穏やかな	おだやかな	父は穏やかな性格をしている。
11	細やかな	こまやかな	彼女は細やかな神経の持ち主だ。
12	健やかな	すこやかな	親は子供の健やかな成長を願うものだ。
13	速やかな	すみやかな	事件への速やかな対応を望む。
14	和やかな	なごやかな	会合は和やかに進められた。
15	華やかな	はなやかな	彼女は華やかなドレスを着て現れた。
16	緩やかな	ゆるやかな	緩やかな上り坂をのんびりと歩く。
17	清らかな	きよらかな	彼女は、子供のような清らかな心をしている。
18	滑らかな	なめらかな	タイルの表面は滑らかだ。滑らかな話し方
19	朗らかな	ほがらかな	いつも彼女は朗らかな声であいさつをしてくれる。
20	月並みな	つきなみな	だれでも考え付く、月並みな表現はつまらない。

1 嫌な: 싫은. 좋아하지 않는. 불쾌한.

2 嫌いな: 싫은. 싫어하는. 꺼리는.

3 愚かな: 미련한. 어리석은.

4 厳かな: 엄숙한.

5 巧みな: 교묘한. 능란한. 솜씨가 좋은.

6 惨めな: 비참한. 참담한.

7 哀れな: 애처로운. 가엾은. 불쌍한. 초라한. 비참한.

8 盛んな: 번성한. 왕성한. 열렬한. 성한. 유행하는. 빈번한.

9 鮮やかな: 산뜻한. 선명한. 뚜렷한. 훌륭한. 뛰어난.

10 穏やかな: 평온한. 안온한. 차분한. 조용한. <「~でない」의 꼴로>온당하지 못하다.

11 細やかな: 자상한. 세밀한. (색깔 밀도가) 짙은. 정이 두터운. 미묘하고 깊숙한.

12 健やかな: 몸이 튼튼한. 건강한. 건전한.

13 速やかな: 빠른. 신속한.

14 和やかな: 온화함. (분위기 기색이)부드러움.

15 華やかな: 화려한. 화사한. 뛰어난. 눈부신.

16 緩やかな: 완만한. 느릿한. 느긋한. 느슨한.

17 清らかな: 맑은. 깨끗한. 청아한. 청순한.

18 滑らかな: 매끈매끈한. 미끄러운. 거침없는. 순조로운.

19 朗らかな: 명랑한. 날씨가 쾌청한.

20 月並みな: 평범한. 진부한. 흔해빠진.

{　　}から適当な言葉を選んで（　　）に入れなさい。

A.　物事の良・不良、適・不適

1　{　a　良好な　　b　結構な　　c　善良な　}

❶　父は手術の結果が(　　)ので、早ければ来週にも退院できそうだ。

❷　(　　)老夫婦をだましてお金を奪うとは、許せない行為だ。

❸　先日は(　　)品をお送りくださってありがとうございました。

2　{　a　オーソドックスな　　b　正式な　　c　正当な　}

❶　「一度支払った代金は(　　)理由がない限り、お返しいたしません。」

❷　「(　　)集まりだから、ジンーズ等のカジュアルな服は着ていかないほうが
　　いいよ。」

❸　女性の服は流行によって変化するが、男性の服は(　　)物が多い。

3　{　a　本格的な　　b　合理的な　　c　有効な　}

❶　ゴミに集まるカラスを追い払う(　　)対策はないだろうか。

❷　今度新築する家は暖房や給湯に太陽熱を利用した(　　)設計になってい
　　る。

❸　今日は父がイタリアで覚えてきた(　　)イタリア料理を作ってくれた。

4　{　a　凶悪な　　b　悪質な　　c　粗悪な　}

❶　酒酔い運転による事件など、(　　)違反を犯した場合は免許停止になる。

❷　どんなに安くても、すぐに壊れてしまうような(　　)製品が売れるはずが
　　ない。

❸ 逮捕された男は数年前から放火や殺人などの（　）犯罪を繰り返していた
ということだ。

5　{ a　適度　　b　適格　　c　適切 }

❶ 減量したいなら、（　）な運動と食事制限が必要だ。

❷ 会の代表には、みんな信頼されていてリーダーシップのある佐藤さんが最も
（　）だと思う。

❸ ヤンさんは困ったことがあって相談すると、いつも（　）なアドバイスを
してくれた。

6　{ a　順当　　b　適当　　c　妥当 }

❶ 会社の現状を考えると、田中さんの提案が最も（　）な案だと思う。

❷ ラグビー日本選手権の優勝候補チームは皆（　）に勝ち進んでいる。

❸ 「結婚のことは（　）な時期に、皆さんに報告するつもりです。」

7　{ a　紛らわしい　　b　ふさわしい　　c　等しい }

❶ このクラスには同じ姓の人が3人もいて、（　）。

❷ 2辺の長さが（　）三角形を二等辺三角形という。

❸ 今日は結婚式という祝いの日に（　）いい天気になった。

8　{ a　不合理だ　　b　不当だ　　c　無理だ }

❶ 1週間で5か国も見て回るなんて、（　）。

❷ 簡単な手続きに何枚も書類を書かなければならないのは（　）。

❸ 女性だからというだけで、男性より給料が低いのは（　）。

9　{ a　不可欠　　b　不要　　c　切実 }

❶ 引っ越しをするので（　）な物を処分した。

❷ 成人病の予防には、栄養のバランスのとれた食事が（　　）だ。

❸ 初めて外国旅行をして、語学の大切さを（　　）に感じた。

A. 物事の良・不良、適・不適

(1) 良好な: 양호한.　　　結構な: 훌륭한. 좋은. 충분한. 만족스러운. 얌전한. 다행인.

　　善良な: 선량한.

(2) オーソドックスな: 정통적인.　　正式な: 정식의.　　　正当な: 정당한.

(3) 本格的な: 본격적인.　　　合理的な: 합리적인.　　　有効な: 유효한.

(4) 凶悪な: 흉악한.　　　悪質な: 악질적인. 저질인.　　粗悪な: 조잡한. 조악한.

(5) 適度な: 알맞은. 적당한.　　適格: 적격인.　　　適切: 적절한.

(6) 順当: 순리적이고 바른. 당연한.

　　適当: 꼭 들어맞는. 적합한. 알맞은. 대충 해 버리는(흔히, 나쁜 의미로 씀).

　　妥当: 타당한.

(7) 紛らわしい: 아주 비슷하여 헷갈리기 쉽다. 혼동하기 쉽다.

　　ふさわしい: 어울리다. 걸맞다. 적합하다.　　等しい: 같다. 동일하다. 흡사하다. 마찬가지이다.

(8) 不合理だ: 불합리하다.　　不当だ: 부당하다.　　無理だ: 무리하다. 억지 부리다.

(9) 不可欠: 불가결한. 없어서는 안 되는.　　不要: 불필요한.　　切実: 절실한.

B. 調子、出来具合

1 ｛ a 円満（えんまん）　b 好調（こうちょう）　c 順調（じゅんちょう）｝

❶ あの選手は去年は不調だったが、今シーズンはけがもなく（　　）だ。

❷ 私たちのヨットは天候に恵まれて、（　　）な航海を続けている。

❸ マンションで飼うペットの問題を何とか（　　）に解決したい。

2 ｛ a 平穏（へいおん）　b 無事（ぶじ）　c 無難（ぶなん）｝

❶ 一人で自転車旅行に出かけた弟が（　　）に帰ってきて、ほっとしている。

❷ あなたのスピーチの中の、この表現は誤解される恐れがあるから、避けた

　　ほうが（　　）です。

❸ この町では事件らしい事件もなく、毎日が（　　）に過ぎている。

3 ｛ a 精巧（せいこう）　 b 厳密（げんみつ）　 c 緻密（ちみつ） ｝

❶ どんなに（　　）に作られたロボットでも、人間の手のようには動かない。

❷ 食品工場では非常に（　　）な衛生検査が行なわれている。

❸ 旅行はあまり（　　）に計画したものより、余裕のある計画の方が楽しい。

4 ｛ a 上等（じょうとう）な　 b 見事（みごと）な　 c 優秀（ゆうしゅう）な ｝

❶ わが校の体操チームは全日本体操競技会で、（　　）演技をして優勝した。

❷ 中国語のスピーチ大会で（　　）成績をあげた学生たち3人は、2週間の中国
　旅行に招待されることになっている。

❸ 友人の病気が治ったのを祝って、フランスの（　　）ワインで乾杯した。

5 ｛ a 手薄（てうす）　 b 粗末（そまつ）　 c 貧弱（ひんじゃく） ｝

❶ あの小さくて（　　）な家に住む老人が有名な作家だと聞いて驚いた。

❷ 泥棒は会社の警備が（　　）な時間をねらって侵入したらしい。

❸ あの若者は作家になりたいらしいが、彼の書いたものは想像力も語彙も
　（　　）で、出版は難しいだろう。

B.　調子、出来具合

(1) 円満: 원만한.　　　　好調: 호조의. 순조로운.　　　順調: 순조로운.

(2) 平穏: 평온한.　　　　無事: 무사한. 아무 일이 없는. 탈 없이 건강한. 안온한.

　　無難: 무난한. 특별히 좋지도 않지만 나쁘지도 않은. 그런대로 괜찮은.

(3) 精巧: 정교한.　　　　厳密: 엄밀한.

　　緻密: 치밀한. (천 종이 등이) 결이 꼼꼼한. 자상하고 꼼꼼한.

(4) 上等な: 뛰어난. 훌륭한.　　　見事な: 훌륭한. 아름다운. 멋진. 뛰어난. 멋지고 능란한. 완전한.

　　優秀な: 우수한.

(5) 手薄: 수중에 금품이 적은. 일손이 모자란. 허술한. 불충분한.

　　粗末: (품질 됨됨이가) 변변치 못함. 허술함.　　　貧弱: 빈약한.

C. 力の強弱

1 ｛ a 強固　　b 屈強　　c 強力 ｝

❶ 知事は選挙で県民の支持を得て、公約のプロジェクトを（　　）に押し進めた。

❷ 彼等が何年にもわたる厳しい裁判に勝つことができたのは、決してあきらめないという（　　）な意志があったからだ。

❸ 車のタイヤが溝にはまって動かなくなったとき、（　　）若者が表れて助けてくれた。

2 ｛ a 力強い　　b 手ごわい　　c 根強い ｝

❶ スポーツ大会は選手代表の（　　）あいあさつで始まった。

❷ 今度の対戦相手は全国大会で優勝したこともある（　　）チームだ。

❸ この製品は30年前に売り出されたものだが、今でも（　　）人気がある。

3 ｛ a 荒い　　b きつい　　c 激しい ｝

❶ 台風が近づいて、一晩中（　　）雨が降った。

❷ 今日は風が強くて波が（　　）から、泳がないほうがいい。

❸ 田中課長は言い方は（　　）が、部下への思いやりがある人だ。

4 ｛ a か弱い　　b ひ弱な　　c 軟弱な ｝

❶ 自分の言いたいことも言えず、上司の言うままに動くなんて（　　）人だ。

❷ 妹は小さい頃は病気がちで（　　）子供だったが、水泳を始めてからとても元気になった。

❸ （　　）子供や女性にこんな重い荷物を持たせるのは無理だ。

(1) 強固: 공고한. 견고한.　　　屈強: 매우 힘이 세고 다부짐. 고집이 매우 셈.　　　協力: 협력적인.
(2) 力強い: 마음 든든하다. 힘차다. 강력하다.
　　手ごわい: (상대하기에) 만만치 않다. 힘겹다. 버겁다. (처리하기에) 벅차다.
　　根強い: 뿌리깊다. 탄탄하다. 끈질기다.
(3) 荒い: (태도 행동 등이) 거칠다. 난폭하다. 세차다. 맹렬하다. 헤프다.
　　きつい: 기질이 강하다. 다기차다. 기승하다. 심하다. 고되다. 엄하다. 꼭 끼다. 빽빽하다.
　　激しい: 심하다. 격심하다. 세차다. 격렬하다. 과격하다.
(4) か弱い: 가냘프다. 연약하다.　　　ひ弱い: 허약하다. 가냘프다.
　　軟弱な: 연약한. 나약한. (증권 거래 등에서) 시세가 내림세인 상태. 약세(軟弱さ)

D.　形状

1 { a 平(たい)らな　　b 滑(なめ)らかな　　c 平(ひら)たい }

❶ 魚を煮るときは（　　）鍋を使ったほうがいい。

❷ ここからは（　　）道が続いているので歩きやすい。

❸ 日曜大工で、いすを作った。仕上げに磨いたら（　　）表面になった。

2 { a 鋭(するど)い　　b 険(けわ)しい　　c 細長(ほそなが)い }

❶ 日本アルプスには（　　）山々がそびえている。

❷ ナイフの（　　）刃先を見ていると、怖くなってくる。

❸ 日本は南北に（　　）ので、南と北では気温の差が大きい。

3 { a なだらかな　　b 平坦(へいたん)な　　c 緩(ゆる)やかな }

❶ 私が育った町は（　　）丘が続く緑豊かな所だ。

❷ 少年が投げたボールは（　　）カーブを描いて落ちていった。

❸ 夜行列車は（　　）野原を一晩中走り続けた。

D. 形状

(1) 平らな: 평평한. 평탄한. 납작한.　　　滑らかな: 매끈매끈한. 미끄러운. 거침없는. 순조로운.
　　平たい: 넓적하다. 납작하다. 평평하다. 판판하다. (성격 따위가) 모나지 않고 둥글다. 부드럽다.
　　　　　　상냥하다. 겸손하다. 알기 쉽다. 통속적이다.
(2) 鋭い: 날카롭다. 예리하다. 예민하다.
　　険しい: 가파르다. 험하다. 위태롭다. 험상궂다. 험악하다. 거칠다. 거칠고 격렬하다.
　　細長い: 가늘고(좁고)길다. (상태 등이) 조금씩 오래 계속되는 모양.
(3) なだらかな: 완만한. 가파르지 않은. 온화한. 평온한. 원활한. 순조로운.
　　平坦な: 평탄한. (감정에 기복이 없이) 덤덤한. 평온한.
　　緩やかな:평온한. 안온한. 차분한. 조용한.

E　速い・遅い、多い・少ない

1 { a 慌ただしく　　b 目まぐるしく　　c 手早く }

❶ 彼女は（　　）料理をして子供達に食べさせた。

❷ 電話が終わると、彼は（　　）部屋を出ていった。

❸ 最近、（　　）流行が変わるので、どんな服を買ったらいいか分からない。

2 { a すばしこい　　b のろい　　c すばやい }

❶ 大やけどをしたが、（　　）適切な処置のおかげで命が助かった。

❷ いたずらをしていたのでしかろうと思ったら、（　　）子で、もう逃げていなかった。

❸ 弟は朝の支度が（　　）ので、いつも母にしかられている。

3 { a 絶大な　　b 夥しい　　c 莫大な }

❶ 冬になると、この湖には（　　）数の白鳥がやってくる。

❷ 彼は社長から（　　）信頼を得ている。

❸ 彼はお父さんの（　　）遺産を相続した。

4 { a 狭い　　b 狭苦しい　　c 窮屈だ }

❶ この道は（　　）から、車に注意して通りなさい。

❷ 6畳の部屋にこんなに家具を置くと（　　）。

❸ 太ったので3年前に作ったこの洋服は（　　）。

5 { a かすかな　　b ささやかな　　c 細かい }

❶ 彼の（　　）楽しみは、仕事が終わってから飲む一杯のビールだ。

❷ 山道で迷い、道を探していたら、遠くに（　　）光が見えた。

❸ 今日は一日中（　　）雨が降っている。

6 { a 多様　　b 多彩　　c 一様 }

❶ 高齢者の考えを（　　）に古いと決めつけることはない。

❷ 留学生との交流を通して分かったことは、世界には（　　）な価値観を持つ
人々がいるということだ。

❸ A氏の出版記念会には、A氏の作家仲間や音楽家から政治家まで、（　　）
な顔ぶれが集まった。

E　速い・遅い、多い・少ない

(1) 慌ただしい: 황망하다. 총망하다. 분주하다. 조급하다. 어수선하다.
　　目まぐるしい: (움직임이 빨라서) 눈이 어지럽다. 눈이 팽팽 돌다.
　　手早い: 재빠르다. 잽싸다. 날렵하다. =すばやい
(2) すばしこい: 잽싸다. 민첩하다. 약삭빠르다.
　　のろい: (머리가) 무디다. 둔하다. (동작이) 느리다. 더디다. 여자에게 무르다.
　　すばやい: 날래다. 재빠르다. 민첩하다.
(3) 絶大な: 더없이 큰.　　　　おびただしい: 엄청나다. (수량이) 굉장히 많다. (정도가) 심하다.
　　莫大な: 막대한.
(4) 狭い: 좁다.　　　狭苦しい: 좁아서 답답하다. 갑갑하도록 좁다. 옹색하다.
　　窮屈だ: 비좁아 갑갑하다. 답답하다. 거북하다. 부자유스럽다. 구차하다. 옹색하다. 궁핍하다.
(5) かすかな: 희미한. 아련한. 흐릿한. 어렴풋한. 미미한. 볼품없이 초라한.
　　ささやかな: 자그마한. 아담한. 사소한. 변변찮은.

F　その他

1　{ a 容易（ようい）　b 安易（あんい）　c 平易（へいい） }

❶ 面倒な仕事を（　　）に引き受けてしまって、今になって後悔している。

❷ 子供を育てながら仕事を続けるのは（　　）なことではない。

❸ この本は難しい哲学の問題を分かりやすい（　　）な言葉で書いてある。

2　{ a 手短（てみじか）　b 手近（てぢか）　c 手軽（てがる） }

❶ 「忙しい朝でも（　　）に作れる朝食をご紹介しましょう。」

❷ 時間がないので、（　　）に説明します。

❸ このアクセサリーは特別な道具や材料がなくても（　　）な物で出来るので、作ってみたい。

3　{ a 異様な（いよう）　b 型破りな（かたやぶ）　c 特異な（とくい） }

❶ 科学薬品工場で火事があり、辺りに（　　）においが立ち込めた。

❷ 彼は皮膚が弱く、太陽光線の刺激にも耐えられないという（　　）体質だ。

❸ 祖父は若いころから常識の枠におさまらない、（　　）人だったそうだ。

4　{ a 単調な（たんちょう）　b 月並みな（つきな）　c 単純な（たんじゅん） }

❶ 急にスピーチを頼まれたが、緊張して（　　）ことしか言えなかった。

❷ この問題は一見複雑に見えるが、実は（　　）計算式で解ける。

❸ 若い人はこんな田舎町の変化のない（　　）生活にはすぐに飽きてしまうだろう。

5 ｛ a　うつろな　　b　空しい　　c　はかない　｝

❶　長年の努力が無駄になり、（　　）思いでいっぱいだ。

❷　その人は疲れ果てて、生きる希望も力もなくしたかのような（　　）目をしていた。

❸　昨年まで元気に走り回っていた子供が一瞬の事故で亡くなった。人の命は（　　）ものだ。

6 ｛ a　親密な　　b　精密な　　c　密接な　｝

❶　この装置は非常に（　　）部品を使っているので、衝撃や振動に弱い。

❷　車や工場から出るガスと、地球の温暖化とは（　　）関係がある。

❸　A社の社長と政治家の田中氏が（　　）関係だということは知らなかった。

7 ｛ a　画一的　　b　対照的　　c　相対的　｝

❶　業界全体の売り上げが伸び悩んでいる中で、（　　）に見てわが社は好成績をあげていると言ってよい。

❷　社交的な兄と（　　）に、弟は無口で大人しい。

❸　子供の個性を無視した（　　）な教育は見直されようとしている。

8 ｛ a　若々しい　　b　幼い　　c　若い　｝

❶　短い時間でも、（　　）子供を車に残したまま買い物するのは危険だ。

❷　この頃は（　　）人だけでなく、子供から老人まで携帯電話を持っている人が多い。

❸　彼女はもう60歳を過ぎているが、今でもきれいで（　　）。

9 ｛ a　軽々しい　　b　スポーティーな　　c　軽やかな　｝

❶　彼女は何かうれしいことがあったらしく（　　）足取りでやってきた。

❷　国民への影響が大きいので、政治家は（　　）言動は極力慎まなければなら

ない。

❸ 活動的な彼女はいつも（　　　）格好をしている。

F. その他

(1) 容易: 손쉬운. 용이한.　　　安易: 안이. 손쉬운. 안이한.　　　平易: 평이한. 쉬운.
(2) 手短: (이야기나 문장이) 짤막하고 간단한. 간략한.
　　手近: 가까이 있는. 가까운. 비근한.　　　手軽: 간편한. 간단한. 손쉬운.
(3) 異様な: (모습 상태 등이) 보통과는 다른. 야릇한. 괴이쩍은. 이상한.
　　型破りな: 파격적인. 색다른. 유별난.　　　特異な: 특이한.
(4) 単調な: 단조로운.　　　月並みな: 평범한. 흔해빠진. 상투적인.　　　単純な: 단순한.
(5) うつろな: 공허한. 텅 빈. 멍청한. 얼빠진.
　　空しい: 공허하다. 내용이 없다. 보람없다. 헛되다. 허무하다. 덧없다.
　　はかない: 덧없다. 허무하다. 무상하다. 부질없다. 속절없다.
(6) 親密な: 친밀한.　　　精密な: 정밀한.　　　密接な: 빈틈이 없을 정도로 접근함. 밀접한.
(7) 画一的: 획일적.　　　対照的: 대조적.　　　相対的: 상대적
(8) 若々しい: 젊디젊다. 아주 젊어 보이다.　　　幼い: 어리다. 미숙하다. 유치하다.
　　若い: 젊다. (나이가) 어리다. 손아래이다.
(9) 軽々しい: 경솔하다. 경박하다. 경망스럽다.
　　スポーティーな: 스포티한. 경쾌하고 활동적인.　　　軽やかな: 가뿐한. 경쾌한.

2006年 2級 読解・文法
（200点 70分）

問題Ⅰ　次の文章を読んで、後の問いに答えなさい。答えは、１・2・3・4から最も適当なものを一つ選びなさい。

　昼寝を、ぜひ上手に活用したい—そんな人たちのために、どうしたらうまく昼寝がとれるか、そのコツを紹介しましょう。

　昼寝をするときは、なにより、昼寝に費やす時間に気をつけてください。昼寝は、たっぷり時間をとるか、または思い切って短くしたほうがいいのです。

　睡眠単位（ノンレム睡眠の組み合わせ）は、1単位が約90分です。これが、ひとつの目安となります。最初は、ノンレム睡眠によって、徐々に脳の活動レベルを下げていきます。その後、脳にエンジンをかけるレム睡眠が現れます。レム睡眠の後に目覚めれば、脳も活動を始める準備が整いつつありますから、気分もすっきりします。

　ですから、昼寝のためにたっぷり時間がとれる人は、①だいたい2時間弱を目安に昼寝をすればいいかと思います。90分に30分弱をプラスしたのは、横になってから眠りに入るまでの準備時間と考えてください。横になってすぐ眠れる人は、90分強でも構いません。

　そんなに昼寝に時間がとれない、という方でも心配は無用です。昼寝は、20分以内で十分だからです。むしろ、時間がとれない人は、昼寝に費やす時間は20分以内にすべきだともいえます。

　その理由は、深いノンレム睡眠に入る前に起きてしまえば、ということす。脳の活動レベルが、深く下がる前に目覚めるのがいいのです。

　1時間というのは、私たちにとってとてもくぎりのいい時間です。しかし、②この時間をまるまる昼寝に当てはめるべきではありません。というのは、1時間程度の昼寝で起きると、脳がかなり深い休息中のときに目覚めるわけですから、かえって頭がボーッとしていたり、不愉快な気分を覚えるのです。ですから、単純に眠る時間が長くなるほど、脳が休まり目覚めもスッキリする。というわけではないのです。中途半端な時間より、短いほうがずっと効果があるのです。

　これは、昼寝に限らず、睡眠全般にいえることです。夜の長い眠りの場合も、（　③　）を単位として考えたほうが、すっきりした目覚めをむかえることができるはずです。

　また、④職場の机の前で２〜３分目をつぶるだけでも、脳を休息させる面から考えると、いくらか効果があると思われます。目を閉じることは、外界の情報をシャットアウトしてしまうことです。目から入る情報は強力で、脳の働きも非常に大きいのです。これを遮断してしまうだけで、気持ちはずいぶん落ち着くでしょうし、脳も休むことができるのです。

　さて、昼寝をたっぷりとると、その夜は眠れなくなる、という⑤昼寝の「害」があります。約90分の昼寝をとると、脳は「昼寝１セット分の眠りをとったから、夜の眠りからその分を引いてしまおう」と考えてしまうからです・そのため、夜は寝つきが悪くなったり、眠りが浅くなったりすることがあるのです。

　これを避けたいなら、昼寝はやっぱり短いほうがいいのです。

（井上昌次郎『昼寝のすすめ—短時間睡眠の不思議』家の光協会による）

問1　昼寝をするときに気をつけなければならないこととして、最も適当なものはどれか。

　１　昼寝がたっぷりできるように、前の晩は長時間眠らないようにすること。

　２　2〜3分を閉じて、目から入る情報をシャットアウトすること

　３　横になってから眠りに入るまでの準備時間を十分とること

　４　昼寝にちょうどいい長さの時間だけねるようにすること

問2　①「だいたい2時間弱を目安に昼寝をすればいい」とあるが、それはなぜか。

　１　一つの睡眠単位に、脳が活動を始める時間を促すと約2時間だから

　２　一つの睡眠単位に、眠りに入るまでの準備時間を加えた時間が約2時間だから

　　3　脳の活動レベルが深く下がる前に目が覚めるようにするには、レム睡眠が終わ
　　　　る直後の2時間後がいいから

　　4　昼寝の後にすぐ脳が活動できるようにするには、ノンレム睡眠とレム睡眠を合
　　　　わせて約2時間かける必要があるから

問3　②「この時間をまるまる昼寝に当てはめるべきではありません」とあるが、それは
　　なぜか。

　　1　眠りに入るまでに30分弱かかり、深く眠る前に昼休みが終わってしまうから

　　2　忙しい人にとって、1時間全部昼寝に使うのはもったいないことだから

　　3　脳が活動を始める準備が整わないうちに起きることになるから

　　4　昼寝をたっぷりとると、その夜は眠れなくなってしまうから

問4　（　③　）に入る数字は次のうちどれか。

　　　1　2時間　　　　　　2　90分　　　　　　3　1時間　　　　　4　20分

問5　④「職場の机の前で2～3分目をつぶる」とあるが、これにはどのような効果があ
　　るのか。

　　1　昼寝をがまんすることになるので、その夜はとても疲れて寝つきがよくなる。

　　2　脳が外界の刺激から遮断されるので、深いノンレム睡眠のじゃまにならない。

　　3　目から入る情報を遮断することになるので、脳を休ませることができる。

　　4　強力な情報をシャットアウトするので、数分でもよく眠れる。

問6　⑤昼寝の『害』とあるが、それはどのようなものか。

　　1　ノンレム睡眠の途中で起きるため、頭がボーッとして午後の仕事ができなくな
　　　　ること

　　2　昼間とった睡眠時間が夜の睡眠の分からマイナスされるので、夜眠れなくなる
　　　　こと

　　3　昼寝をしたために脳が必要以上に活発に活動し、気持ちが落ちつかなくなるこ
　　　　と

　　4　睡眠を取りすぎることになるので、翌朝の目覚めが悪く、スッキリしないこと

問7　⑥「昼寝はやっぱり短いおうがいい」とあるが、ここで筆者はどのくらいがいいと
　　　言っているのか。

1　20分以内　　　　2　30分以内　　　　3　1時間程度　　　　4　90分強

問題II　次の(1) から(3) の文章を読んで、それぞれの問いに対する答えとして最も適当なものを1・2・3・4から一つ選びなさい。

(1)　　あれはいつのころだったか、まだ、数学などに凝っていたときだ。ぼくは、友人と競走で、ある問題を解いていた。それが、解けたときはほんとうに嬉しかった。それで、すぐに友人に電話した。

　「おい、やった、解けたぞ！」

　ぼくは、ほとんど、叫んでいた。

　だが、相手はねむそうにいう。

　「なにが、解けただ。いま何時だと思っているんだ。午前2時だぞ。！」

　怒った声だった。それを聞いて、①しまったと思った。確かに、ひどい時間に電話をかけたものだ。「たとえ、友人だとはいえ、午前2時に電話をかけるのは、少し非常識だったな。あやまる。ごめん！」

　ぼくはすぐあやまった。すると、相手はいった。

　「おまえのバカな友人になら、何時に電話をしようと勝手だ。おれのいいたいのは、（　②　）ということだ」

　そして、ガチャン。そういえば、相手の声は友人の③それではなかった。

（なだいなだ『こころのかたち』毎日新聞社による）

- （注1）凝る：熱中する
- （注2）〜とはいえ：〜といっても
- （注3）おれ：「私」の意味（男性が使うことが多い）

問1　①「しまった」とあるが、筆者は自分のどんな行動に対してそう思ったのか。

　1　問題がまだ解けていない友人の気持ちを考えずに電話をした。

　　2　自分から電話をかけたのに、初めに名前を言わなかった。

　　3　午前2時という非常識な時間に友人に電話をした。

　　4　問題が解けた嬉しさのあまり、電話で叫んだ。

問2　（②）に入る最も適当なものはどれか。

　　1　電話番号はまちがえないようにかけろ

　　2　そんなことで深夜に電話をかけるな

　　3　相手のことを考えて電話をかけろ

　　4　自分の名前を伝えてから話せ

問3　③「それ」とは何を指すか。

　　1　電話番号　　　2　話し方　　　3　常識　　　4　声

(2) アンさんの日記

7月17日（日）　晴れ

　あと1週間で試験が始まる。今日から頑張って試験勉強をしようと思ったが、いい天気だったので午前中は公園まで散歩に行った。公園は犬を連れた人や家族連れが多くて、にぎやかだった。最近忙しくて、学校とアパートを往復するだけだったので、運動不足の感じ。30分ほど軽く走る。とても暑くて汗をかいたが、久しぶりの運動は気持ちがいい。

　スーパーでお弁当を買って、アパートへ帰り、昼ご飯。午後から勉強しようと思ったが、つい寝てしまい、あまりできずに夕方になってしまった。

　試験が終わって、レポートを出せば夏休みだ。今年も北海道を旅行する予定。旅行の準備はほとんど終わっている。早く行きたいなあ。

7月18日（月）　晴れ

　試験が近いせいか図書館は学生でいっぱいだった。同じクラスの学生も何人か来ていた。レポートのための本を借りたかったが、みんな同じような本を探しているよう

で、あまり本がない。結局、1冊も借りられずにアパートに帰った。困った。明日、
<u>先生に相談してみよう</u>。

7月19日（火）　曇り
　曇っていたが暑かった。東京は暑いだけでなく、蒸し暑いから嫌だ。早く北海道に
行きたい。
　午後、レポートのことで先生に相談したら、それはできないと断られ、締め切りは
守るようにと言われた。もっと早くレポートの準備をすればよかったというのはわ
かっているのだが、なかなか難しい。アルバイトをしているわけでもクラブ活動が忙
しいわけでもないのだが、毎日時間が本当に早く過ぎていく。先生が宿題を出しすぎ
るんだ。早く夏休みにならないかなあ。

問1　7月17日の日記の内容に合っているものはどれか。
　1　運動しようと思って公園へ行ったが、人が多くて何もできなかった。
　2　頑張って試験勉強をするつもりだったが、思ったほどできなかった。
　3　運動不足なので走ろうと思ったが、とても暑くて走れなかった。
　4　お弁当を買ってアパートへ帰ったが、食べないで寝てしまった。

問2　「先生に相談してみよう」とあるが、次の日アンさんは先生に何と言ったと考え
　　られるか。
　1　「レポータに必要な本が図書館になかったので、レポート提出の日を延ばしてい
　　ただけませんか」
　2　「図書館は学生がいっぱいでレポートが書けないので、先生の部屋を使わせて
　　いただけませんか」
　3　レポートに必要な本は全部貸し出されていたので、テーマを変えさせていただ
　　けませんか。
　4　「レポートに必要な本が見付からなかったので、先生の本を貸していただけません
　　か」

問3　この日記にはアンさんのどんな気持ちが表れているか。その気持ちを表すものとして最も適当なものはどれか。

1　学校もアルバイトも忙しくないのに、時間はどんどん過ぎていく。不思議だなあ。

2　北海道旅行は楽しみだが、その前の試験勉強やレポートが進まない。困ったなあ。

3　試験勉強やレポートで忙しくて、北海道旅行の準備がなかなかできない。大変だ。

4　レポートが提出できそうにないから、北海道旅行はあきらめよう。残念だ。

(3)　部下に対して、ほめた方がいいのか、叱った方がいいのか、心理学的に言ってどちらが効果的か、などと質問されることがある。部下の扱い方というものはなかなか難しいので、心理学の知恵によって、よい方法を知りたいと思われるのであろう。ほめるとつけ上がる、叱るとシュンとして何もしなくなる、一体どうしたらいいのか、などと言われる人もある。

　心理学者で、①このような疑問を解くために実験をした人がある。グループを三つに分けて、どれにも同じような単純な仕事を与え、終わった後で第1のグループは結果のいかんにかかわらず、よくできたとほめる。第2のグループは全員に対して、もっとできるはずだと思っていたのにと叱る。第3のグループは、ほめも叱りもしない。そうして翌日はまた似たような課題を与え、前日よりどの程度進歩したかを見る。そうすると、二日目は叱ったグループが一番よく進歩し、次はほめたグループ、何も言わなかったグループ、ということになる。

　ところが②面白いことに、これを続けてゆくと、ほめるグループは進歩の上昇率が高く、叱るグループを抜いてしまうのである。人間は叱られると、一度は頑張るが、あまり続くと─それでも上昇するのだが─上昇率はそれほどでもなくなる。何も言われないグループは前二者に比べると上昇率は一番よくない。つまり、何も言わないのに比べると、叱ってばかりいる方がまだましだ、というわけである。

　この実験結果から、（　③　）と良いと結論するのは、少し性急すぎるようである。この実験は単純な課題に対して行なったので、課題の種類によっては結論が異な

るかも知れない。それに、この実験には、（④　　）、というグループは含まれてい
ない。おそらく、正解は「適切にほめ、適切に叱る」のが一番良いということになろう
が、この適切にというところが、実際にどうするのか誰しも解らないのが困るところ
である。

（河合隼雄『働きざかりの心理学』新潮社による）

- （注1）部下：ある人の下に属し、その人の命令をうけて行動する人
- （注2）つけ上がる：本来の自分より優れていると思い込む
- （注3）シュンとする：元気をなくしてがっかりする
- （注4）結果のいかんにかかわらず：結果に関係なく
- （注5）課題：与えられた仕事
- （注6）上昇：上がること
- （注7）まだまし：どちらかというと、その方がいい
- （注8）性急：決めるのが早い
- （注9）誰しも：だれも

問1　①「このような疑問」とあるが、どのような疑問か。
1　部下にどのような仕事をさせるのが適当かという疑問
2　心理学の知恵によって部下の扱い方がわかるかという疑問
3　心理学者は、部下をどのように叱っているのかという疑問
4　部下は、ほめた方が効果的か叱った方が効果的かという疑問

問2　②「面白いことに」とあるが、何を指して面白いと言っているか。
1　叱ったグループの方がほめたグループより進歩したこと
2　叱ったグループもほめたグループも結果的には同じように進歩したこと
3　何も言わなかったグループが三つのグループの中で一番進歩しなかったこと
4　初めは叱ったグループが一番進歩したが、その後ほめたグループに抜かれたこ
　　と

問3　（　③　）に入る最も適当な言葉はどれか。
1　ほめてばかりいる

2　叱ってばかりいる

3　何も言わないでいる

4　ほめたり叱ったりしている

問4　（　④　）に入る最も適当な言葉はどれか。

1　いつも叱る

2　いつもほめる

3　ほめたり叱ったり

4　ほめも叱りもしない

問題Ⅲ　次の（1）から（4）の文章を読んで、それぞれの問いに対する答えとして最も適当なものを1・2・3・4から一つ選びなさい。

(1)　本を読む習慣のない大学生が、つまり、読書の本当の喜びを知らない人が、本など読まなくてもいいのではないかと言うのは、たしかに腹が立つが、理解できないわけではない。好きも嫌いも、当の読書をそれほどやっていないわけだから、読書の必要性がよくわからないのも、ある意味無理はない。

（斎藤孝『読書力』岩波書店による）

- （注1）腹が立つ：怒りたくなる
- （注2）当の〜：まさにその〜
- （注3）無理はない：しかたがない

問い　「無理はない」とあるが、ここで筆者は何が無理はないと考えているのか。

1　本を読まない大学生も、読書の必要性をよく理解していること

2　あまり本を読まない人が、本など読まなくてもいいと考えること

3　最近の大学生は本を読む習慣がないのでその喜びを知らないこと

4　あまり本を読まない大学生が増えたことに腹がたつこと

(2)　以前、年の暮れにデパートで販売の仕事をしていただき、一人のおじいさんが売り場にやって来た。私が注文を聞いて商品を包装しているとき、そのおじいさんは私の胸の名札を見て、「私の名字もあなたと同じＸＸなんですよ」と言った。

「そうなんですか」

自分と同じ名字だと言われて親しみがわいた。しかし、仕事中だったので、おじいさんには悪いと思いながらも、それだけ答えて包装を続けた。

「お待たせしました」

私は商品をおじいさんに渡した。

「ありがとう、来年がＸＸさんにとっていい1年でありますように」

同じ名字であるだけで、これだけ温かい言葉がもらえるとは思わなかった。

- （注）名札：名前が書いてあるカード

問い　筆者の気持ちとして最も適当なまのはどれか。

1　「そうなんですか」と答えたとき、話好きなおじいさんが客として来て面倒だと思った。

2　注文を聞いているときに、おじいさんから同じ名字だと言われて不愉快になった。

3　商品を渡したとき、おじいさんから優しい言葉をもらったことが以外だった。

4　商品を包装しているときに、おじいさんが話している内容が新鮮だった。

(3)　あろもの（こと）を、ことばで実現するというのは、ところどころ穴の開いたバケツで水をすくおうとするのに似ています。自分では一生懸命に水をすくっているのに、知らない間に、いくらかの水は、穴からこぼれ落ちてしまっているのです。つまり、ことばで表現すると、そのもののすべてをことばで言い表そうとしているにもかかわらず、必ず、言い表そうとしていることの一部が、口にされたことばからこぼれ落ちてしまう、ということです。私たちは、このことをしっかり胸にとどめておかなくてはなりません。

（斎藤美津子『話しことばのひみつ』による）

- （注1）バケツで水をすくう：バケツで水をくむ
- （注2）胸にとどめる：忘れないようにする

問い　この文章の内容と合うものはどれか。

1　言いたいことすべてをことばで表現するのは困難であるということを忘れては
　　ならない。

2　ことばで言いたいことを表現するのは難しいが、一生懸命練習すればできるよ
　　うになる。

3　言いたいことを十分に伝えるには、ことばを使ってすべてを表現しなければな
　　らない。

4　いくら表現しようとしてもこぼれ落ちてしまうことは、最初から言う必要はな
　　い。

(4)　日本の小学生、中学生、高校生に対して行った調査の中で、「なりたい職業があ
る」と答えた子どもに次のようなことをするかどうか聞きました。

　　質問1　「どうしたらそのその職業につくことができるかを調べること」
　　質問2　「その職業につくために努力していること」

　　次のグラフは、それに対する回答をまとめたものです。

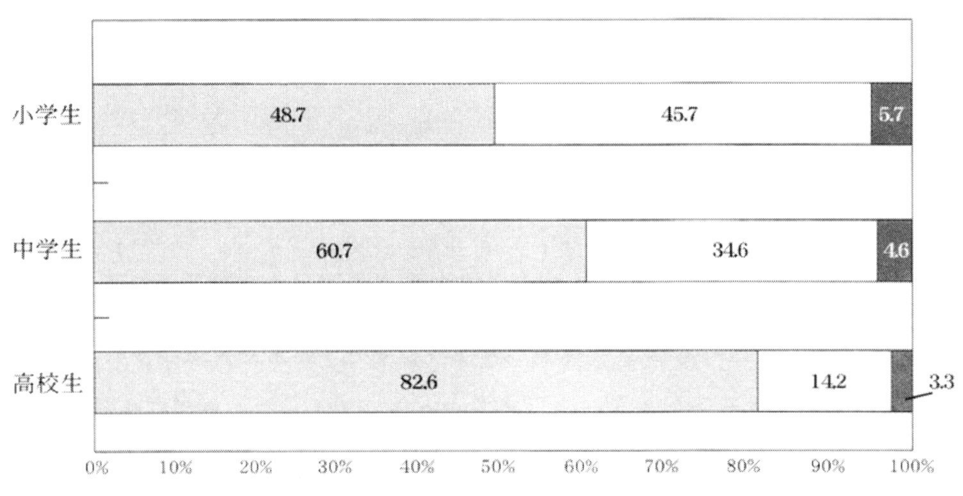

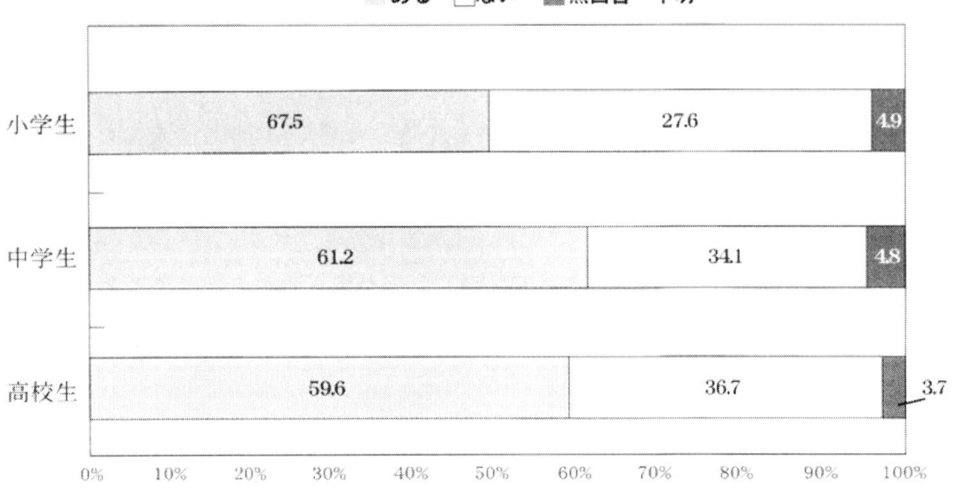

（グラフはBenesse教育研開発センター「第1回子ども生活実態基本チ調査」による）

問い　グラフの説明として最も適当なものはどれか。

1　学校段階が上がるにしたがって、将来自分の希望する職業につく方法を調べる
　　子どもや、その職業につくための努力をしている子どもが増えるかというと、

そうではなく、学校段階による差は見られない。年齢の高さと職業への関心の
高さには関係がないようだ。

2　学校段階が上がるにしたがって、将来自分の希望する職業につく方法を調べる
　　子どもが減っているが、その職業につくための努力をしている子どもは多く
　　なっている。これは、年齢の高い子どもはすでに就職に関する知識が十分にあ
　　ることを示しているだろう。

3　学校段階が上がるにしたがって、将来自分の希望する職業につく方法を調べる
　　子どもが増えているが、その職業につくための努力をしている子どもは、むし
　　ろ減っている。職業への関心の高さは必ずしも実際の努力につながっていない
　　ようだ。

4　学校段階が上がるにしたがって、将来自分の希望する職業につく方法を調べる
　　子どもが増えており、それと同時に、その職業につくための努力をしている子
　　どもが多くなっている。職業への関心の高さは実際の努力につながっているよ
　　うだ。

**問題Ⅳ　次の文の＿＿＿＿にはどんな言葉を入れたらいか。1・2・3・4から最も適当
　　なものを一つ選びなさい。**

(22)　他人の住所を勝手に公表することは、法律＿＿＿、認められていない。
　　　　1　上　　　　　　　2　上に　　　　　　3　次第　　　　　　4　次第に

(23)　あの鳥が日本で見られるのは、11月から3月＿＿＿、です。
　　　　1　にかけて　　　　2　をかねて　　　　3　にそって　　　　4　をめぐって

(24)　あの日の記憶を＿＿＿ものなら消してしまいたい。
　　　　1　消す　　　　　　2　消せる　　　　　3　消そう　　　　　4　消した

(25) 収入が減る____ 、教育費などの支出は増えていくのだから、節約するしかない。

　　　1　せいで　　　　　2　一方で　　　　　3　おかげで　　　　4　ことで

(26) この公園では、季節を____ 美しい花が見られます。

　　　1　除き　　　　　　2　問わず　　　　　3　こめて　　　　　4　はじめ

(27) いったん引き受けた____ 、納得できる仕事をしたい。

　　　1　からといって　2　からには　　　　3　かと思うと　　　4　かといって

(28) 面接試験では、話し方____ 、服装などにも気をつける必要がある。

　　　1　の反面　　　　　2　としては　　　　3　に過ぎず　　　　4　かといって

(29) 試合直前の打ち合わせをしようと、選手たちはコーチの____ 集まった。

　　　1　末に　　　　　　2　ものに　　　　　3　もとに　　　　　4　際に

(30) 調査結果に____ 、論文を書く。

　　　1　とって　　　　　2　くらべて　　　　3　もとづいて　　　4　ともなって

(31) 今年は気温が高い____ 、冬になってもなかなか雪が降らない。

　　　1　せいか　　　　　2　わりに　　　　　3　くせに　　　　　4　ことか

(32) そのスポーツクラブは入会金が要らない____ 、わが家から近い。

　　　1　ために　　　　　2　ものの　　　　　3　うえに　　　　　4　ほどの

(33) かたいあいさつは____ 、さっそく乾杯しましょう。

　　　1　ぬかずに　　　　2　ぬくものか　　　3　ぬきながら　　　4　ぬきにして

(34) あたりが暗くなるに____ 、だんだん眠くなってきた。

　　　1　よって　　　　　2　つれて　　　　　3　向けて　　　　　4　対して

(35) 指示のとおりにやる____ やったが、いい結果が出るかどうか自信がない。

　　　1　だけに　　　　　2　だけさえ　　　　3　だけは　　　　　4　だけこそ

(36) この製品は、アイデア____ いろいろな使い方ができます。

　　　1　がちに　　　　　2　ぎみに　　　　　3　限りで　　　　　4　次第で

(37) 小さな子どもが真っ暗な穴の中に一人だけ残されていたなんて、___だけで涙が出る。

　　　1　想像して　　　　2　想像しよう　　　3　想像しない　　　4　想像する

(38) 一人で暮らすように____ はじめて、家族がどんなにありがたいかがわかった。

　　　1　なって　　　　　2　なれば　　　　　3　なりつつ　　　　4　ならずに

(39) ここから200メートルに＿＿＿　桜の並木が続いている。

    1　沿って　　　　　　2　応じて　　　　　　3　際して　　　　　　4　わたって

(40) あの二人が結婚したと聞けば、だれ＿＿＿　びっくりするよ。

    1　さえ　　　　　　　2　だって　　　　　　3　までも　　　　　　4　ばかり

(41) 医者には二、三日で治ると言われたが、よくなる＿＿＿　ますます悪くなってきた。

    1　ところに　　　　　2　ところも　　　　　3　どころで　　　　　4　どころか

問題Ⅴ　次の文の＿＿＿＿にはどんな言葉を入れたらよいか。1・2・3・4から最も適当なものを一つ選びなさい。

(42) 2回も同じ間違いをするとは、注意が足りなかったと＿＿＿＿。

    1　言う一方だ　　　　　　　　　　2　言いっこない

    3　言わざるをえない　　　　　　　4　言うわけにはいかない

(43) あの人を雇うかどうかは書類だけでは決められないから、結局は実際に本人に会って判断する＿＿＿＿。

    1　はずがない　　　　　　　　　　2　にほかならない

    3　よりほかない　　　　　　　　　4　というものでもな

(44) この欠陥を直さないと、重大な事故が起こる＿＿＿＿。

    1　ぐらいだ　　　　　　　　　　　2　ところだ

    3　べきである　　　　　　　　　　4　おそれがある

(45) こんなところで先生に会うなんて、＿＿＿＿。

    1　思ってもみなかった　　　　　　2　思ってもしょうがなかった

    3　思わずにはいあられなかった　　4　思ってはいられなかった

(46) 同じ値段なら、質がいいほうがたくさん売れる＿＿＿＿。

    1　わけがない　　　　　　　　　　2　に限る

    3　にきまっている　　　　　　　　4　ばかりになっている

(47) 大人のくせに、そんなつまらないことでけんかするのは＿＿＿＿。

    1　子どもっぽい　　　　　　　　　2　子どもらしい

　　3　子ども向きだ　　　　　　　　4　子どもだらけだ

(48) 寒いなあ。こんなに冷えるのなら、セーターを______。

　　1　持ってきただろうか　　　　　2　持ってくればよかった

　　3　持ってきてしかたがない　　　4　持ってくることは持ってきた

(49) 入学試験が終わった後、兄は毎日______。

　　1　遊びつつある　　　　　　　　2　遊んだままだ

　　3　遊んでいる最中だ　　　　　　4　遊んでばかりいる

(50) あんなに巨大な建物を大昔の人が造ったとは、不思議としか______。

　　1　言いようがない　　　　　　　2　言うほどではない

　　3　言ってたまらない　　　　　　4　言うにちがいない

(51) その俳優が大好きなので、ぜひ私に彼へのインタビューを______。

　　1　してさしあげませんか　　　　2　していただけませんか

　　3　させてくださいませんか　　　4　させていただきませんか

問題VI　次の文の______にはどんな言葉を入れたらよいか。1・2・3・4から最も適当なものを一つ選びなさい。

(52) 社長のスピーチ、早く______。いつも長くて困るよ。

　　1　終わろうかな　　　　　　　　2　終わらないかな

　　3　終わるぐらいだな　　　　　　4　終わってしょうがないな

(53) ときどき家のなかがものすごく散らかってしまうことがある。そんなときに限って、______。

　　1　もっと散らかっている　　　　2　突然客が訪ねてきたりする

　　3　部屋を片付けたい気持ちになる　4　たくさんの人を招待するべきだ

(54) 以前は、月に1回ぐらい美術館に好きな絵を見に行く時間があった。今はそれどころではなく、__________。

　　1　仕事に追われる毎日だ　　　　2　月に2回は行っている

　　3　絵の人気が下がっている　　　4　さらに毎日の生活を楽しんでいる

(55) 学校の勉強が将来役に立つかどうかについて、小学生を対象に調査した。その
結果、低学年では肯定的だが、高学年＿＿＿＿＿その考えに否定的だった。

1　にしろ　　　　2　にしても　　3　になっても　　　　4　になるほど

(56) 山口「就職するんだったら、やっぱり社会的に信用のある大きい会社がいい
な。＿＿＿＿＿」

1　小さい会社は給料が安いからね
2　大きい会社なら、信用があるだろう
3　そういう会社には入るのが難しいよ
4　そういう会社のほうが信用されるだろう

第 6 課

動詞 1

1	遭う	あう	旅行中にホテルで盗難に遭った。
2	飼う	かう	犬を3匹飼っている。
3	沿う	そう	線路が道に沿って続いている。
4	添う	そう	足の悪い祖母に付き添って病院へ行く。期待に添う。
5	縫う	ぬう	この洋服は母が縫ってくれたものだ。
6	酔う	よう	酒を飲み過ぎて酔ってしまった。車に酔う。
7	奪う	うばう	男はバッグを奪って逃げた。
8	覆う	おおう	ソファーを美しい布で覆った。
9	嫌う	きらう	祖母は食事中に話すのをきらう。
10	狂う	くるう	気が狂う。時計が狂う。予定が狂う。
11	誘う	さそう	友達を映画に誘う。
12	誓う	ちかう	彼女を必ず幸せにすると心に誓った。
13	倣う	ならう	経験がないので、前例に倣ってやってみた。
14	扱う	あつかう	危険物を扱う。
15	従う	したがう	社長に従って視察にでかける。命令に従う
16	伴う	ともなう	父は兄を伴って出かけた。危険を伴う仕事。
17	裂く	さく	ハンカチを裂いて傷に巻いた。（自）裂ける
18	敷く	しく	新しい部屋にじゅうたんを敷いた。
19	炊く	たく	炊いたばかりのご飯はおいしい。
20	就く	つく	この春から営業の仕事に就いた。
21	吐く	はく	船に酔って吐いてしまった。本音を吐く。

22	履く	はく	新しい靴を履いて出かけた。
23	弾く	ひく	姉は上手にピアノを弾く。
24	描く	えがく	美しい風景を描く。夢を描く。
25	渇く	かわく	暑くてのどが渇いた。
26	砕く	くだく	船は氷を砕いて、冬の海を進んだ。（自）砕ける
27	響く	ひびく	コツコツと足音が響く。
28	驚く	おどろく	友人が結婚すると聞いて驚いた。
29	輝く	かがやく	ダイヤモンドがキラキラと輝く。栄光に輝く。
30	脱ぐ	ぬぐ	部屋に入ったらコートを脱いでください。
31	稼ぐ	かせぐ	彼は1年に1億円稼ぐそうだ。
32	騒ぐ		事故があったらしく、外で人が騒いでいる。
33	挿す	さす	きれいな花を髪に挿した。
34	致す	いたす	この仕事は私が致します。
35	卸す	おろす	兄は、電気器具をデパートに卸す商売をしている。
36	隠す	かくす	帽子で顔を隠す。（自）隠れる
37	崩す	くずす	山を崩して住宅地にする。（自）崩れる
38	壊す	こわす	カメラを落として壊してしまった。（自）壊れる
39	脅かす	おどかす	銀行強盗はピストルを手に「金を出せ。」と脅かした。
40	及ぼす	およぼす	中国文化は日本に多くの影響を及ぼした。（自）及ぶ。
41	繰り返す	くりかえす	歴史は繰り返すと言われている。
42	撃つ	うつ	ここでは動物を撃ってはいけない。
43	射つ	うつ	討つか討たれるかの戦いをする。
44	跳ぶ	とぶ	だれが一番高く跳べるか、競走しよう。
45	酌む	くむ	古い友と酒を酌み交わす。
46	澄む	すむ	澄んだ空気を胸いっぱいに吸う。（他）澄ます
47	踏む	ふむ	車のブレーキを踏む。
48	恨む		人を恨んでも良い結果にならない。
49	縮む	ちぢむ	ゴムは伸びたり縮んだりする。（自）縮まる （他）縮める
50	悔やむ	くやむ	今になって悔やんでも遅い。

1 遭う : (어떤 일을) 만나다. 겪다. 당하다. 봉착하다.

2 飼う : (동물을) 기르다. 치다. 사육하다.

3 沿う : 연하다. 따르다. 좇다. 따르다.

4 添う : 따르다. 붙어 다니다. 부부가 되다. (기대와 목적에) 부합되다. 부응하다. 맞다.

5 縫う : 우연히 마주치다.

6 酔う : 술에 취하다. 술기가 돌다. 멀미하다. 황홀해지다. 도취하다.

7 奪う : 빼앗다. (마음 눈 등을) 사로잡다. 끌다. 없애다.

8 覆う : (표면을) 덮다. 씌우다. 보호하다. 가리다. 막다. 널리 퍼지다. 뒤덮다. 숨기다. 일괄하다.

9 嫌う : 싫어하다. 미워하다. 꺼리다. 피하다.

10 狂う : 미치다. 돌다. 지나치게 몰두하다. 열중하다. 빠지다. (사물 기계의 상태가) 정상이 아니다. (물건이) 비뚤어지다. (계획 예상 등이) 어긋나다. 빗나가다. 차질이 생기다.

11 誘う : 권유하다. 꾀다. 유혹하다. 불러내다. 자아내다.

12 誓う : 맹세하다. 서약하다.

13 倣う : 본뜨다. 모방하다. 흉내 내다.

14 扱う : 다루다. 처리하다. 취급하다. 중재하다. 대접하다. 대하다.

15 従う : 따르다. 뒤따르다. 순종하다. 복종하다. 규칙이나 관습에 따르다. 강 길 등을 따라서 가다.(강한 힘에) 휩쓸리다. 내맡겨지다.

16 伴う : 데리고 가다. 동반하다. 걸맞다. 어울리다. 따르다. 수반하다.

17 裂く : 찢다. 쪼개다. 떼다. 벌어지게 하다. 가르다. (생선 따위의 배를) 따다. 할애하다.

18 敷く : 깔다. 펴다. 깔고 앉아 누르다. 밑에 대다. (법 정치 등을) 널리 펴다. 베풀다. 부설하다. 배치하다.

19 炊く : 밥을 짓다.

20 就く : 취임하다. 취업하다. 지위에 오르다. 즉위하다. 잠자리에 들다. (어떤 곳으로) 떠나다. 골라서 거기에 따르다. 끼다. 사사하다.

21 吐く : 뱉다. 토하다. 게우다. 뿜어내다. 토로하다. 말하다.

22 履く : (구두 등을) 신다.

23 弾く : (악기를) 타다. 켜다. 연주하다.

24 描く : 그리다. 그림으로 그리다. 표현하다. 묘사하다. (마음에) 떠올리다.

25 乾く : 마르다. 건조하다. (비유적으로) 감정 생기 등이 느껴지지 않게 되다. 메말라 버리다. 윤기가 없어지다.

26 砕く : (단단한 것을) 부수가. 깨뜨리다. (상대편의 기세 계획 등을) 쳐부수다. 꺾다. (어려운 표현 등을) 알기 쉽게 풀어서 이야기하다.

27 響く: 울리다. 울려 퍼지다. 반향하다. 메아리치다. 여운이 길게 이어지다. 진동하다. 영향을 주다. 소문이 퍼지다. 감동을 주다. (어떤 뜻으로) 들리다.

28 驚く: 놀라다. 경악하다.

29 輝く: 빛나다. 반짝이다.

30 脱ぐ: 벗다.

31 稼ぐ: 돈벌이하다.

32 騒ぐ: 떠들다. 시끄러운 소리를 내다. 불평불만을 호소하다. (불안 놀람 등으로) 침착성을 잃다. 허둥대다.

33 挿す: 꽂다. 허리에 꽂다. 꺾꽂이하다.

34 致す: 이르게 하다. 보내다. (좋지 않은 결과를) 가져오다. 야기하다. 초래하다. (힘 마음을) 다하다. 바치다. 힘쓰다. 「する」의 겸사말.

35 卸す: 도매하다.

36 隠す: 감추다. 숨기다.

37 崩す: 무너뜨리다. 허물어뜨리다. (정돈된 모양이나 자세를) 흩뜨리다. 어지르다. (글씨를) 흘리다. 돈을 헐다. 잔돈으로 바꾸다.

38 壊す: 부수다. 허물다. 깨뜨리다. 고장을 내다. 탈내다. (약속 계획 등을) 깨뜨리다. 파괴하다. 망치다. (큰돈을) 헐다. 잔돈으로 바꾸다.

39 脅かす: 위협하다. 협박하다. 깜짝 놀라게 하다.

40 及ぼす: 미치게 하다. 끼치다.

41 繰り返す: 되풀이 하다. 반복하다.

42 撃つ: (총으로) 쏘다. 사격하다.

43 討つ: (무기 등으로) 공격하다. 치다. 쓰러뜨리다. (칼 따위로 사람을) 베다. 죽이다.

44 跳ぶ: 뛰다. 뛰어넘다.

45 酌む: (물 등을) 긷다. 푸다. 퍼서 담다. (술 등을) 그릇에 따르다. 특히 술을 따라(함께) 마시다.

46 澄む: 맑다. 맑아지다. 탁한 것이 없어지고 깨끗해지다. 소리가 잘 울리다.

47 踏む: (발로) 밟다. 디디다. 구르다. 방문하다.

48 恨む: 원망하다. 원한을 품다.

49 縮む: 줄다. 오그라들다. 작아지다. (길이가) 짧아지다. 줄어들다. 위축되다.

50 悔やむ: 뉘우치다. 후회하다. 애도하다.

動詞 2

1	刈る	かる	伸びた草を刈った。
2	釣る	つる	川で魚を釣る。
3	撮る	とる	家族全員で写真を撮った。
4	振る	ふる	手を振って友達と別れる。
5	彫る	ほる	指輪に二人の名前を彫った。
6	盛る	もる	皿に季節の果物を盛る。
7	至る	いたる	会議は深夜に至るまで続いた。
8	劣る	おとる	この機械は新しいのと比べて性能が劣る。
9	飾る	かざる	パーティーなので部屋に花を飾った。
10	腐る	くさる	この魚は腐っている。
11	削る	けずる	ナイフで木の表面を削る。予算を削る。
12	茂る	しげる	夏の野山は、草や木が茂っていた。
13	縛る	しばる	長い髪をゴムで縛る。
14	絞る	しぼる	雑巾はよく絞って使いなさい。目標を絞る。
15	滑る	すべる	山の上からスキーで滑る。
16	迫る	せまる	試験が明日に迫り、落ち着かない。借金の返済を迫る。
17	黙る	だまる	彼は返事もせず、黙ったままだった。
18	殴る	なぐる	いくら相手が悪くても、殴るのはよくない。
19	握る	にぎる	子供は母親の手をしっかり握った。
20	濁る	にごる	大雨の後は川の水が濁る。
21	巡る	めぐる	名所を巡る旅に出る。
22	潜る	もぐる	海に潜って貝を捕る。
23	譲る	ゆずる	父親が子供に財産を譲る。
24	誤る	あやまる	悪いことをしたら、すぐに誤るべきだ。

25	偏る	かたよる	栄養が偏らないように、バランスの良い食事を考える。
26	透き通る	すきとおる	川の底まで透き通って見えた。
27	煮る	にる	肉と野菜を一緒に煮る。（自）煮える
28	診る	みる	熱があったので医者に診てもらった。
29	飽きる	あきる	変化のない今の生活には飽きた。
30	飢える	うえる	世界中には飢えている人々がたくさんいる。
31	殖える	ふえる	都心でネズミが殖えているそうだ。（他）殖やす
32	訴える	うったえる	事故を起こした相手を訴える。
33	蓄える	たくわえる	災害に備えて、食料品や水を蓄える。
34	掛ける	かける	壁に絵を掛ける。（自）掛かる
35	避ける	さける	混雑する時間を避けて通勤する。
36	漬ける	つける	汚れたハンカチを水に漬ける。
37	怠ける	なまける	仕事を怠けて遊んでばかりいる。
38	揚げる	あげる	旗を揚げる。　天ぷらを揚げる。
39	焦げる	こげる	火が強すぎて肉が焦げてしまった。（他）焦がす
40	妨げる	さまたげる	道路に倒れた木が、通行を妨げている。
41	載せる	のせる	車に荷物を載せる。記事を載せる。（自）載る
42	慌てる	あわてる	「火事だ」の声に、慌てて外へ飛び出した。
43	隔てる	へだてる	川が二つの国を隔てている。（自）隔たる
44	企てる	くわだてる	悪いことを企てる。
45	兼ねる	かねる	副社長は、人事部長を兼ねている。
46	跳ねる	はねる	池で魚が跳ねた。
47	尋ねる	たずねる	先生に分からないところを尋ねた。
48	締める	しめる	ズボンのベルトを締める。
49	攻める	せめる	相手の弱点を攻めて、試合に勝った。
50	褒める	ほめる	長所を褒めて子供を育てる。
51	納める	おさめる	税金を納める。
52	眺める	ながめる	遠くの山々を眺める。
53	勧める	すすめる	店員に勧められて、新製品を買った。
54	慰める	なぐさめる	音楽は人の心を慰める。

55　揺れる　揺れる　　　風でカーテンが揺れている。

56　縮れる　ちぢれる　　この木は病気のせいか葉が縮れてしまった。

57　離れる　はなれる　　親から離れて一人で生活をする。　（他）離す。

1　刈る: 베다. 깎다.

2　釣る: 낚다. 잡다.

3　撮る: 찍다. 뜨다.

4　振る: 움직이다. 흔들다. 휘두르다. 뿌리다. 흔들어서 던지다. 잃다. 날리다. 거절하다. 토를 달다. (어음 수표 등을) 발해하다. 방향을 돌리다.

5　彫る: 새기다. 조각하다. 문신을 새기다. 문신하다.

6　盛る: 쌓아 올리다. (그릇에) 담아서 채우다. 약, 특히, 독약을 음식에 섞어 넣다. (비유적으로) 사상 가정 등을 글 속에 담다. (자 저울 등의) 눈금을 새기다.

7　至る: (어떤 장소 시간에) 다다르다. 이르다. 당도하다. 도달하다.(어떤 단계나 상태로) 되다. 구석구석까지 미치다. (특히 주의나 대우 등이)고루 미치다. 닥치다. 도래하다.

8　劣る: (가치 능력 수량 등이) 뒤떨어지다. 뒤지다. (딴것만) 못하다.

9　飾る: 치장하다. 꾸미다. 빛내다. 영광되게 하다. 꾸며놓다. 차리다. 장식으로 걸다.

10　腐る: (음식물이나 생물 조직이 변질하여) 썩다. 상하다. (나무 금속 등이) 썩다. 삭다. (사람의 정신이) 비뚤어지다. 타락하다. (실망하거나 낙담하여) 기가 죽다. 낙심하다. 싫증이 나다.

11　削る: 깎다. 삭감하다. 삭제하다.

12　茂る: 우거지다. 무성해지다.

13　縛る: 묶다. 붙들어 매다. 붙잡다. 포박하다. 얽매다. 속박하다.

14　絞る: (물기가 빠지게) 짜다. 쥐어짜다. (액즙을)짜다. 억지로 짜다. (목소리 생각 등을) 쥐어짜다.

15　滑る: 미끄러지다. 매끄럽게 움직여가다. 손에서 빠져나가다. 활주하다. 시험에 떨어지다.

16　迫る: (어떤 시각이) 다가오다. (어느 방향으로) 다가서다. 육박하다. (어떤 상태에) 닥치다. 직면하다. (간격 폭이) 좁아지다. 여유가 없어지다. 막히다. 다급해지다.

17　黙る: 입을 다물다. 침묵하다. 소리를 내지 않다. 가만히 있다. 말없이 있다. 양해를 구하지 않다. 무단으로 하다. 반론 항의를 하지 않다. 그냥 있다.

18　殴る: (세게)때리다. 치다.

19 握る: (주먹을)쥐다. (손으로) 쥐다. 잡다. 수중에 넣다. 자기 것으로 만들다. 장악하
　　　　다. (사람의 마음이나 비밀 약점을) 쥐다. 잡다. 생선 초밥 주먹밥을 만들다.
20 濁る: (맑은 액첸 기체가) 흐려지다. 탁해지다. (정신 등이) 흐려지다. 탁해지다. (빛
　　　　깔 소리 등이) 흐려지다. 흐리멍덩해지다. 탁음이 되다.
21 巡る: 돌다. 회전하다. 순환하다. 차례로 돌아다니다. 여기저기 들르다. 둘러싸다. 에
　　　　워싸다. 관련되다.
22 潜る: 물속에 잠겨들다. 잠수하다. 기어들다. 숨다. 잠입(잠복)하다.
23 譲る: 물려주다. 양도하다. 팔다. 팔아 넘기다. 양보하다. 내주다. (다음 기회로) 미루
　　　　다. 연기하다.
24 謝る: 용서를 빌다. 사과하다. 사죄하다. 손들다. 항복하다. (질려서) 사양하다.
25 偏る: (한쪽으로) 기울다. 치우치다. 불공평하다. 한쪽으로 쏠리다. 전체의 균형을 잃
　　　　다.
26 透き通る: 투명하다. 물건을 통하여 그 물건 속이나 저쪽에 있는 것이 보이다. 소리가
　　　　　　맑게 울리다.
27 煮る: 삶다. 끓이다. 조리다.
　　煮える: 삶아지다. 익다. (물이)끓다. 화가 치밀다. (문제가)타결되다. 결론을 얻다.
28 診る: 진찰하다.
29 飽きる: 물리다. 싫증나다. 질리다. 만족하다.
30 飢える: 굶주리다. 주리다.
31 殖える: 늘다. 늘어나다. 증가하다. 불어나다.　　　殖やす: 늘리다. 불리다.
32 訴える: (법원에) 소송하다. 고소하다. (요구 불만 원한 등을 남에게) 호소하다. (일을
　　　　　해결하기 위해) 강한 힘, 과격한 수단을 쓰다. (감각이나 감정에) 작용하게 하
　　　　　다.
33 蓄える: (나중에 쓰기 위해) 모아 두다. 비축하다. 저축하다. (수염이나 머리를) 기르
　　　　　다. 첩을 두다.
34 掛ける: (높은 곳에) 걸다. 늘어뜨리다. 치다. (말을) 붙이다. 건네다. 얹다. 올려놓다.
　　　　　가설하다. 세우다. 치다. 놓다. 걸터앉다. (단추 자물쇠 등을) 채우다. 잠그다.
　　掛かる: 걸리다. 매달리다. 회부되다. 상정되다. 얹히다. 걸쳐지다. 걸려들다. 빠지다.
　　　　　내걸리다. 찔리다. 마음에 걸리다. 소요되다. 의존하다. 의탁하다. 치료(진찰)
　　　　　받다. 끼치다. (폐 등을)입다. 받다. 튀다. 끼다. (말 등이)걸려오다. 덤벼들다.
　　　　　(스위치 등의 작용이)가해지다. 작동하다. 가설되다. (연극 영화 등이)상연되
　　　　　다. 잠기다. 무게가 나가다. 우승이나 현상 등이 걸리다.
35 避ける: 피하다. 멀리하다. 삼가다. 조심하다.
36 漬ける: (채소 등으로) 절임을 만들다. 절이다. 담그다.

38 揚げる: 튀기다. (기를) 올리다. 게양하다. (뭍으로) 옮기다.

39 焦げる: 눋다. 타다.　　　　焦がす : 그을리다. 태우다. 애태우다.

40 妨げる: 방해하다. 저해하다. 지장을 주다.

41 載せる: 글 등을 싣다. 게재하다. 기재하다.

　載る: 위에 놓이다. 얹히다. (물건을 선반 등에)실을 수 있다. 얹을 수 있다. (신문 등
　　　에) 실리다. 게재되다.

42 慌てる: 당황하다. 허둥거리다. 몹시 서두르다.

43 隔てる: 사이에 두다. 거리를 두다. 세월을 보내다. 사이를 떼어 놓다. 가로 막다. 멀리
　　　하다.

　隔たる: 사이가 떨어지다. 멀어지다. 세월이 흐르다. 사이에 두다. 막히다. (사물에)차
　　　이가 생기다. 벌어지다.

44 企てる: 꾀하다. 기도하다. 획책하다. 시도하다.

45 兼ねる: 겸하다.

46 跳ねる: 뛰다. 뛰어오르다. 튀다. 팔팔하다. 까불거리다. (그날의) 흥행이 끝나다. (시
　　　세가) 급등하다.

47 尋ねる: 묻다. 찾다. (사물의 근원 이치를) 캐다. 탐구하다. 방문하다.

48 締める: (끈 등으로) 매다. 졸라매다. (틀어서)죄다. 잠그다. 정신 차리다. 단속하다.
　　　절약하다. 긴축하다. 청산하다(「〆る」로도 씀). 닫다. (일의 매듭이 지어진
　　　것을 축하하며) 모두 함께 손뼉을 치다.

49 攻める: 공격하다. 치다.

50 褒める: 칭찬하다.

51 納める: (금품을) 납부하다. 바치다. 납품하다.

　納まる: (수납자에게)납입되다.

52 勧める: 권장하다. (음식을) 먹도록 하다. 장려하다.

53 眺める: 지그시(물끄러미)보다. 눈여겨보다. 응시하다. 멀리 건너다보다. 조망하다. 관
　　　망하다.

54 慰める: 위로하다. 달래다. 즐겁게 하다.

55 揺れる: 흔들리다. 요동하다.

56 縮れる: (천 등이) 주름이 지다. 오글오글해지다. 쪼글쪼글해지다. (머리털이) 곱슬곱슬해
　　　지다.

57 離れる: 떨어지다. 벌어지다. 멀어지다. 떠나다. 벗어나다.

動詞 3

1	負う	おう	荷を負って歩く。けがを負う。責任を負う。
2	舞う	まう	少女が美しく舞っている。
3	競う	きそう	車のスピードを競う。
4	担う	になう	荷物を肩に担う。次の時代を担う。
5	損なう	そこなう	人々の信頼を損なう。
6	恥じらう	はじらう	結婚を申し込まれ、娘は恥じらいながらうなずいた。
7	説く	とく	仏の教えを人々に説く。
8	築く	きずく	土手を築く。彼は一代で大きな会社を築いた。
9	背く	そむく	兄は、親に背いて家を飛び出した。
10	導く	みちびく	係の人に導かれて席に着いた。成功に導く。
11	接ぐ	つぐ	折れた足の骨を接いだ。
12	研ぐ	とぐ	切れなくなったナイフを研ぐ。
13	召す	めす	奥様はよく和服をお召しになりますか。
14	記す	しるす	受付のノートに自分の名前を記す。
15	逃す	のがす	犯人を逃す。機会を逃す。（自）逃れる
16	志す	こころざす	兄は医者を志して勉強している。
17	生かす	いかす	釣った魚を生かしておく。専門を生かす。
18	明かす	あかす	真実を明かす。夜を明かす。
19	抜かす	ぬかす	スピーチで一番重要なところを抜かしてしまった。
20	果たす	はたす	長年の夢をやっと果たした。
21	生やす	はやす	祖父は長いひげを生やしている。
22	費やす	ついやす	研究に多くの時間を費やす。
23	交わす	かわす	初めて会った人と言葉を交わした。
24	冷やかす	ひやかす	恋人と歩いているところを見られ、友人に冷やかされた。

25 断つ	たつ	酒やたばこを断つのは難しい。
26 保つ	たもつ	健康を保つために、水泳を始めた。
27 尊ぶ	とうとぶ	先祖を尊び、墓にお参りする。
28 産む	うむ	先月、姉が二人目の子供を産んだ。
29 富む	とむ	国が富む。彼は経験に富んだ人だ。
30 病む	やむ	胸を病んで、長い間入院した。
31 歩む	あゆむ	正しいと信じる道を歩む。
32 絡む	からむ	糸が絡んで、ほどけない。
33 恵む	めぐむ	牧師は貧しい男に金を恵んだ。
34 営む	いとなむ	兄はレストランを営んでいる。生活を営む。
35 危ぶむ	あやぶむ	不景気で、会社の存続が危ぶまれている。
36 赤らむ	あからむ	コップ1杯のビールで顔が赤らんだ。

1 負う: (짐 등을)짊어지다. 지다. 업다. (책임 비난 상처 등을) 지다. 받다. 입다. <자동
　　사적으로>혜택 은혜를 입다. 등지다.

2 舞う: (공중에서) 빙빙 돌다. 날다. 흩날리다. 춤추다.

3 競う: 다투다. 겨루다. 경쟁하다.

4 担う: 짊어지다. 메다. (책임 등을) 떠맡다.

5 損なう: 파손하다. 부수다. 망가뜨리다. (건강 기분 성질 등을) 상하게 하다. 살상하다.

6 恥じらう: 부끄러워하다. 수줍어하다.

7 説く: 설명하다. 설득하다.

8 築く: 쌓다. 쌓아올리다. 구축하다. 축조하다.

9 背く: 등을 돌리다. 등지다. 어기다. 위반하다. 반항하다. 거역하다. 세상을 버리다. 출
　　가하다.

10 導く: 안내하다. 인도하다. 이끌다. 유도하다.

11 接ぐ: 이어서 합치다. 잇다. 접목하다.

12 研ぐ: (날붙이 등을) 갈다. (곡식을) 씻다. (거울 등을) 닦아서 윤을 내다.

13 召す: <불러들이다, 보내오게 하다> 등의 높임말. <마시다, 먹다, 입다, 신다, (물건
　　을) 사다, (탈것을) 타다> 등의 높임 말. <감기 들다, 목욕하다, 마음에 들다,
　　나이 들다> 등의 높임 말. 「する」의 높임 말.

14 記す: 적다. 쓰다. 기록하다. 기억해 두다. 명심하다.

15 逃す: 놓치다. 놓아주다.

16 志す: 뜻을 세우다. 뜻을 두다. 지망하다.

17 明かす: 밝히다. 털어놓다. 밤을 새우다.

18 生かす: 살리다. 소생시키다. 되살리다. 살려두다. 활용하다. 두드러지게 만들다. (교
　　　　정 작문 등에서) 일단 지운 것을 되살리다.

19 抜かす: 빠뜨리다. (사이를) 거르다. 빼다. 따돌리다. 따다. 힘이 빠지다. 세력을 잃다.

20 果たす: (의무 역할 등을) 완수하다. 달성하다. 다하다. (소원 등을) 이루다. 죽이다.

21 生やす: (수염 초목 등을) 기르다. (자랄 대로) 자라게 하다.

22 費やす: 쓰다. 소비하다. 낭비하다.

23 交わす: 주고받다. 나누다. 교환하다. (정을) 통하다. 교착시키다.

24 冷やかす: 놀리다. 희롱하다. 야유하다. 물건을 구경하거나 값을 물어보다.

25 断つ: (물체를) 절단하다. 자르다. (술 담배를) 그만두다. (관계 인연을) 끊다. 차단하
　　　　다. 가로막다. 그치게 하다. 없어지게 하다.

26 保つ: 유지되다. 견디다.

27 尊ぶ: 공경하다. 존경하다. 존중하다. 중요시하다.

28 産む: 낳다. 분만(출산)하다.

29 富む: 넉넉해지다. 부자가 되다.

30 病む: 앓다. 병들다.

31 歩む: 걷다. (비유적으로) 거쳐 오다. 지나다. (사물이)나아가다.

32 絡む: 휘감기다. 얽히다. 밀접한 관계를 가지다. 트집 잡다. 시비를 걸다.

33 恵む: 은혜를 베풀다. 사랑을 베풀다. 동정하여 금품을 베풀다.

34 営む: 영위하다. 일하다. 경영하다. 직업으로서 하다. 마련하다. 차리다. 장만하다. 불
　　　　사를 거행하다.

35 危ぶむ: 위태로워하다. 의심하다. 걱정되다. 불안해하다.

36 赤らむ: 불그레해지다. 붉어지다.

{　　} から適当な言葉を選んで（　　）に入れなさい。

A.　消える、なくなる、終るなど

1 { a 欠けて　b 消えて　c 隠れて }

❶ 友達を驚かそうと思って、木の後ろに（　　）いた。

❷ パソコンの操作を間違えたために、大事なデータが（　　）しまった。

❸ けがでメンバーが（　　）、試合に出られなくなってしまった。

2 { a なくして　b 尽きて　c 失って }

❶ 旅行に行ったとき、パスポートを（　　）とても困った。

❷ 経営していた会社が倒産して、財産をすべて（　　）しまった。

❸ 病気で長く入院していたので、老後のための蓄えが（　　）しまった。

3 { a 絶えて　b 廃れて　c 滅びて }

❶ 小学校時代の親友の消息がいつのまにか（　　）しまった。

❷ このまま環境破壊が続くと、地球はいつか（　　）しまうだろう。

❸ 流行はあっと言う間に広がるが、すぐ（　　）しまうものだ。

4 { a 外して　b 除いて　c 省いて }

❶ 「今後はできるかぎり経費の無駄を（　　）、コストを下げよう。」

❷ 大きな災害の後では、被災者の心の不安を（　　）いくことが大切だ。

❸ 今度の試合ではA君をメンバーから（　　）、B君を入れることにしよう。

5 { a 止<ruby>や</ruby>む　　b 済<ruby>す</ruby>む　　c 途切<ruby>とぎ</ruby>れる }

❶ 彼は仕事が（　　）と、すぐ同僚と飲みに行ってしまった。

❷ 雨が（　　）まで、喫茶店でコーヒーでも飲むことにした。

❸ 町の家並みが（　　）と、そこは広大な雪原がひろがっていた。

A. 消える、なくなる、終るなど

(1) 欠ける：(일부분이) 깨져 떨어져나가다. 부족하다. 모자라다. 없다. 이지러지다. (있어야 할 것이)
　　　　빠지다. 결여되다.
　　消える：사라지다. 없어지다. 스러지다. 지워지다. 느껴지지 않게 되다. (불이)꺼지다. 가시다. 풀리다.
　　隠れる：(눈에 띄지 않게) 숨다. (벼슬하지 않고)숨어 실다. (가려져) 보이지 않게 되다. (귀인이)
　　　　돌아가시다.
(2) なくす：여의다. 사별하다.　　　　尽きる：다하다. 떨어지다. 바닥나다. 끝나다.
　　失う：잃다. 상실하다. 잃어버리다. 놓치다. 여의다. 사별하다. 알 수 없게 되다.
(3) 絶える：끊어지다. 없어지다. 다 되다. (계속되던 동작 작용 상태가) 멎다. 그치다. (계속되던 것이)
　　　　끊어지다.
　　廃れる：쓸모없게 되다. 유행하지 않게 되다. 한물가다. 쇠퇴하다.　　　　滅びる：망하다. 멸망하다.
(4) 外す：떼다. 떼어내다. 끄르다. 풀다. 벗다. 벗기다. 제외하다. 제쳐놓다. 빼다. (자리를) 뜨다. 비우다.
　　　　피하다. 빗나가게 하다. 놓치다. 잃다. (관절 등이) 퉁겨지게 하다. 빠지게 하다.
　　除く：없애다. 치우다. 제거하다. 빼다. 제외하다. 죽이다.
　　省く：줄이다. 덜다. 간단히 하다. 생략하다.
(5) 止む：멎다. 그치다. 중지하다.
　　済む：끝나다. 완료되다. 해결되다. 결말이 나다. 만족하다. (마음이) 풀리다. 이럭저럭 해결되다.
　　　　족하다. <흔히 부정어 반어가 따르며>도리를 다하다. 체면이 서다.
　　途切れる：내왕이 끊기다. 중도에서 끊어지다. 중단되다.

B. 変化、変形

1 { a 変わって　　b 化<ruby>ば</ruby>けて　　c 改<ruby>あらた</ruby>まって }

❶ 日本の昔話には、狐が若い女性に（　　）人をだます話がある。

❷ 連休にドライブで遠出しようと思ったが、渋滞で気が（　　）、近場にした。

❸ 規則が（　　）、自由な服装で通学できるようになった。

2　{　a　添<ruby>そ</ruby>えて　　b　増<ruby>ま</ruby>して　　c　加<ruby>くわ</ruby>えて　}

❶　車は高速道路に入ると、スピードを（　　）快調に走った。

❷　「味が薄かったら、塩を（　　）調節してください。」

❸　友達の誕生日に小さなプレゼントにカードを（　　）贈った。

3　{　a　たまって　　b　溢<ruby>あふ</ruby>れて　　c　余<ruby>あま</ruby>って　}

❶　しばらく旅行していたので、机の上にうっすらほこりが（　　）いた。

❷　パーティーに来た人が少なかったので、料理が（　　）しまった。

❸　最近見た映画は感動的な映画で、涙が（　　）止まらなかった。

4　{　a　かさばって　　b　膨<ruby>ふく</ruby>らんで　　c　広<ruby>ひろ</ruby>まって　}

❶　あのレストランはおいしいという評判が（　　）、いつ行っても込んでいる。

❷　この荷物は軽いが、（　　）運びにくい。

❸　暖かくなって、桜のつぼみもかなり（　　）きた。

5　{　a　薄<ruby>うす</ruby>めて　　b　控<ruby>ひか</ruby>えて　　c　弱<ruby>よわ</ruby>めて　}

❶　最近太りすぎなので、野菜中心の食事にして、カロリーを（　　）いる。

❷　「この液体洗剤は水で3倍に（　　）お使いください。」

❸　台風は上陸後、勢力を（　　）北上している。

6　{　a　ゆがめて　　b　ひねって　　c　曲<ruby>ま</ruby>げて　}

❶　ドアに指をはさんで、あまりに痛かったので顔を（　　）座り込んでしまった。

❷　階段を下りているときに、足を（　　）しまって、痛い。

❸　針金を（　　）動物の形のブローチを作った。

7 ｛ a 崩して　 b つぶして　 c 壊して ｝

❶ 暑いので、冷たい物ばかり飲んでいたら、おなかを（　　）しまった。

❷ ジュースなどの空き缶は洗ってから（　　）、資源ゴミに出している。

❸ 針金を（　　）動物の形の作った。

8 ｛ a ちぎって　 b 裂いて　 c 破って ｝

❶ 庭に来た小鳥たちにパンを細かく（　　）まいた。

❷ 古くなったシーツを（　　）ぞうきんに再利用した。

❸ 動物園の虎がおりを（　　）逃げ出したそうだ。

9 ｛ a 削って　 b 刻んで　 c むいて ｝

❶ ハンバーグを作ろうとたまねぎを（　　）いたら、涙が出てきた。

❷ 食後のデザートに、りんごを（　　）出した。

❸ おじいさんが竹を（　　）おもちゃを作ってくれた。

10 ｛ a しおれて　 b しなびて　 c 枯れて ｝

❶ 冬になると木の葉は落ちて、草花は（　　）しまう。

❷ 冷蔵庫に入れておいたりんごが、すっかり（　　）しまった。

❸ 昨日（　　）いた花が、水をやったので元気になった。

11 ｛ a あせて　 b 染まって　 c 汚れて ｝

❶ 長年使っているソファーが焼けて、色がすっかり（　　）しまった。

❷ 洗ったばかりの洗濯物が風に落ち、（　　）しまった。

❸ 西の空が夕日で真っ赤に（　　）いるから、明日もいい天気になりそうだ。

12 ｛ a 固まって　 b 澄んで　 c 凝って ｝

❶ 長時間、編み物をしていたら、肩が（　　）しまった。

❷ ゼリー液を冷蔵庫にいれて30分後に見たら、もう（　　）いた。

❸ この辺りは都会に比べて空気もきれいだし、川の水も（　　）いる。

13 ｛ a 錆びて　　b 腐って　　c 溶けて ｝

❶ 肉を冷蔵庫入れ忘れたので（　　）しまった。

❷ 冷蔵庫が壊れて、アイスクリームが（　　）しまった。

❸ はがねの包丁は手入れをしないと（　　）使いにくいので、ステンレスの包丁を使う人が多い。

14 ｛ a しびれて　　b 腫れて　　c むくんで ｝

❶ 長い間正座していたら、足が（　　）立てなくなった。

❷ 歯が痛くて、ほっぺたが（　　）しまった。

❸ 飛行機の中でずっと靴を脱いでいたら、足が（　　）靴がはけなくなってしまった。

B. 変化、変形

(1) 変わる: 변하다. 바뀌다.
　　化ける: 둔갑하다. 변신하다. 딴 사람처럼 가장하다. 변장하다. 뜻밖의 변화를 하다.
　　改める: 고치다. 바꾸다. 변경하다. 개혁하다. 좋게 고치다. 개선하다. 말씨나 태도를 바꾸다. 살펴보다. 검사(조사)하다.

(2) 添える: 첨부하다. 곁들이다. 거들다. 더하다.　　　　増す: 많아지다. 붇다. 불어나다. 늘다.
　　加える: 보태다. 더하다. 가하다. 늘리다. 넣다. 가입시키다. 덧붙이다. 첨가하다. 주다. 끼치다. 베풀다.

(3) たまる: 괴다. 모이다. 늘다. 붇다. 쌓이다. 밀리다.
　　あふれる: 가득차서 넘치다. 흘러넘치다. (넘칠 만큼) 많다.
　　余る: 남다. (수량이) 넘다. 이상이다. 벅차다. 버겁다. 과분하다. 지나치다.

(4) かさばる: 부피가 커지다(늘다).　　　　膨らむ: 부풀다. 불룩해지다. 팽창하다.
　　広まる: 넓어지다. 널리 퍼지다(알려지다). 보급되다.

(5) 薄める: (색 농도 등을) 묽게 하다. 엷게 하다. 연하게 하다. (맛을) 싱겁게 하다.
　　控える: 대기하다. 기다리다. (명령 등을 기다리며) 곁에서 대기하다. (앞쪽에) 가로놓이다.
　　弱める: 약하게 하다.

(6) ゆがめる: 비뚤어지게 하다. 휘다. 뒤틀리게 하다. 일그러뜨리다. 왜곡시키다.

　　ひねる: 비틀다. 틀다. 꼬다. (몸의 일부를) 비틀듯이 돌리다. 뒤틀리다. 간단히 이기다. 해치우다.

　　曲げる: 구부리다. 기울이다. 심사기 비뚤어지다. (주의 생각 희망 등을) 굽히다. 억지로 바꾸다.
　　　　　　 (도리 원칙 사실을 일부러) 왜곡하다. 전당잡히다.

(7) 崩す: 무너뜨리다. 허물어뜨리다. 흐트러뜨리다. (정돈된 모양이나 자세를) 흩뜨리다. 어지르다.
　　　　　(글씨를) 흘리다. 돈을 헐다. 잔돈으로 바꾸다.

　　つぶす: 찌그러뜨리다. 부수다. 으깨다. (다른 용도에 쓰기 위해) 변형하다. 탕진하다. 파산시키다.
　　　　　　 손상하다. 망치다. 잡다. 시간을 보내다. 낭비하다. 놀라다. 눈멀게 하다. 엉망이 되게 하다.
　　　　　　 (구멍 등을)메우다. 온통 칠하다.

　　壊す: 부수다. 허물다. 깨뜨리다. 고장을 내다. 탈내다. (약속 계획 등을) 깨뜨리다. 망치다. (큰돈을)
　　　　　헐다. 잔돈으로 바꾸다.

(8) ちぎる: 손끝으로 잘게 찢다(떼다). 비틀어 따다(끊다). 잡아 따다. 잡아 뜯다.

　　裂く: 찢다. 쪼개다. 떼다. 벌어지게 하다. 가르다. (생선 따위의 배를) 따다. 할애하다.

　　破る: 찢다. 째다. 깨다. 부수다. 해치다. 상하게 하다. (기록을) 갱신하다. (약속을) 어기다. 깨다.
　　　　　뚫다. 안정 상태를 깨뜨리다. 무찌르다. 패배시키다.

(9) 削る: 깎다. 삭감하다. 삭제하다.

　　刻む: 잘게 썰다. 썰어서 자잘하게 만든다. (칼로)새기다. 조각하다. 마음속 깊이 새기다. 명심하다.
　　　　　잘게 구분 짓듯 진해되어 가다.

　　むく: (껍질 등을) 벗기다. 까다. (눈을)크게 뜨다. 부라리다. 드러내다.

(10) しおれる: (꽃 잎 등이) 시들다. 풀이 죽다. 의기소침해지다.

　　しなびる: 시들다. 쭈그러지다.

　　枯れる: (초목이) 마르다. 시들다. 이울다. (몸 등에) 생기가 없어지다. 능력 기능을 잃고 활동을
　　　　　　 못하게 되다. (인품이나 기예 등이 무르익어) 원숙해지다.

(11) あせる: 조바심하다. 안달하다. 초조하게 굴다.

　　染まる: 물들다. 염색되다. 감화되다.　　　　汚れる: 더러워지다. 때묻다.

(12) 固まる: 굳다. 굳어지다. 딱딱해지다. 여물다. 확고해지다. 한데 모이다. 뭉치다. 한 가지 일에
　　　　　　 열중하여 다른 것을 돌보지 않게 되다.

　　澄む: 맑다. 맑아지다. 탁한 것이 없어지고 깨끗해지다. 소리가 잘 울리다. 잡념 등이 없어지다.

　　凝る: 엉기다. 응고하다. 얼다. 열중하다. 몰두하다. 미치다. 의장에 공을 들이다. 근육이 뻐근하다.

(13) 錆びる: 녹슬다. 녹이 나다. 기술 등이 무뎌지다. 목소리가 낮고 굵어지다. 소리가 노숙하여 구수해지
　　　　　　 다.

　　腐る: {음식물이나 생물 조직이 변질하여) 썩다. 상하다. (나무 금속 등이) 썩다. 삭다. (사람의
　　　　　정신이) 비뚤어지다. 타락하다. (실망하거나 낙담하여) 기가 죽다. 낙심하다. 의욕을 잃다.
　　　　　기가 죽다.

　　溶ける: 녹다.

(14) しびれる: 마비되다. 저리다. (심한 자극을 받아) 매우 흥분되다. 도취되다.

　　腫れる: 붓다.　　　　むくむ: 수종 등으로 몸이 부어오르다.

C. 移動

1 { a もたらす　b 送<ruby>おく</ruby>る　c 届<ruby>とど</ruby>ける }

❶ 北国の人々は、春を（　　）南風を待ち望んでいる。

❷ 夜遅くなったので、遊びに来ていた友達を駅まで（　　）ことにした。

❸ 「落とし物を拾ったときは、すぐ交番に（　　）こと。」

2 { a 達<ruby>たっ</ruby>した　b 及<ruby>およ</ruby>んだ　c 越<ruby>こ</ruby>えた }

❶ 今年の旭川<ruby>あさひかわ</ruby>の最低気温は、マイナス10度に（　　）。

❷ 会議が長引いて、深夜にまで（　　）。

❸ 梅の花が咲き始め、ようやく寒さもピークを（　　）。

3 { a どいて　b ずれて　c 移<ruby>うつ</ruby>って }

❶ 市役所が駅の向こうに（　　）しまったので不便になった。

❷ 朝、慌てて上着を着たので、ボタンが一つずつ（　　）いた。

❸ 入り口に立っていると邪魔<ruby>じゃま</ruby>なので、（　　）ください。

4 { a 遠<ruby>とお</ruby>ざかって　b 逃<ruby>に</ruby>げて　c 逃<ruby>のが</ruby>れて }

❶ 大切に飼っていた小鳥が、かごから（　　）しまった。

❷ 犯人は、警察の手を（　　）外国へ行ったらしい。

❸ 恋人を乗せた汽車は、みるみるうちに（　　）見えなくなってしまった。

5 { a 帰<ruby>かえ</ruby>って　b さかのぼって　c 戻<ruby>もど</ruby>って }

❶ 今日のパーティーは人数が多かったので、客が（　　）から後片付けが大変だった。

❷ ゆうべ子供が39度の熱を出したが、今朝は平熱に（　　）いて安心した。

❸ 税金の申告漏れがあったので、3年前まで（　　）払わなければならない。

6 { a 押し寄せて　　b 近づいて　　c 迫って }

❶ 家の裏に山が（　　）いるので、地震による土砂崩れが怖い。

❷ 遠くで手を振っている人がいるので、だれかと思って（　　）みたら田中さんだった。

❸ 地震の後、数時間して津波が（　　）きた。

C. 移動

(1) もたらす: 가져오다. 초래하다. 야기하다.

　　送る: (물건을) 부치다. 보내다. (추상적인 것에도 씀). (사람을) 보내다. 파견하다. 안내하다. 배웅하다. (석별의 정으로) 전송하다. 떠나보내다. (세월을) 보내다. 지내다. (차례차례)옮기다. 차례로 넘기다. 좁히다. 이동하다.

　　届ける: 보내다. 잔하다. 닿게 하다. 신고하다.

(2) 達する: (어떤 장소 정도 상태 지위에) 이르다. 다다르다. 도달하다. (기예 등에)통달하다. 숙달하다.

　　及ぶ: (어떤 장소 시간 수량 등에) 달하다. 이르다. 걸치다. 미치다. 다다르다. <흔히 부정어가 등이) 미치다. 견주다. 필적하다. (어떤 상태에)이르다. 다다르다.

　　越える: 넘다. 넘어가다. (강을) 건너다. (어떤 시기가) 지나가다. 넘기다. (어떤 기준을) 넘다. 넘어서다. 초과하다. 뛰어나다. 초월하다. 뛰어넘다. 앞지르다. 건너뛰다.

(3) どく: 물러나다. 물러서다. 비키다.

　　ずれる: 미끄러져 움직이다. 낮은 데로 이동하다. 기준이나 표준에서 조금 벗어나다.

　　移る: (위치 장소 지위 소속 등이) 바뀌다. 옮기다. 이동하다. (마음 관심의 대상이) 변하다. 옮아가다. (동작 상태가) 바뀌다. (시간이) 흐르다. 경과하다. 변천하다. (빛깔 냄새 등이) 옮다. (병이) 옮다. 전염되다.

(4) 遠ざかる: 멀어지다. 멀리 물러가다. 사라지다. (관계가) 소원해지다.

　　逃げる: 도망치다. 달아나다. 물러나다. (성가신 일 등을) 피하다. 빠져 나가다. (경마 경기 등에서) 앞질리지 않고 이기다.

　　逃れる: 도주하다. 달아나다. 벗어나다. 면하다. 피하다.

(5) 帰る: 돌아오다. 돌아가다.

　　さかのぼる: (흐르는 물을) 거슬러 올라가다. (과거 근본으로) 되돌아가다. 소급하다.

　　戻る: 되돌아가다. 되돌아오다.

(6) 押し寄せる: 몰려오다. 밀려오다. 쇄도하다. 밀어닥치다. 밀어붙이다. 밀어 놓다.

　　近づく: (어느 장소에) 접근하다. (시기 계절 시각 등이) 다가오다. 가까워지다. (적극적으로) 사귀려 하다. 교제하려 하다. (모양 내용 등이 어떤 것에) 닮아 가다. 비슷해지다.

　　迫る: (어떤 시각이) 다가오다. (어느 방향으로) 다가서다. 육박하다. (어떤 상태에) 닥치다. 직면하다. (간격 폭이) 좁아지다. 여유가 없어지다. 막히다. 다급해지다.

D. 物の動き

1 { a 転んで　　b 傾いて　　c 倒れて }

① 新築したばかりなのに、地盤が弱くて家が少し（　　）しまった。

② 昨夜の台風で、裏庭の木が地面に（　　）いた。

③ 急いで歩いていたら、石につまずいて（　　）しまった。

2 { a 裏返して　　b 覆して　　c 引っくり返して }

① バケツを（　　）、床が水浸しになってしまった。

② 大統領選挙では、多くの人の予想を（　　）A氏が当選した。

③ テストが早く終わった人は、答案用紙を（　　）机の上に置いて出てください。

3 { a 回って　　b 震えて　　c 揺れて }

① 強風で船が（　　）、気分が悪くなってしまった。

② 地球は自転しながら太陽の周りを（　　）いる。

③ 公園で、子供が冷たい雨に打たれて（　　）いた。

4 { a 残って　　b とどまって　　c 止まって }

① 大地震で、電気もガスも（　　）しまった。

② 小林さんは高齢なのに、まだ社長の地位に（　　）いる。

③ 今日はみんなが帰った後、一人で会社に（　　）仕事をすることにした。

5 { a ひっかかって　　b 垂れて　　c ぶらさがって }

① 子供が揚げたたこが木の枝に（　　）取れなくなってしまった。

② 水道の蛇口をよく締めていないらしい。水がぽたぽた（　　）いる。

③ よく行く喫茶店に行ったら、ドアに「臨時休業」の札が（　　）いた。

6 { a こぼれて　　b 漏^もれて　　c 注^{そそ}いで }

❶ 花瓶が倒れて、水が（　　）しまった。

❷ 変なにおいがする。ガスが（　　）いるのかもしれない。

❸ 家の近くを流れている川は、東京湾に（　　）いる。

7 { a 沈^{しず}んで　　b 漬^つけて　　c 潜^{もぐ}って }

❶ 汚れがひどい衣類は、しばらくお湯に（　　）おいてから洗ったほうがいい。

❷ ニュースによると、船が氷山に衝突して（　　）しまったということだ。

❸ 彼は海に（　　）貝や魚をとり、生計を立てている。

D.　物の動き

(1) 転ぶ: 구르다. 쓰러지다. 넘어지다. 절개를 굽히다. 추세가 변하다. 사태가 바뀌다.

傾く: 기울다. 비스듬해지다. 치우치다. 향하다. 쏠리다. 쇠하다. (해 달이) 지려고 하다.

倒れる: 쓰러지다. 넘어지다. (어떤 세력이) 전복되다. 파산하다. 도산하다. 몸져눕다. (병이나 사고로) 죽다.

(2) 裏返す: 뒤집다.　　覆す: 뒤엎다. 뒤집어엎다. 전복시키다. 근본부터 고치다.

ひっくり返す: 뒤집다. 뒤엎다. 넘어뜨리다. 쓰러뜨리다. (책 노트 등을) 뒤적이다. 역전시키다.

(3) 回る: 축을 중심으로 스스로 돌다. 주위를 돌며 움직이다. 차례로 돌다. 돌아서 가다. 들르다. 방향을 바꾸다. 고루 돌아가다. 퍼지다. 잘 움직이다. 필요에 따르다. (시각이) 지나다. 돈을 굴리다.

震える: 흔들리다. (추위 두려움 병 등으로) 떨리다.　　　揺れる: 흔들리다. 요동하다.

(4) 残る: 남다. (일부가) 떠나지 않다 나중까지 이어지다. 여분이 있다. (훗날에) 전해지다.

とどまる: 머무르다. 그대로(남아)있다. (어느 범위 안에서) 그치다. 멈추다. 끝나다.

止まる: 멎다. 멈추다. 서다. 그치다. (통하던 것이) 끊어지다. 두절되다. (새 벌레 등이) 앉다. 붙박이다. 고정되다. 인상에 남다. 주의를 끌다. 잘난 체하다.

(5) ひっかかる: 걸리다. (물건에) 걸려서 멎다. (감시 규제에) 제지당하다. (계략에) 속다. 빠지다. (마음에) 걱정되다. 거리끼다. (귀찮은 일에 말려들다. 관련되다.

垂れる: 드리워지다. (물방울 등이) 떨어지다. 듣다.

ぶら下がる: 늘어지다. 매달리다. 쉽게 잡힐 듯이 눈앞에 어른거리다. 스스로 노력하지 않고 남에게 나타나다.

(6) こぼれる: 넘쳐흐르다. 흘러내리다. (밖으로)비치다. 새어나오다. 흩어져 떨어지다. 감정 등이 밖으로 나타나다.

漏れる: 새다. 누설되다. 탈락하다.　　　注ぐ: 흘러들다. (비 눈 따위가) 내리다.

E. 物と物の関係

1 ｛ a 当<ruby>当<rt>あ</rt></ruby>たる　　b 当てはまる　　c かなう ｝

❶ 次の文を読んで、□□に（　　）言葉を書きなさい。

❷ この頃の天気予報はよく（　　）。予報通り午後から雨になった。

❸ A大学に合格するという望みが（　　）ように、近くの神社にお参りした。

2 ｛ a 保<ruby>保<rt>たも</rt></ruby>って　　b 備<ruby>備<rt>そな</rt></ruby>えて　　c 整<ruby>整<rt>ととの</rt></ruby>って ｝

❶ パーティーの準備は（　　）いる。後はお客様を待つばかりだ。

❷ 最近の携帯電話は多くの機能を（　　）いて、便利だ。

❸ 実験室の温度は常に一定の温度を（　　）いる。

3 ｛ a 敵<ruby>敵<rt>てき</rt></ruby>さない　　b 似<ruby>似<rt>に</rt></ruby>合<ruby>合<rt>あ</rt></ruby>わない　　c 値<ruby>値<rt>あたい</rt></ruby>しない ｝

❶ 日本の気候はこの南国の植物には（　　）ようで、枯れてしまった。

❷ こんなつまらない企画は検討に（　　）。

❸ フリルの付いたブラウスは、ボーイッシュな彼女には（　　）。

4 ｛ a かぶせた　　b くるんだ　　c 覆<ruby>覆<rt>おお</rt></ruby>った ｝

❶ 暖かくなったので、ストーブを掃除してカバーを（　　）。

❷ 雪が降りそうなので、花壇をシートで（　　）。

❸ 散歩をしていて寒くなったので、持っていた毛布で赤ん坊を（　　）。

5 ｛ a 混<ruby>混<rt>ま</rt></ruby>ぜて　　b 含<ruby>含<rt>ふく</rt></ruby>んで　　c 帯<ruby>帯<rt>お</rt></ruby>びて ｝

❶ 山田さんは少し酒気を（　　）運転して交通違反で捕まった。

❷ 見学の費用は1,500円です。これは昼食代を（　　）います。

❸ 「野菜を炒める前に、調味料をよく（　　）おいてください。」

(1) 当たる: 맞다. 부딪히다. 닿다. 받다. 쬐다. 적중하다. 들어맞다. 성공하다.

　　当てはまる: 들어맞다. 적합하다.

　　かなう: (조건이나 기준에) 꼭 맞다. 들어맞다. 이루어지다. 성취되다. 뜻대로 되다. 그렇게 할
　　　　　　 수 있다. 그렇게 하는 것이 허용되다. 대항할 수 있다. 필적하다.

(2) 保つ: 유지되다. 견디다. 유지하다. 가지다. 지키다. 보전하다.

　　備える: 갖추다. 구비하다. 비치하다. 대비하다. (덕 재능 등을) 지니다. 갖추다.

　　整える: 가지런하게 하다. 가다듬다. 정돈하다. 조정하다. 조절하다. 갖추다. 마련하다. 준비하다.
　　　　　　 성립시키다.

(3) 適する: 적합하다. 합당하다. 알맞다. 　　　似合う: 어울리다. 잘 맞다.

　　値する: 값하다. 가치가 있다. ～할 만하다. 상당하다.

(4) かぶせる: 덮다. 씌우다. 입히다. 끼었다. (비유적으로 책임 누명 등을) 덮어씌우다. 전가하다.
　　　　　　 어떤 소리에 다른 소리를 겹치게 하다. 어떤 말에 다른 말을 계속 덧붙이다. 짬을 주지
　　　　　　 않고 계속 말하다.

　　くるむ: 휘감아 싸다. 휩싸다. 감싸다.

　　覆う: (표면을) 덮다. 씌우다. 가리다. 막다. 널리 퍼지다. 충만하다. 뒤덮다. 은폐하다. 숨기다.
　　　　　감추다. 일괄하다. 망라하다.

(5) 混ぜる: 섞다. 혼합하다. (휘저어) 뒤섞다. 축에 끼워 주다.

　　含む: 입에 물다. 머금다. 포함하다. 함유하다. (마음속에) 품다. 함축하다. 지니다. 내포하다. 띠다.

　　帯びる: (몸에) 달다. 차다. 지니다. 어떤 성질 성분 경향을 띠다. 머금다. (책임 등을) 맡다. 띠다.
　　　　　　지니다.

F.　その他

1 { a 輝いて　　b 照って　　c 映って }

❶ 今日は日がかんかん（　　）いるので、帽子をかぶっていったほうがよい。

❷ 夜、山荘から空を見上げると、満天に星が（　　）いた。

❸ 旅館の窓から外を見ると、夕焼けが湖に（　　）とても美しかった。

2 { a 響く　　b 鳴る　　c きしむ }

❶ チャイムが（　　）と同時に、子供たちが教室から出てきた。

❷ お風呂に入ると声が（　　）ので、歌が上手になったような気がする。

❸ この家は築30年以上で、廊下を歩くと（　　）音がする。

3 { a しみて　　b ぬれて　　c にじんで }

① 傘を持っていなかったので、すっかり雨に（　　）しまった。

② 和紙の便せんを使うと、インクが（　　）書きにくい。

③ コーヒーがじゅうたんに（　　）、跡が残ってしまった。

4 { a はめて　　b うずめて　　c 埋めて }

① 台所のタイルが剝がれたので、違うタイルを（　　）みたら、ぴったりだった。

② かわいがっていた小鳥が死んだので、庭に（　　）お墓を作った。

③ 失恋した夜、一人まくらに顔を（　　）泣いた。

5 { a 挟んで　　b 積んで　　c 詰めて }

① 私が作った野菜を箱に（　　）、友人に送った。

② 読んでいたページを忘れないようにしおりを（　　）本を閉じた。

③ 引っ越しの荷物をトラックに（　　）、新しいアパートに出発した。

6 { a 寄り添って　　b 寄りかかって　　c 連なって }

① 遊び疲れた子供が、大きなぬいぐるみに（　　）眠っている。

② 老夫婦が（　　）公園を仲よく歩いているのを見た。

③ 日本アルプスは高い山々が（　　）いて、とても美しい所だ。

7 { a ありふれた　　b 生じた　　c わいた }

① このスーツは（　　）形だが、色がきれいなので買うことにした。

② 計画の途中で問題が（　　）ので、このプロジェクトは一時中断されている。

③ パラリンピックを見て、失業中の私も再出発しようという勇気が（　　）。

(1) 輝く：빛나다. 반짝이다.

　　照る：밝게 빛나다. (해 달 등이) 비치다. (날씨가) 개다. 아름답게 빛나다.

　　映る：(모습 모양 그림자 등이) 반사나 투영에 의하여 다른 것 위에 나타나다. (빛깔 등이) 잘
　　　　　어울리다. 조화되다. 스크린 텔레비전 등에 영상이 나타나다. 눈에 비치다. 보이다.

(2) 響く：울리다. 울려 퍼지다. 되울리다. 반향하다. 메아리치다. 여운이 길게 이어지다. 진동하다.
　　　　　영향을 주다(미치다 끼치다). 널리 알려지다. 유명해지다. 상대편에게 통하다. 감동을 주다.
　　　　　(어떤 뜻으로) 들리다.

　　鳴る：소리가 나다. 울리다. 널리 알려지다.　　　　　きしむ：삐걱거리다.

(3) しみる：배다. 번지다. 스며들다. 나쁜 영향을 받다. 물들다. (액체나 기체의 자극을 받아) 아픔을
　　　　　느끼다. 사무치다. 절실하게 느끼다.

　　ぬれる：젖다.

　　にじむ：번지다. 스미다. 배다. (물건의 윤곽이) 부예지다.

(4) はめる：끼다. 끼우다. (수갑 등을) 채우다. 박다. 속이다. (함정 등에)빠뜨리다. 물건을 속여서
　　　　　팔다.

　　うずめる：묻다. 꽉 채우다. 뒤덮다. (구멍이나 낮은 곳을) 메우다. (손실 공백 등을) 메우다. 벌충하
　　　　　다.

　　埋める：묻다. (구멍 움푹한 곳을) 메우다(막다). 채우다. 보충(벌충)하다. 온도 농도를 맞추기
　　　　　위해서 다른 것을 섞어 넣다. 사람이나 물건으로 어떤 장소를 꽉 메우다.

(5) 挟む：끼우다. (사이에 넣어) 집다. 사이에 두다. 끼다. 말참견하다. 품다. 듣다.

　　積む：쌓다. 거듭하다. 싣다. 저축하다. 자금하다.

　　詰める：(일터에 출근하여) 대기하다. 채우다. 담다. 채워 넣다. (사이를) 좁히다. 틀어막다. (소리
　　　　　숨 등을) 죽이다. (그 일만을) 꾸준히 계속하다. 줄이다. 짧게 하다. 절약하다. (의논 회의
　　　　　등을) 매듭짓다. 결말을 내다.

(6) 寄り添う：(맞닿을 정도로) 바싹 달라붙다. 다가붙다.　　　　寄りかかる：기대다. 의지하다. 의존하다.

　　連なる：한 줄로 줄지어 이어지다. 참석하다. (모임 단체 등의) 한 사람이 되다. 일원으로서 참가하다.

(7) ありふれる：흔하게 있다. 쌔고 쌔다. 흔해 빠지다.

　　生じる：(식물 등이) 나다. 돋아나다. 생기다. 일어나다. 발생하다. (저절로) 생겨나다.

　　わく：솟다. 솟아나다. 분출하다. 땀 눈물이 나다. 나타나다. 생겨나다. 발생하다. 벌레 등이 꾀다.
　　　　　쓿다.

2007年 1級 文字・語彙
（100点 45分）

**問題Ⅰ　次の文の＿＿＿をつけた言葉は、どのように読みますか。正しい読み方を
1・2・3・4から一つ選びなさい。**

問1　その店は経営が危ぶまれていたが、今月に入って黒字に転換し、借金の返済に
追われる生活から脱することができた。

(1) 危ぶまれて　　1　あわうぶまれて　　　　　　2　あやぶまれて
　　　　　　　　　3　あわぶまれて　　　　　　　　4　あやうぶまれて
(2) 転換　　1　てんかん　　2　てんせん　　3　てんこう　　4　てんそう
(3) 返済　　1　へんぜい　　2　へんせい　　3　へんさい　　4　へんざい
(4) 脱する　1　さっする　　2　だっする　　3　ぜっする　　4　いっする

問2　近くに香辛料を売っている問屋があるので、この辺りにはいいにおいが漂ってい
る。

(5) 香辛料　1　こうこうりょう　　　　　　　2　かしんりょう
　　　　　　3　かこうりょう　　　　　　　　4　こうしんりょう
(6) 問屋　　1　とんや　　2　とうや　　3　もんや　　4　もうや
(7) 漂って　1　さまよって　2　かたよって　3　にかよって　4　ただよって

問3　大木さんは、ホテルでピアノを演奏して稼いだ金で生活費を賄っている。

(8) 演奏　　1　えんそう　　2　えんすう　　3　えんす　　4　えんそ
(9) 稼いだ　1　つないだ　　2　しのいだ　　3　かせいだ　　4　かついだ
(10) 賄って　1　うるおって　2　まかなって　3　やしなって　4　おぎなって

問4 犯人は<u>人質</u>とあの建物の<u>端</u>の部屋にいる。

(11) 人質　　1　ひとじち　　2　にんじち　　3　にんしち　　4　ひとしち

(12) 端　　　1　すみ　　　　2　おく　　　　3　かど　　　　4　はし

問5 事態を<u>把握</u>し、問題点を<u>認識</u>したら、直ちに対処するのが<u>賢明</u>だ。

(13) 把握　　1　ひあく　　　2　はあく　　　3　はおく　　　4　ほおく

(14) 認識　　1　じんしき　　2　にんしょく　3　にんしき　　4　じんしょく

(15) 賢明　　1　けんみょう　2　かんめい　　3　かんみょう　4　けんめい

問題II　次の文の＿＿＿をつけた言葉は、ひらがなでどう書きますか。同じひらがなで書く言葉を、1·2·3·4から一つ選びなさい。

(16) 自然のめぐみを<u>享受</u>する。

　　　1　真珠　　　　2　教授　　　　3　長寿　　　　4　巨樹

(17) 貿易を<u>振興</u>する。

　　　1　補強　　　　2　不況　　　　3　進行　　　　4　人口

(18) 彼女の<u>正体</u>は刑事だった。

　　　1　招待　　　　2　制定　　　　3　盛大　　　　4　状態

(19) 彼は肉も魚も<u>一切</u>食べない。

　　　1　一冊　　　　2　一説　　　　3　一歳　　　　4　一斉

(20) この国の<u>河川</u>は美しい。

　　　1　反省　　　　2　破産　　　　3　降水　　　　4　化繊

問題Ⅲ　次の文の______をつけた言葉は、どのような漢字を書きますか。その漢字を１・２・３・４から一つ選びなさい。

問1　このカードはじきをおびた物に近づけると、書き込まれているデータがしょうきょされてしまいます。

(21) じき	1　滋気	2　磁気	3　磁機	4　磁機
(22) おびた	1　触びた	2　負びた	3　携びた	4　帯びた
(23) しょうきょ	1　浄去	2　消拒	3　消去	4　浄拒

問2　ここにしょめいといんかんをいただく、けいやくが完了します。

(24) しょめい	1　薯名	2　著名	3　署名	4　箸名
(25) いんかん	1　印環	2　印鑑	3　印巻	4　印貫
(26) けいやく	1　契約	2　掲約	3　掲役	4　契役

問3　このような取引がひんぱんに行われたという彼のこくはくは、人々に大きなしょうげきを与えた。

(27) ひんぱん	1　頻繁	2　頻範	3　煩繁	4　煩範
(28) こくはく	1　告吐	2　克吐	3　告白	4　克白
(29) しょうげき	1　衝撃	2　衝激	3　衡撃	4　衡激

問4　少年たちは海でつった魚やもぐってとった貝などのえものを持って、楽しそうに帰っていった。

(30) つった	1　釘った	2　針った	3　釣った	4　鈎った
(31) もぐって	1　渦って	2　浸って	3　溜って	4　潜って
(32) えもの	1　得物	2　選物	3　患物	4　獲物

問5　この壁にほどこされた美しいそうしょくは、数百年をへているそうだ。

(33) ほどこされた	1　奉された	2　施された	3　供された	4　添された
(34) そうしょく	1　装色	2　荘色	3　荘飾	4　装飾
(35) へている	1　距ている	2　経ている	3　隔ている	4　裁ている

(36)　この文は<u>ちゅうしょう</u>的で、わかりにくい。

　　1　犬は人間に<u>ちゅうじつ</u>だと言われる。

　　2　矢が的に<u>めいちゅう</u>した。

　　3　<u>ちゅうせん</u>に当たって、CDをもらった。

　　4　ロケットで<u>うちゅう</u>に行ってみたい。

(37)　国会では<u>しつぎ</u>が行われていた。

　　1　祖母は私に<u>れいぎ</u>や作法を教えてくれた。

　　2　<u>ぎせいしゃ</u>は、数十人にのぼるという。

　　3　その件は現在<u>しんぎ</u>中だ。

　　4　<u>ぎわく</u>をまねくようなことはするな。

(38)　いつか海外に住んでみたいという<u>ばくぜん</u>とした希望を持っている。

　　1　信じていた人に秘密を<u>ばくろ</u>されてしまった。

　　2　<u>さばく</u>では水は特に大切だ。

　　3　他人の自由を<u>そくばく</u>してはならない。

　　4　昨日この近くでガス<u>ばく</u>はつがあったそうだ。

(39)　市民たちは街から犯罪を<u>ついほう</u>しようとがんばっている。

　　1　この大学の図書館は一般にも<u>かいほう</u>されている。

　　2　従来の経営システムは<u>ほうかい</u>しつつある。

　　3　ボランティアなので、<u>ほうしゅう</u>は受け取っていない。

　　4　<u>もほう</u>したものからは独創性が感じられない。

(40)　これらすべての条件に<u>がっち</u>した人を募集している。

　　1　偶然の<u>いっち</u>に驚いた。

　　2　研究室に新しいエアコンを<u>せっち</u>した。

3 かつてその地は国王によって<u>とうち</u>されていた。

4 太田さんはいつも私の<u>ぐち</u>を聞いてくれる。

問題V 次の文の______の部分に入れるのに最もふさわしいものを1・2・3・4から 一つ選びなさい。

(41) 彼の現在の苦しい立場を______いただきたい。

   1 制して   2 称して   3 察して   4 即して

(42) 多くの若者が都会へ出ていくことによって、______の問題を抱える村が増えた。

   1 過密   2 過疎   3 過失   4 過剰

(43) 市の図書館は、利用者の______をはかるため、利用時間の延長を決めた。

   1 適宜   2 便利   3 有利   4 便宜

(44) 彼のせいでせっかっくのパーティーが______だ。

   1 でたらめ   2 うつろ   3 台無し   4 不適切

(45) 熱が下がるまでしばらく______にしていてください。

   1 穏やか   2 安静   3 平静   4 健やか

(46) 今年中にこの目標は______達成できないだろう。

   1 到底   2 大層   3 相当   4 格別

(47) 今国会では野党が______権を握った。

   1 主導   2 優位   3 誘導   4 優勢

(48) どんな______の音楽が好きですか。

   1 フィルター   2 ポジション   3 コントロール 4 ジャンル

(49) 御来場の皆様に記念品を______いたしますので、ぜひお越しください。

   1 交付   2 進呈   3 寄附   4 配給

(50) 彼は真相を知っているくせに、私が聞いても「僕は何も知らない」と______、教えてくれない。

   1 もらして   2 こぼして   3 ぼやいて   4 とぼけて

(51) このような賞をいただいたことを、______に思います。

   1 華やか   2 名誉   3 鮮やか   4 明朗

(52) これは水を______生地でできています。

    1　なげく　　　　　2　もがく　　　　　3　はじく　　　　　4　つつく

(53) とても無理だと思っていたけど、______優勝できるかもしれないね。

    1　ことによると　　2　てっきり　　　　3　あいにく　　　　4　いかにも

(54) 失恋した人の______気持ちは、私にもよくわかります。

    1　たやすい　　　　2　あくどい　　　　3　せつない　　　　4　いやしい

(55) けがをしたときは、最初にきちんと______することが大切です。

    1　加工　　　　　　2　適用　　　　　　3　操作　　　　　　4　処置

問題VI　次の(56) から(60) の______の言葉が、それぞれはじめの文と最も近い意味で使われている文を、1・2・3・4から一つ選びなさい。

(56) 重い……重い地位につくほどストレスも増える。

    1　重い病気で入院している。

    2　重い荷物を持って手が疲れた。

    3　私に与えられた任務は非常に重かった。

    4　今日は体が重くて思うように動けない。

(57) 受ける……今日のスピーチはあまり受けなかったなあ。

    1　彼は大衆に受けている。

    2　検査は受けても受けなくてもいいですよ。

    3　委員会の決定を受けて、新しい計画がスタートした。

    4　そのニュースにはショックを受けた。

(58) 適当……冷蔵庫にあるもので適当に料理を作ったら、意外とおいしかった。

    1　この仕事を頼める適当な人がいない。

    2　年齢に応じた適当な運動をした方がいい。

    3　いくら考えても、適当な答えが見つからない。

    4　彼女はいつも適当なことを言うから、あまり信じない方がいい。

(59) 過ぎる……いたずらが過ぎて怒られてしまった。

  1 昨日はちょっと言葉が過ぎたようで反省している。

  2 あっという間に春が過ぎてしまった。

  3 40を少し過ぎたくらいの男性が現れた。

  4 山田さんの乗った電車は、そろそろ京都を過ぎる頃です。

(60) わく（湧く・沸く）……主役が登場すると、観客がわいた。

  1 その話を聞いて、希望がわいてきました。

  2 そのニュースで、国中がわいている。

  3 この辺りには、とても良い温泉がわいています。

  4 お風呂がわきましたよ。

問題Ⅶ　次の(61) から(65) の言葉の使い方として最もふさわしいものを、1・2・3・4から一つ選びなさい。

(61) 執着

  1 駅に執着したらすぐに連絡してください。

  2 彼は勝敗に執着するタイプだ。

  3 お気に入りのセーターを毎日執着しています。

  4 船底にたくさんの貝が執着している。

(62) 禁物

  1 飛行機にうっかり禁物を持ち込もうとして注意された。

  2 ここで魚を取ることは禁物されています。

  3 自信があっても油断は禁物です。

  4 銃は許可なく持ち歩いてはいけない禁物なものの一つだ。

(63) そらす

 1 木村はちょっと席を<u>そらして</u>おります。

 2 古くなった看板を<u>そらして</u>、新しいのにかえた。

 3 忙しくて昼にご飯を<u>そらした</u>。

 4 彼は都合が悪くなると、いつも話題を<u>そらす</u>。

(64) ずらっと

 1 本に<u>ずらっと</u>目をとおした。

 2 東京は、明日は<u>ずらっと</u>晴れるようですよ。

 3 あの人は<u>ずらっと</u>背が高い。

 4 店の前に<u>ずらっと</u>人が並んでいる。

(65) 不順

 1 今年は天候が<u>不順</u>で野菜が高い。

 2 子ども達が<u>不順</u>に並んでいた。

 3 <u>不順</u>に練習しても上手にならない。

 4 このところ、会社の成長が<u>不順</u>で心配だ。

第 8 課

動詞 4

1	反る	そる	乾燥して板が反ってしまった。
2	練る	ねる	小麦粉を練ってパンを作る。作戦を練る。
3	煙る	けむる	たばこの煙で部屋が煙っている。
4	募る	つのる	旅行の参加者を募った。恋しさが募る。
5	図る	はかる	皆の力で問題の解決を図ろう。
6	勝る	まさる	A社のエンジンは、B社のものより性能が勝っている。
7	操る	あやつる	機械を自由に操る。
8	誤る	あやまる	最初の方針を誤る。
9	受かる	うかる	試験に受かってうれしい。
10	群がる	むらがる	新製品の売り場に人が群がっている。
11	連なる	つらなる	遠くに連なる山々が見える。（他）連ねる
12	交わる	まじわる	平行線は、どこまで行っても交わらない。（他）交える
13	老いる	おいる	祖父は、老いてもまだ仕事を続けている。
14	強いる	しいる	人に無理を強いてはいけない。
15	率いる	ひきいる	団体を率いて旅行した。
16	恥じる	はじる	失敗を恥じることはない。
17	重んじる	おもんじる	相手の気持ちを重んじる。
18	帯びる	おびる	少年は悲しみを帯びた目をしていた。
19	省みる	かえりみる	自らを省みて、生活態度を改めよう。
20	試みる	こころみる	トレーニングの新しい方法を試みた。

21	経る	へる	メキシコを経て南米へ行った。長い月を経る。
22	絶える	たえる	突然、船からの通信が絶えた。
23	映える	はえる	夕日に紅葉が映える。青い海に白いヨットが映える。
24	甘える	あまえる	弟は、祖父に甘えてはお小遣いをもらう。
25	構える	かまえる	彼は試験だというのにのんびりと構えている。店を構える。
26	栄える	さかえる	昔、この町は港町として栄えていた。
27	仕える	つかえる	今の社長に仕えて20年が過ぎた。
28	生ける	いける	テーブルの上に花を生ける。
29	化ける	ばける	祭りの時、男の子が女性の服を着てうまく女に化けた。
30	老ける	ふける	父は母を亡くして急に老けた。
31	さずける	さずける	王が大臣に位を授けた。
32	設ける	もうける	優先席を設ける。新しい制度を設ける。
33	告げる	つげる	裁判官が裁判の開始を告げる。
34	和らげる	やわらげる	薬で痛みを和らげる。
35	果てる	はてる	楽しいおしゃべりは果てることがない。
36	定める	さだめる	新しく法律を定める。（自）定まる
37	乱れる	みだれる	風で髪が乱れてしまった。（他）乱す
38	訪れる	おとずれる	ヨーロッパの古い町を訪れた。
39	値する	あたいする	彼の勇気ある行動は尊敬に値する。

1 反る: (활 모양으로) 휘다. 몸이 뒤로 젖혀지다.
2 練る: (피륙을 잿물로) 누이다. 개다. 반죽하다. 이기다. (가죽 등을) 무두질하다. (쇠붙이를) 불리다. 벼리다. 단련하다. (수양 경험 등을) 쌓다. 연마하다. 단련하다. (학문 기예 문장 생각 등을) 다듬다.
3 煙る: 연기가 나다. (비나 안개 등으로) 주위가 흐려 보이다. 부예지다.
4 募る: 더해지다. 격화하다. 심해지다. 모으다. 모집하다.
5 図る: (여러모로) 요량하다. 도모하다.
6 勝る: (다른 것과 비교해서) 낫다. 뛰어나다. 우수하다.

7 操る: (인형 등을)놀리다. 부리다. 다루다. 취급하다. 조작하다. (말 지식 등을) 잘 구사
하다.

8 誤る: 실패하다. 실수하다. 잘못을 저지르다. 도리에 어긋나다. 잘못되다.

9 受かる: (시험에) 합격하다.

10 群がる: 떼 지어 모이다. 군집하다.

11 連なる: 한 줄로 줄지어 이어지다. 참석하다. (모임 단체 등의) 한 사람이 되다. 일원
으로서 참가하다.

   連ねる: 줄지어 세우다. 늘어놓다. 거느리다. 잇다. 연결하다. 관계자의 한사람으로써
끼이다.

12 交わる: 사귀다. 교제하다. 엇갈리다. 교차하다. 뒤섞이다.

   交える: 섞다. 끼게 하다. 맞대다. 교차시키다. (서로)나누다. 주고받다. 교환하다.

13 老いる: 늙다. 나이를 먹다. (심신의 기능이) 늙어빠지다. 노쇠하다. 약해지다. 쇠해지
다.

14 強いる: 억지로 시키다. 강권하다. 강요하다.

15 率いる: 거느리다. 인솔하다. 지휘하다. 통솔하다.

16 恥じる: 부끄러워하다. 부끄럽게 생각하다.

17 重んじる: 소중히 여기다. 중히 여기다. 존중하다.

18 帯びる: (몸에) 달다. 차다. 지니다. 어떤 성질 성분 경향을 띠다. 머금다. (책임 등을)
맡다.

19 省みる: 돌이켜보다. 반성하다.

20 試みる: 시도해 보다. 시험해 보다.

21 経る: (때가) 흐르다. 경과하다. (어떤 곳을) 지나다. 거치다. 통과하다. (단계 과정을)
거치다. 겪다.

22 絶える: 끊어지다. 다 되다. (계속되던 동작 작용 상태가) 멎다. 그치다. (계속되던 것
이) 끊어지다.

23 映える: (빛을 받아) 빛나다. 비치다. 잘 어울리다. 한결 돋보이다. 훌륭하다. 두드러
지다.

24 甘える: 응석부리다. 어리광부리다. (사양하지 않고) 상대편의 호의에 기대다.

25 構える: (모양 내용을 갖추어서) 차리다. 꾸미다. (상대를 향해) 자세를 취하다. 준비
하다. 대비하다. 꾸미다. 계획하다.

26 栄える: 번영하다. 번창하다.

27 仕える: 섬기다. 모시다. 시중들다. 봉사하다. 관리로서 근무하다.

28 生ける: 살리다. 되살리다. 소생시키다. (꽃 나뭇가지 등을) 화기에 꽂다. 꽃꽂이하다.
식물을 심다.

29 化ける: 둔갑하다. 변신하다. 딴 사람처럼 가장하다. 변장하다.

30 老ける: 나이를 먹다. 늙다.

31 授ける: 내리다. 하사하다. 수여하다. 전수하다.

32 設ける: 마련하다. 준비하다. 설치하다. 만들다.

33 告げる: 고하다. 알리다.

34 和らげる: 누그러뜨리다. 완화하다. (문장 등을) 알기 쉽게 하다.

35 果てる: 끝나다. 다하다. 없어지다. 죽다.

36 定める: 정하다. 결정하다. 확정하다. (난리 소요 등을) 가라앉히다. 다스리다. 진정
         시키다. 평정하다.

37 乱れる: 흐트러지다. 어지러워지다. 혼란해지다. 문란해지다.

38 訪れる: 방문하다. (계절이나 어떤 상황이) 찾아오다. 닥쳐오다.

39 値する: 값하다. 가치가 있다. ～할 만하다. 상당하다.

動詞 5

1	襲う	おそう	日本列島を大きな台風が襲った。不安に襲われる。
2	慕う	したう	年を取ると、故郷を慕う気持ちが強くなる。
3	潤う	うるおう	雨が降って草木が潤った。家計が潤う。
4	漂う	ただよう	どこからか花の香りが漂ってくる。
5	繕う	つくろう	虫に食われたセーターを繕う。
6	賄う	まかなう	月15万円ですべてを賄う。
7	養う	やしなう	病気の父の代わり、母が家族を養った。
8	裁く	さばく	人が人を公平に裁くことは難しい。
9	嘆く	なげく	佐藤さんは成績が下がったと嘆いた。
10	懐く	なつく	うちの犬は、よその人に懐かない。
11	欺く	あざむく	人を欺くようなことはすべきではない。
12	赴く	おもむく	父は出張で九州へ赴いた。
13	貫く	つらぬく	高速道路が町の中央を貫いている。意思を貫く。
14	継ぐ	つぐ	父が亡くなった後、兄が事業を継いだ。
15	仰ぐ	あおぐ	空を仰ぐと、きれいな月が出ていた。指示を仰ぐ。
16	揺らぐ	ゆらぐ	木の枝が風に揺らいでいる。決心が揺らぐ。
17	侵す	おかす	基本的な人権は侵してはならない。
18	脅す	おどす	強盗はナイフで人を脅し、金を持って逃げた。
19	浸す	ひたす	タオルを水に浸した。
20	促す	うながす	一人でも多くの人が大会に参加するように促した。
21	施す	ほどこす	貧しい人にお金を施す。装飾を施す。
22	覆す	くつがえす	大波が船を覆す。学説を覆す。
23	催す	もよおす	卒業式の後、パーティーが催された。
24	尽くす	つくす	失われた信頼の回復に全力を尽くす。

25 励ます　はげます　失敗した時、友達が励ましてくれた。

26 脅かす　おびやかす　犯罪が増え、市民の安全が脅かされる。

27 摘む　　つむ　　　野原できれいな花を摘んだ。

28 挑む　　いどむ　　オリンピックの選手たちが世界記録に挑む。

29 臨む　　のぞむ　　海に臨む土地に家を建てた。入学式に臨む。

30 励む　　はげむ　　彼女は毎日歌の練習に励んでいる。

31 弾む　　はずむ　　ゴルフのボールが弾んで池に落ちてしまった。心が弾む。

32 阻む　　はばむ　　行く先を大きな川に阻まれて先に勧めない。

33 謹む　　つつしむ　謹んで新年のお喜びを申し上げます。　（手紙文）

34 惜しむ　おしむ　　空港で友人と別れを惜しんだ。

35 織る　　おる　　　これは中国で織られたじゅうたんです。

36 凝る　　こる　　　私は最近カメラに凝っている。　（他）凝らす

37 擦る　　する　　　靴を擦って歩くので、底が減ってしまった。　（自）擦れる

38 漏る　　もる　　　この家は古いので、雨が漏って大変だ。　（自）漏れる　（他）
　　　　　　　　　　漏らす

1 襲う：습격하다. 덮치다. 들이닥치다. 예고 없이 남의 집을 방문하다. 지위나 가계 등을
　　계승하다. 이어받다.
2 慕う：그리워하다. 사모하다. 연모하다. 우러르다. 앙모하다. 뒤를 좇다.
3 潤う：축축해지다. 습기를 띠다. 넉넉해지다. 혜택을 받다. (마음에) 여유가 생기다.
4 漂う：떠다니다. 떠돌다. 방황하다. 헤매다. 감돌다. 자욱이 끼다.
5 繕う：수선하다. 수리하다. 고치다. 매만지다. 겉을 꾸미다. 가다듬다. 체면을 세우다.
　　(그럴싸하게) 둘러대다. 얼버무리다. 감싸주다.
6 賄う：(한정된 돈 물자 인원으로) 일을 처리하다. 갖추어 공급하다. 조달하다. 식사를
　　마련해 주다.
7 養う：양육하다. 기르다. 부양하다. (가축 따위를) 치다. 사육하다. 돌보다. 배양하다.
　　양성하다. 익숙해지게 하다. 요양하다.
8 裁く：심판하다. 재판하다. 판가름하다.
9 嘆く：한탄하다. 슬퍼하다. 분개하다. 개탄하다.
10 懐く：친숙해져서 따르다. 친해지다.
11 欺く：속이다. 기만하다.

12 赴く : 향하여 가다. 어떤 상태로 향하다.

13 貫く : 꿰뚫다. 가로지르다. 관철하다. 일관하다.

14 継ぐ : 잇다. 계승하다. 상속하다. 지속하다. (헤어진 곳을) 깁다. 이어서 합치다. 잇따
　　　　르다. 첨가하다.

15 仰ぐ : 우러러보다. 쳐다보다. 공경하다. 윗사람으로 모시다. 삼가바라다. 의존하다. 공
　　　　손히 맞이하다. 단숨에 마시다. 들이켜다.

16 揺らぐ : 흔들리다. (사물의 상태가) 불안정해지다.

17 侵す : (타국 타인의 토지를) 침범하다. (남의 권리 권한을) 침해하다.

18 脅す : 협박하다. 으르다. 위협하다. 놀라게 하다.

19 浸す : (물 액체에) 담그다. 잠그다. (액체에) 흠뻑 적시다. 그림자를 물에 비추다.

20 促す : 재촉하다. 독촉하다. 촉구하다. (진행을) 촉진시키다.

21 施す : 베풀다. 주다. 시행하다. (수단 방법을) 쓰다. (장식 가공 등을) 가하다. 덧붙이
　　　　다. 입히다. (면목 등을) 세우다. 널리 드러내다.

22 催す : (어떤 기분을) 불러일으키다. 자아내다. 느끼게 하다.

23 覆す : 뒤엎다. 뒤집어엎다. 전복시키다. 근본부터 고치다.

24 尽くす : 다하다.

25 励ます : 격려하다. 힘을 돋우어 주다. 목소리를 높이다.

26 脅かす : 위협하다. 협박하다. 공갈하다. (지위나 신분 등을) 위태롭게 하다.

27 摘む : (손끝으로) 따다. (가위 등으로) 끝을 잘라 내다. 가지런히 깎다. 뽑아내다. 골라
　　　　내다.

28 挑む : 싸움 경쟁 등을 걸다. 도전하다. 여자에게 집적거리다. 차지하려하다.

29 臨む : 면하다. 향하다. 대하다. 임하다. 임석하다. 즈음하다. 당하다. 마주치다. (아랫
　　　　사람을) 대하다.

30 励む : 힘쓰다. 노력하다.

31 弾む : (탄력 있는 것이) 튀다. 숨이 거칠어지다. 숨이 가빠지다. (기분이) 들뜨다. 탄력
　　　　이 붙다. 신이나다. 마음이 들뜨다.

32 沮む : 기가 꺾이다. 주눅 들다. 막다. 방해하다. 저지하다.

33 謹む : 조심하다. 삼가다.

34 惜しむ : (금품을) 내기를 꺼리다(아까워하다). 어떤 일을 하기를 싫어하다. (명예 시
　　　　간 등을) 소중히 여기다. 잃기 싫어하다. 애석하게 여기다. 아쉬워하다.

35 織る : (직물 자리 등을) 짜다. 짜서 만들다. 엮어내다. 섞어서 만들어내다.

36 凝る : 엉기다. 응고하다. 얼다. 열중하다. 몰두하다. 의장에 공을 들이다. 근육이 뻐근
　　　　하다.
　　 凝らす : 엉기게 하다. 응결시키다. (눈 귀 등을)한 곳에 집중시키다. (마음 생각을)
　　　　집중시키다.

37 擦る: 문지르다. 비비다. 갈다. 갈다. 으깨다. 짓이기다. 쓿다. 다 써 버리다.

   擦れる: 마주 스치다. 맞닿다. 스쳐서 닳다. 무지러지다. 세상살이에 닳아서 사람이

        교활해지다.

38 漏る: (물 등이) 새다.

動詞 6

1	焦る	あせる	試験が近づくと焦ってしまう。
2	悟る	さとる	人生の意味を悟る。
3	障る	さわる	無理を重ねると体に障る。
4	粘る	ねばる	この木に傷を付けると、粘った液が出る。最後まで粘る。
5	諮る	はかる	この問題は専門委員会に諮って決めたい。
6	誇る	ほこる	日本には世界に誇る木造建築がある。
7	怠る	おこたる	運転中は周りへの注意を怠ってはいけない。
8	遮る	さえぎる	カーテンで外からの光を遮る。
9	賜る	たまわる	それでは、校長先生よりお祝いの言葉を賜ります。
10	葬る	ほうむる	亡くなった人を葬る。
11	奉る	たてまつる	神に米や酒を奉る。
12	滞る	とどこおる	工事中で車の流れが滞っている。家賃の支払いが滞る。
13	携わる	たずさわる	父は長年環境問題に携わっている。
14	尽きる	つきる	最後まで戦ったが、ついに力が尽きた。
15	朽ちる	くちる	倒れた木が朽ちて土になる。
16	滅びる	ほろびる	大型動物は急激な気温の変化によって滅びた。
17	染みる	しみる	汗がシャツに染みる。
18	顧みる	かえりみる	アルバムを見て、子供時代を顧みる。
19	懲りる	こりる	失敗しても、懲りずに同じことを繰り返す。
20	据える	すえる	部屋の真ん中に大きなテーブルを据えた。
21	添える	そえる	贈り物に手紙を添える。
22	堪える	たえる	夫を亡くした彼女は、悲しみにじっと堪えていた。
23	耐える	たえる	チームは厳しい練習に耐えて、ついに優勝した。

24	鍛える	きたえる	足を鍛えて好きな山登りを続けた。
25	唱える	となえる	同じ言葉を唱える。異議を唱える。
26	控える	ひかえる	試験を明日に控える。そばで控える。酒を控える。
27	衰える	おとろえる	年を取って体力が衰える。
28	踏まえる	ふまえる	現実を踏まえて将来の計画を立てる。
29	駆ける	かける	遅れそうだったので、駅から学校まで駆けた。
30	遂げる	とげる	日本は急速に経済成長を遂げた。
31	揚げる	かかげる	オリンピックの開会式で、国の旗を掲げて行進する。
32	染める	そめる	白い布を好きな色に染める。（自）染まる
33	傷める	いためる	引っ越しで家具を傷めてしまった。
34	緩める	ゆるめる	仕事が終わって、ネクタイを緩めた。（自）緩む
35	垂れる	たれる	垂れてくる汗をハンカチでふく。
36	廃れる	すたれる	流行はあっという間に廃れるものだ。
37	膨れる	ふくれる	もちが焼けて膨れる。（自）膨らむ
38	紛れる	まぎれる	大切な書類がどこかに紛れて見付からない。
39	免れる	まぬかれる	村は台風の被害を免れた。（＝まぬがれる）

1 焦る: 조바심하다. 안달하다. 초조하게(조급하게) 굴다.
2 悟る: 진리를 깨닫다. 득도하다.
3 障る: 지장을 초래하다. 방해가 되다. 해가 되다.
4 粘る: 차져서 잘 달라붙다. 끈적거리다. 진득거리다. 끈덕지게 견디며 버티다.
5 諮る: 자문하다. 상의하다.
6 誇る: 자랑하다. 뽐내다. 자만하다.
7 怠る: 게을리 하다. 태만히 하다. 방심하다. 소홀히 하다.
8 遮る: 차단하다. (방해하여) 가로막다. (보이지 않게) 가리다.
9 賜る: [받다]의 겸사말. 주시다. 내리시다. 하사하다.
10 葬る: 묻다. 매장하다. 감추다. 폭로하여 사회적으로 매장시키다.
11 奉る: (신불이나 신분이 높은 사람에게) 바치다. 헌상하다. 올리다. (형식상으로만 높은 자리에) 모시다. 받들다.
12 滞る: 밀리다. 막히다. 정체되다.
13 携わる: (어떤 일에) 관계하다. 관여하다. 종사하다.

14 尽きる: 다하다. 떨어지다. 바닥나다. 끝나다.

15 朽ちる: (나무 등이)썩다. (명성 등이) 쇠하다. 스러지다. 세상에 알려지지 못하고 허
망하게 죽다.

16 滅びる: 망하다. 멸망하다.

17 染みる: 배다. 번지다. 스며들다. 나쁜 영향을 받다. 물들다.)액체나 기체의 자극을 받
아) 아픔을 느끼다. 사무치다. 절실하게 느끼다.

18 顧みる: 뒤돌아보다. 회상하다. 회고하다. 염두에 두다. 돌보다.

19 懲りる: 넌더리나다. 질리다. 데다.

20 据える: 자리잡아 놓다. 설치하다. 고정시키다. 뜸을 뜨다. 도장을 찍다. (어떤 장소
지위에) 앉히다. 모시다. 한군데에 고정시키다. 마음을 단단히 가지다.

21 添える: 첨부하다. 곁들이다. 거들다. 더하다.

22 堪える: 견디다. 참다. (외부로부터의 작용을) 감당하다. 견디다. ~할 만하다.

23 耐える: 견디다. 참다. (외부로부터의 작용을) 감당하다. 견디다.

24 鍛える: 단련하다. 훈련하다. (쇠붙이를) 달구고 두드려서 강하게 하다.

25 唱える: 외다. 읊다. 외치다. 부르다. 주창하다. 주장하다.

26 控える: 대기하다. 기다리다. (명령 등을 기다리며) 곁에서 대기하다. (앞쪽에) 가로놓
이다. 말리다. 붙잡다. 억제하다. 삼가다. 줄이다. (하려던 일을)그만두다. 보
류하다. (시간 공간적으로)바로 가까이에 있다. 적어놓다 기록하다.

27 衰える: (힘 기세 등이) 쇠약해지다. 쇠퇴하다.

28 踏まえる: 힘주어 밟다. 밟아 누르다. 판단의 근거로 삼다. 입각하다.

29 駆ける: 말 타고 달리다. 뛰어가다.

30 遂げる: 이루다. 달성하다. 성취하다. 마치다.

31 掲げる: (높이) 달다. 내걸다. (신분이나 잡지에) 싣다. 게재하다. 걷어 올리다. 치켜
올리다. 내세우다.

32 染める: 물들이다. 염색하다.

33 傷める: (그릇 등을) 흠내다. 상처내다. 깨뜨리다. 망가뜨리다. 음식을 썩히다. 상하게
(쉽게) 하다.

34 緩める: 완화하다. 늦추다. 느긋하게 하다. 느슨하게(헐겁게) 하다. (상태 속력 등을)
늦추다. 묽게하다.

35 垂れる: 드리워지다. 늘어지다. 처지다. (물방울 등이) 떨어지다. 듣다.

36 廃れる: 쓸모없게 되다. 한물가다. 쇠퇴하다.

37 膨れる: 부풀다. 불룩해지다. 커지다. 뾰로통해지다. 많아지다. 증대하다.

38 紛れる: (비슷하거나 뒤섞여) 분간 못하게 되다. 혼동되다. 헷갈리다. 다른 것에 마음
이 쏠리어, 다른 것을 잠시 잊다.

39 免れる: 면하다. 피하다. 벗어나다.

A. 感覚、感情

1　{ a 飽きて　b 疲れて　c くたびれて }

❶ どんなにおもしろいゲームでも何度もやっていると（　　）しまう。

❷ 一日中パソコンをやっていたので、目が（　　）しまった。

❸ このコートはもう何年も着ているので、（　　）しまった。

2　{ a ときめく　b 感じる　c 痛む }

❶ 五十代になると、老後に不安を（　　）人が多い。

❷ 最近、悲惨なニュースが多くて、胸が（　　）ことが多い。

❸ 年をとると、若いときのように胸が（　　）ことが少なくなる。

3　{ a 案じて　b おびえて　c 苦しんで }

❶ ゆうべ、食べ過ぎておなかが痛くなり、一晩中（　　）いた。

❷ 先日大地震があったので、人々はちょっとした地震にも（　　）いる。

❸ 山へ行った友人からの連絡が途絶えて（　　）いたが、無事だと分かって
ほっとした。

4　{ a 焦って　b いらだって　c 慌てて }

❶ テスト中、まだ問題がたくさん残っているのに、「あと10分」と言われて、気
が（　　）しまった。

❷ 雨が降ってきたので、洗濯物を（　　）取り込んだ。

❸ 子供たちをいくら注意してもうるさいので、つい（　　）大声を出してし
まった。

5 ｛ a あきれた　　b まごついた　　c 驚（おどろ）いた ｝

❶ 洋服を買おうとしたが、あまりに高いので（　　）。

❷ いくら料理が嫌いとは言え、毎日、インスタントラーメンを食べていると聞いて（　　）。

❸ 久しぶりに友達の家を訪ねたが、駅からの道が分からなくて（　　）。

6 ｛ a 慕（した）って　　b あこがれて　　c うらやんで ｝

❶ 若い人たちは都会に（　　）、ふるさとを出ていってしまう。

❷ 自分は何も努力しないでいて、成功した人を（　　）はいけない。

❸ 子供の頃、隣のお兄さんを本当の兄のように（　　）いた。

7 ｛ a 恨（うら）む　　b 嫌（いや）がる　　c 惜（お）しむ ｝

❶ あなたのためを思って忠告した友人を（　　）なんて良くない。

❷ 渡辺さんはほかの人が（　　）仕事を進んでやってくれる。

❸ 多くの業績を残した彼の引退を（　　）声が多い。

8 ｛ a 泣いて　　b 叫（さけ）んで　　c 嘆（なげ）いて ｝

❶ 迷子になった子供がしくしく（　　）いたので、交番に連れて行った。

❷ ビル火災の現場では、「助けて！」と（　　）いる人がいた。

❸ 鈴木さんはいつも子供の成績の悪さを（　　）いる。

9 ｛ a 誇（ほこ）って　　b 威張（いば）って　　c 気取（きど）って ｝

❶ このホテルは客室数日本一の規模を（　　）いる。

❷ 部下に（　　）ばかりいる上司は嫌われる。

❸ 慣れないハイヒールをはいて（　　）歩いていたら石につまずいた。

(1) 飽きる: 물리다. 싫증나다. 질리다. 만족하다.

　　疲れる: 지치다. 피로해지다. 낡아빠지다. 오래 써서 약해지다.

　　くたびれる: 지치다. 피로하다. 기력이 쇠해지다. 낡아지다. 허름해지다.

(2) ときめく: (기쁨 기대 등으로) 가슴이 설레다. 가슴이 두근거리다.

　　感じる: 느끼다. 감동하다. 생각하다.

　　傷む: 괴롭다. 고통스럽다. 슬프다. 깨지다. 고장 나다. 망가지다. 음식이 상하다. 과일이 썩다.

(3) 案じる: 이리저리 생각하다. 궁리하다. 조사하다. 살피다. 누르다. 어루만지다.

　　おびえる: 무서워서 벌벌 떨다. 겁내다. 가위 눌리다.

　　苦しむ: (육체적 경제적으로) 괴로워하다. 고생하다. 고통을 느끼다. 고심하다. 시달리다. 생각한대로
　　되지 않아 애먹다.

(4) 焦る: 조바심하다. 안달하다. 조급하게 굴다.

　　いらだつ: (뜻대로 안되어) 초조해지다. 안절부절 못하다. 안달하다.

　　慌てる: 당황하다. 허둥거리다. 몹시 서두르다.

(5) あきれる: 어이가 없어 놀라다. 기가 막히다.. 엄청나서 기가 질리다. 놀라다.

　　まごつく: 어찌 할 바를 몰라 허둥거리다. 허둥지둥하다. 갈팡질팡하다.

　　驚く: 놀라다. 경악하다. 잠에서 깨어나다.

(6) 慕う: 그리워하다. 사모하다. 우러르다. 뒤를 좇다.　　　　　あこがれる: 그리워하다. 동경하다.

　　うらやむ: 부러워하다. 선망하다. 샘하다.

(7) 恨む: (상대방의 처사를) 원망하다. 앙심을 품다. 불만스러워 불쾌하게 여기다. 미워하다.

　　嫌がる: 싫어하다.

　　惜しむ: (금품을) 내기를 꺼리다(아까워하다). 어떤 일을 하기를 싫어하다. (명예 시간 등을) 소중히
　　　　　여기다. 잃기 싫어하다. 애석하게 여기다. 아쉬워하다

(8) 泣く: 울다. 괴로운 꼴을 당하다. 시달리다. 손해를 보다.

　　叫ぶ: 외치다. 소리 지르다. 부르짖다. 강력히 주장하다.

　　嘆く: 한탄하다. 슬퍼하다. 분개하다. 개탄하다.

(9) 誇る: 자랑하다. 뽐내다. 자만하다.　　　　威張る: 뽐내다. 으스대다. 뻐기다.

　　気取る: 젠체하다. 점잔 빼다. 거드름 피우다. ~인체하다. ~인 양하다. (낌새를) 알아차리다. 눈치
　　　　　채다.

B.　思考、意志

1　{　a　張り切って　　b　励んで　　c　努めて　}

❶ 有能なＡさんがやめると言ったので、部長は慰留に（　　）いる。

❷ 私は健康のために、毎日体力作りに（　　）いる。

❸ 彼は仕事がおもしろらしく、毎日（　　）やっている。

2 ｛ a こらえて　　b 耐えて　　c ためらって ｝

❶ 彼は仕事の辛さに（　　）頑張っている。

❷ 転職を勧められて返事を（　　）いるうちに、チャンスを失ってしまった。

❸ 彼はマスコミの失礼な質問に対して、怒りを（　　）冷静に答えていた。

3 ｛ a 志して　　b 望んで　　c 心がけて ｝

❶ 彼は弁護士を（　　）必死に勉強している。

❷ 梅雨時は特に、家を清潔に保つように（　　）いる。

❸ 国民は早く景気がよくなることを（　　）いる。

4 ｛ a 怪しまれて　　b 危ぶまれて　　c 疑われて ｝

❶ 人の傘を黙って持って行くなんて、良識を（　　）もしかたがない。

❷ 予算が削減されたため、展覧会の開催が（　　）いる。

❸ 彼はいつも夜中に外出するので、周囲の人から（　　）いる。

5 ｛ a 調べて　　b 確かめて　　c 試して ｝

❶ ストーブを消したことを（　　）から、家を出た。

❷ 模擬テストを受けて、今の実力を（　　）みようと思う。

❸ 私は今、世界各国の教育制度について（　　）いる。

B.　思考、意志

(1) 張り切る: 팽팽하게 켕기다(땅기다). 힘이 넘치다. 의욕이 충만하다. 활기차다. 아주 긴장하다.
　　励む: 힘쓰다. 노력하다.　　　　努める: 노력하다. 힘쓰다.
(2) こらえる: (고통 등을) 참다. 견디다. (감정 등을) 억제하다. 참다.
　　耐える: 견디다. 참다. (외부로부터의 작용을) 감당하다. 견디다. ～할 만하다.
　　ためらう: 주저하다. 망설이다. 서성거리다. 방황하다.
(3) 志す: 뜻을 세우다. 뜻을 두다. 지향하다. 지망하다. 목표로 하다.
　　望む: 바라다. 원하다. 멀리서 바라보다. 전망하다. 우러르다. 흠모하다.

C.　言語活動

1　{ a　口ずさんだ　　b　つぶやいた　　c　ささやいた　}

❶ 彼は私の耳元で、「好きだよ。」と（　　）。

❷ 私が家を出る日、父は「寂しくなるな」と（　　）。

❸ 卒業した学校の前を通ったとき、私は思わず校歌を（　　）。

2　{ a　語った　　b　やじった　　c　ののしった　}

❶ けんか相手を大声で（　　）。

❷ 鈴木さんは子供の頃のことをしみじみと（　　）。

❸ 野球を見ていたら、隣の人が相手チームのことを大声で（　　）。

3　{ a　言づける　　b　告げる　　c　伝える　}

❶ 私の今の気持を（　　）には手紙が一番いい。

❷ 梅は春の訪れを（　　）花だ。

❸ 彼に電話したが、いなかったので、お母さんに（　　）ことにした。

4　{ a　こぼして　　b　ぼやいて　　c　打ち明けて　}

❶ 友人に仕事の愚痴を（　　）しまった。

❷ 彼は「仕事が大変だ。」とぶつぶつ（　　）ばかりいる。

❸ 仕事の悩みを友人に（　　）、相談に乗ってもらった。

＊「こぼす」はだれかに不平、不満を言うこと。「ぼやく」は独り言のように不平、不満を言うこと。

5 { a 著^{あらわ}して　　b 描^{えが}いて　　c 演^{えん}じて }

❶ 彼女は着物の本を何冊も（　　）いる。

❷ この小説は思春期の少年の気持ちをよく（　　）いる。

❸ 彼は主役を堂々と（　　）、高い評価を得た。

C. 言語活動

(1) 口ずさむ: 읊조리다. 흥얼거리다.　　　つぶやく: 중얼거리다. 투덜거리다.

ささやく: 속삭이다. 소곤거리다. (비유적으로)속삭이는듯한 작은 소리를 내다.

(2) 語る: 말하다. 이야기하다. (어떤 사실을) 잘 나타내다.　　　やじる: 야유하다.

ののしる: 큰소리로 비난하다. 떠들어 대다. 큰소리로 지껄이다.

(3) 言付ける: 전언(전달)을 부탁하다.　　　告げる: 고하다. 알리다.

伝える: 전하다. (소식을) 알리다. 전언하다. 물려주다. 뒤에 남기다. 전파하다. 전해주다. 전수하다.

전도하다.

(4) こぼす: 흘리다. 엎지르다. (그릇을 기울여) 따르다. 투덜거리다. 불평하다. 푸념하다.

ぼやく: 투덜거리다. 불평하다.　　　打ち明ける: (비밀 고민 등을) 털어놓다. 숨김없이 이야기하다.

(5) 著す: 저술하다. 책을 써서 펴다.

描く: 그리다. 그림으로 그리다. 표현하다. 묘사하다. (마음에) 떠올리다.

演じる: 어떤 행동을 하다. 저지르다. 연기를 하다. 진술하다.

D. 文化·社会的行為

1 { a せがまれて　　b 頼^{たの}まれて　　c ねだられて }

❶ 会社の同僚に（　　）、結婚パーティーの司会をすることになった。

❷ 子供に（　　）、今度の日曜日に遊園地へ行く約束をした。

❸ 高校生の息子にバイクを（　　）、困っている。

＊「ねだる」は物を欲しがることのみに使うが、「せがむ」は行為を要求する姿に

も使う。

2 { a 免^{まぬが}れよう　　b よけよう　　c さけよう }

❶ 高速道路に渋滞を（　　）と思って、朝早く出発した。

❷ 狭い道で自転車を（　　）として、塀にぶつかってしまった。

❸ 運転手は事故の原因は信号機の故障だと主張して、事故の責任を（　　）としている。

*「避ける」は予測されるマイナスの事柄（言い争い・ラッシュアワーなど）との接触、関わりを持たないようにすること。「よける」は物理的に接触しないように自分から動くこと。

3　{ a　励ます　b　慰める　　c　ねぎらう }

❶ 全国大会に出場する野球部の生徒を（　　）ために集会が開かれた。

❷ 社長は新製品の開発に取り組んだ社員の労を（　　）ために、パーティーを開いた。

❸ 事故で息子を亡くした友人を（　　）ために、手紙を書いた。

4　{ a　褒められて　　b　おだてられて　　c　たたえられて }

❶ 妹は授業中に先生に（　　）、勉強する気が出てきたようだ。

❷ 経験もないのに、「君しかいない」と（　　）、引き受けてしまった。

❸ 自分を犠牲にして貧しい人々を助けた彼女の功績は、世界中の人々に（　　）いる。

5　{ a　けなされて　　b　いじめられて　　c　からかわれて }

❶ 鈴木さんの息子さんは同級生に（　　）、登校拒否になったそうだ。

❷ かわいい女の人と歩いていたら、友達に（　　）しまった。

❸ 自信を持って発表した作品を（　　）がっかりした。

6　{ a　だまして　　b　ごまかして　　c　脅して }

❶ 年齢を（　　）アルバイトの募集に応募したが、採用されなかった。

❷ 「お菓子を買ってあげる」と（　　）、子供を連れ去った男が逮捕された。

❸ ナイフで（　　）、通行人からお金を奪うという事件が続いている。

7 { a 救って   b かばって   c 許して }

❶ けんかをして退学になりそうになった友人を（　　）、ついうそをついてしまった。

❷ 兄は去年の夏、川に落ちておぼれかけた子供を（　　）表彰された。

❸ 家のお金を使ったことを正直に話したら、父は（　　）くれた。

8 { a 費やして   b まかなった   c 支払った }

❶ この映画の制作には巨額の資金と5年の歳月を（　　）。

❷ 渡辺さんは新しい車の代金を現金で（　　）。

❸ 留学中の学費と生活費は、父からの仕送りとアルバイトで（　　）。

9 { a 治める   b 営む   c 築く }

❶ 故郷で小さな文房具店を（　　）父が、最近すっかり年をとって気にかかる。

❷ 多くの民族が住むこの国を（　　）のは簡単なことではない。

❸ 佐藤さんは小さな町工場から始めて、大きな財産を（　　）までになった。

10 { a もめる   b 挑む   c 競う }

❶ 子供の時は仲の良かった兄弟が、親の残した財産をめぐって（　　）ことがよくある。

❷ 勉強でもスポーツでも、仲間同士で（　　）ことで鍛えられて、成長するものだ。

❸ 今回の登山の次は、世界の最高峰、チョモランマに（　　）つもりだ。

11 { a 頼る   b 任せる   c 強いる }

❶ 「学生だからといって、遊ぶお金まで親に（　　）のは良くないよ。」

❷ 自主性を育てるために、小遣いの使い方は子供に（　　）ことにした。

❸ 子供がしたくないことを親が（　　）のは良くないと思う。

12 { a 恵まれた　　b 譲られた　　c 与えられた }

❶ よほど疲れた顔をしていたらしく、電車で奨学生に席を（　　）。

❷ 豊かな自然に（　　）この地方には、昔から多くの画家や詩人が訪れ、作品を残している。

❸ チャンスを（　　）ときは、迷わず挑戦してみよう。

13 { a まねて　　b 慣れて　　c 学んで }

❶ 赤ん坊は何でも親のすることを（　　）成長する。

❷ 彼は大学で中国語と中国史を（　　）から、中国に留学した。

❸ 彼は転職したばかりなので、新しい仕事にまだ（　　）いない。

D. 文化·社会的行為

(1) せがむ: 조르다.　　　頼む: 부탁하다. 주문하다. 당부하다. 의지하다. 기대다.
　　ねだる: 조르다 보채다.
(2) 免れる: 면하다. 피하다. 벗어나다.
　　よける: 피하다. 비키다. 면하다. 벗어나다.(피해를) 막다. 방지하다.
　　避ける: 피하다. 멀리하다. 삼가다. 조심하다
(3) 励ます: 격려하다. 힘을 돋우어 주다. 목소리를 높이다.
　　慰める: 위로하다. 위안하다. 달래다. 즐겁게 하다.　　　ねぎらう: 노고를 치하하고 위로하다.
(4) 褒められる: 칭찬받다.　　　おだてる: 치켜세우다. 부추기다. 선동하다.
　　たたえる: 기리다. 칭찬하다. 칭송하다.
(5) けなす: 헐뜯다. 비방하다. 혹평하다.　　　いじめる: 학대하다. 괴롭히다.
　　からかう: 놀리다. 조롱하다. 야유하다.
(6) だます: 속이다. 달래다.　　　ごまかす: 속이다. 어물어물 넘기다. 얼버무리다.
　　脅かす: 위협하다. 협박하다. 으르다. 겁을 주다. 깜짝 놀라게 하다.
(7) 救う: 구하다. 돕다. 도와주다. 살리다. 건지다. 덜어주다. 선도하다.
　　かばう: 감싸다. 두둔하다. 비호하다.
　　許す: 허가하다. 허락하다. 허용하다. 늦추다. 터놓다. 용서하다. (의무 부담을) 면제하다. 제멋대로
　　　　하게 하다. 인정하다.
(8) 費やす: 쓰다. 소비하다. 낭비하다.
　　まかなう: (한정된 돈 물자 인원으로) 일을 처리하다. 꾸리다. 대주다. 조달하다. 식사를 마련해
　　　　주다.
　　支払う: 지급하다. 지불하다.

(9) 治める: (소란 감정 등을) 진정시키다. 가라앉히다. 수습하다. 다스리다. 지배하다. 치료하다. 고치다.
　　営む: 영위하다. 일하다. 경영하다. 직업으로서 하다. 마련하다. 차리다.
　　築く: 쌓다. 구축하다.
(10) もめる: 분규가 일어나다. 말썽이 일어나다. 옥신각신하다. <「気が〜」의 꼴로> 조바심이 나다.
　　　　　　안절부절 못하다.
　　挑む: 싸움 경쟁 등을 걸다. 도전하다. (정복하기 위해) 도전하다. 차지하려 하다.
　　競う: 다투다. 겨루다. 경쟁하다.
(11) 頼る: 의지하다. 믿다. 연줄을 찾다.　　　任せる: 맡기다. 제약을 가하지 않고 그대로 놓아두다.
　　強いる: 억지로 시키다. 강요하다.
(12) 恵む: 은혜(자비를) 베풀다. 사랑을 베풀다. 동정하여 금품을 베풀다.
　　譲る: 물려주다. 양도하다. 팔다. 팔아넘기다. 양보하다. 내주다. (다음 기회로) 미루다. 연기하다.
　　与える: (자기 것을 남에게) 주다. 공급하다. 부여하다. (손해 등을) 입히다. 끼치다. 가하다.
(13) まねる: 흉내 내다. 모방하다.
　　慣れる: (자주 경험하여) 예사로워 지다. 습관이 되다. 길들다. 숙달되다. (동물이) 길들다. 사람을
　　　　　　따르다.
　　学ぶ: 본받아 체득하다. 경험하여 알다. 가르침을 받다. 배워 익히다. 공부하다. 학문을 익히다.

E.　日常的動作

1　{ a　にらんで　　b　ねらって　　c　見つめて }

❶ 隣の猫が庭にいる小鳥を（　　）いるようだ。音も立てずに近づいてきた。

❷ 恋人たちは周りの人の視線にも気づかず、ただお互いをじっと（　　）いた。

❸ 塀にボールをぶつけて遊んいたら、そのうちの人が怖い顔で（　　）いた。

2　{ a　かじって　　b　なめて　　c　かんで }

❶ りんごを一口（　　）みたが、すっぱくて食べられなかった。

❷ 「ご飯は30回以上（　　）食べなさい。」と子供の頃よく言われた。

❸ ピンク色のキャンディーを（　　）みたら、イチゴミルクの味がした。

3　{ a　吐く　　b　吹く　　c　吸う }

❶ うちの犬は兄が口笛を（　　）と、すぐに飛んでくる。

❷ 高原の冷たい空気を胸一杯（　　）と、とてもさわやかな気分になった。

❸ 今朝はとても寒くて、駅へ急ぐ人々の（　　）息が白く見えた。

4　{ a　うつむいた　　b　かしげた　　c　うなずいた　}

❶「花を折ったのは君だね。」と聞くと、その男の子は何も言わずに小さく
　（　　）。

❷ 負けたチームの選手たちは表彰式の間、（　　）ままだった。

❸ 予期しなかった実験結果を見て、研究者たちは首を（　　）。

5　{ a　触って　　b　なでて　　c　こすって　}

❶ 氷のように冷たくなった手を（　　）いるうちに、少し温かくなった。

❷ 5歳の娘が一生懸命手伝ってくれたので、頭を（　　）褒めた。

❸ 見た目は柔らかそうな桃だが、（　　）みたらまだ固かった。

6　{ a　つまんで　　b　つかんで　　c　捕まえて　}

❶ 山田さんは恥ずかしがる陳さんの腕を（　　）マイクの前に連れて行き、あい
さつさせた。

❷ 握り寿司は箸を使わずに、指で（　　）食べてもいいことになっている。

❸ 子供たちは浜辺でカニを（　　）家に持ち帰った。

7　{ a　振って　　b　しぼって　　c　握って　}

❶ 兄が出発する日、母はホームで電車が見えなくなるまで手を（　　）いた。

❷ 大きい犬がいる家の前を通るとき、娘は怖がって、私の手を（　　）離さな
い。

❸ ほうれん草はゆでて水をかけ、軽く（　　）から適当な長さに切ってくださ
い。

8 { a 担<ruby>担<rt>かつ</rt></ruby>いで　b 抱<ruby>抱<rt>かか</rt></ruby>えて　c 抱<ruby>抱<rt>だ</rt></ruby>いて }

❶ 書類の詰まった箱を両手で（　　）いたので、そばにいた人にドアを開けてもらった。

❷ 赤ちゃんを（　　）大きな荷物を持ったお母さんに席を譲った。

❸ 仕事を終えた植木屋さんは、道具の入った箱を肩に（　　）帰っていった。

9 { a つまずいて　b 踏<ruby>踏<rt>ふ</rt></ruby>んで　c けって }

❶ 私は晩秋の山道を、落ち葉を（　　）歩くのが好きだ。

❷ 老人は小さな段差でも（　　）転ぶことがあるので、室内の段差をなくしたい。

❸ 地面に描いた図の中で、小石を（　　）遊ぶゲームは世界中にあるそうだ。

10 { a ふざけて　b じゃれて　c はしゃいで }

❶ 休み時間に（　　）先生のまねをしていたら、後ろにその先生が立っていた。

❷ ピクニックの前の晩、子供たちは遅くまで（　　）なかなか寝ようとしなかった。

❸ 庭で子犬が2匹、（　　）転げ回っている。

11 { a あやつる　b 用<ruby>用<rt>もち</rt></ruby>いる　c 扱<ruby>扱<rt>あつか</rt></ruby>う }

❶ このワイングラスは割れやすいので、気をつけて（　　）ように母に言われた。

❷ 癌による激しい痛みを和らげるために、副作用のある薬品を（　　）ことがある。

❸ 人形を動かすのに、何本もの糸を上手に（　　）のは、まるで魔法のようだ。

12 ｛ a 暮す　　b 泊まる　　c 住む ｝

❶ 定年後はふるさとへ帰って、年をとった両親と一緒にふるさとで（　　）つもりだ。

❷ 今度の旅行では京都に昔からある日本風の旅館に（　　）つもりだ。

❸ 将来は、庭のある一戸建ての家に（　　）のが私の夢だ。

13 ｛ a サボって　　b 怠けて　　c 怠って ｝

❶ 学校を（　　）映画を見に行ったのが先生に見つかって、ひどくしかられた。

❷ ほかの人には（　　）いるように見えるかもしれないが、彼はいつも自分のペースで仕事をする人だ。

❸ 今回の事故は、運転手が信号の確認を（　　）停車しなかったことから起った。

＊「怠ける」はすべき仕事や勉強を一生懸命しないこと。「サボる」は職場や学校を抜け出してずる休みすること。

14 ｛ a ほえて　　b さえずって　　c 鳴いて ｝

❶ ごみ置き場の近くでカラスがカアカアと（　　）いる。

❷ 梅の木にうす緑色の小鳥が止まって（　　）いる。

❸ 今日は朝から、隣の犬がうるさく（　　）いる。

E.　日常的動作

(1) にらむ：(눈을 부라려) 노려보다. 매섭게 쏘아보다. 주시하다. 주목하다. (수상쩍게 생각하여) 점을 찍다. 짐작하다.
　　ねらう：겨누다. 노리다. 엿보다. 시기를 엿보다.
　　みつめる：응시하다. 주시하다. 열심히 바라보다.
(2) かじる：이로 갉다. 갉아먹다. 어떤 일을 조금 해보다. 일부분을 알다. 조금 알다.
　　なめる：핥다. 맛보다. (불길이 혀로 핥듯이) 불태우다.
　　かむ：물다. 깨물다. 악물다. 씹다. (톱니바퀴의 이가) 서로 맞물다. 맞물리다. (비유적으로) 세차게 부딪치다. (살을)에다.

(3) 吐く: 뱉다. 토하다. 뿜어내다. 내뿜다. 토로하다.

　　吹く: (바람이) 불다. (기체 액체 등이) 뿜다. 솟아나다. (곰팡이 가루 등이) 표면에 생기다. (초목의
　　　　싹이) 돋다. 싹트다.

　　吸う (기체나 액체를) 들이 마시다. 빨다. 빨아 먹다. 흡수하다. 끌어당기다.

(4) うつむく: 머리(고개)를 숙이다.　　　　　かしげる: 기울이다. 가웃하다.

　　うなずく: 수긍하다. 고개를 끄덕이다.

(5) 触る: 닿다. 손을 대다. 접촉하다. 관계하다. 다가가다. 감정을 해치다. (마음에) 거슬리다.

　　なでる: 쓰다듬다. 어루만지다. 살짝 스쳐가다. (머리를) 매만지다. 빗질하다.

　　こする: 문지르다. 비비다.

(6) つまむ: (손가락으로) 집다. 잡다. 집어서 먹다. 발췌하다. 요약하다. <「～まれる」의 꼴로> 홀리다.

　　つかむ: 움켜쥐다. 붙잡다. 손에 넣다. 잡다. (정체 요점 등을) 파악하다.

　　捕まえる: 잡다. 붙잡다. 붙들다. 꽉 잡다. 파악하다.

(7) 振る: (몸의 어떤 부위를) 움직이다. 흔들다. (어떤 물체의 일부를) 잡고 흔들다. 휘두르다. 뿌리다.
　　　　흔들어서 던지다. 잃다. 버리다. 날리다. 거절하다. 할당하다. 토를 달다. (어음 수표 등을)
　　　　발행하다. 떼다.

　　しぼる: (물기가 빠지게) 짜다. 쥐어짜다. (액즙을) 짜내다. 억지로 짜다.

　　握る: (주먹을) 쥐다. (손으로) 쥐다. 잡다. 수중에 넣다. 자기 것으로 만들다. 장악하다. 쥐다.
　　　　잡다.(사람의 마음이나 약점을) 쥐다. 잡다. 생선 초밥 주먹밥을 만들다.

(8) 担ぐ: 메다. 짊어지다. (미신에) 사로잡히다. 추대하다. 받들다. 장난으로 속이다.

　　抱える: 안다. 껴안다. 감싸다. 맡다. 처리해야 할 부담을 지다. 고용하다.

　　抱く: 안다. (마음속에) 품다.

(9) つまずく: 발이 걸려 넘어질 뻔하다. 채여서 비틀거리다. 차질이 생기다. 중도에서 실패하다.

　　踏む: (발로) 밟다. 디디다. 구르다. 방문하다. 그 땅을 밟다. 실제로 경험을 하다. 과정을 밟다.
　　　　지위에 오르다.

　　ける: (발로)차다. 거절하다. 일축하다.

(10) ふざける: 희룽거리다. 농담하다. 장난치다. 깔보다. 놀리다.(남녀가) 시시덕거리다. 새롱거리다.

　　じゃれる: (작은 동물 등이) 달라붙어 장난치다. 재롱부리다.

　　はしゃぐ: 들떠서(신이 나서) 떠들다. 마르다. 건조하다.

(11) あやつる: (인형 등을) 놀리다. 부리다. 다루다. 취급하다. 조작하다. (말 지식 등을) 잘 구사하다.

　　用いる: 쓰다. 사용하다. 이용하다. 채용하다. 임용하다. 채택하다.

　　扱う: 다루다. 조작하다. 일을 맡다. 처리하다. 담당하다. 중재하다. 대접하다.

(12) 暮らす: 살다. 살아가다. 지내다. (시간 세월을) 보내다.

　　泊まる: 숙박하다. 묵다. 자다. 숙직하다. 배가 정박하다.

　　住む: 살다. 거주하다. 서식하다. 깃들이다.

(13) サボる: 사보타주하다. 게을리 하다. 게으름을 피우다. (수업을) 빼먹다.

　　怠ける: 게으름 피우다.　　　　怠る: 게을리 하다. 태만히 하다. 방심하다. 소홀히 하다.

(14) ほえる: (개 맹수 등이) 짖다. 으르렁거리다. 큰소리로 울다. 앙앙거리다.

　　さえずる: (새가) 지저귀다. (여자나 아이들이 시끄럽게) 재잘거리다. 지껄이다.

　　鳴く: (새 벌레 짐승 등이) 울다.

次の｛　　　｝の中の下線を引いた動詞には別の意味があります。適当な言葉を選び、
「て形」にして入れましょう。

｛　りんごを<u>かじる</u>　　　あめを<u>なめる</u>　　　ジュースを<u>飲む</u>　　笛を<u>吹く</u>　｝

❶「試合をするときは相手が弱くても（　　　）はいけません。全力を出して戦いなさ
い。」

❷ 韓国語を少し（　　　）みたことがあるが、全然話せない。

❸ 彼はアメリカの大統領に会ったことがあるなどと、よくほらを（　　　）いる。

❹ 誘拐された子供を助けるために、両親は犯人の要求を（　　　）お金を準備した。

第 9 課

2007年 1 級 聴解
（100点 40分）

問題 I

列1

1 　仕事（しごと）と勉強（べんきょう）

2 　仕事（しごと）と観光（かんこう）

3 　観光（かんこう）と勉強（べんきょう）

4 　仕事（しごと）と勉強（べんきょう）と観光（かんこう）

問　題　Ⅰ			
解答番号	解　答　欄 Answer		
	1	2	3	4
例1	●	②	③	④
例2	●	②	③	④

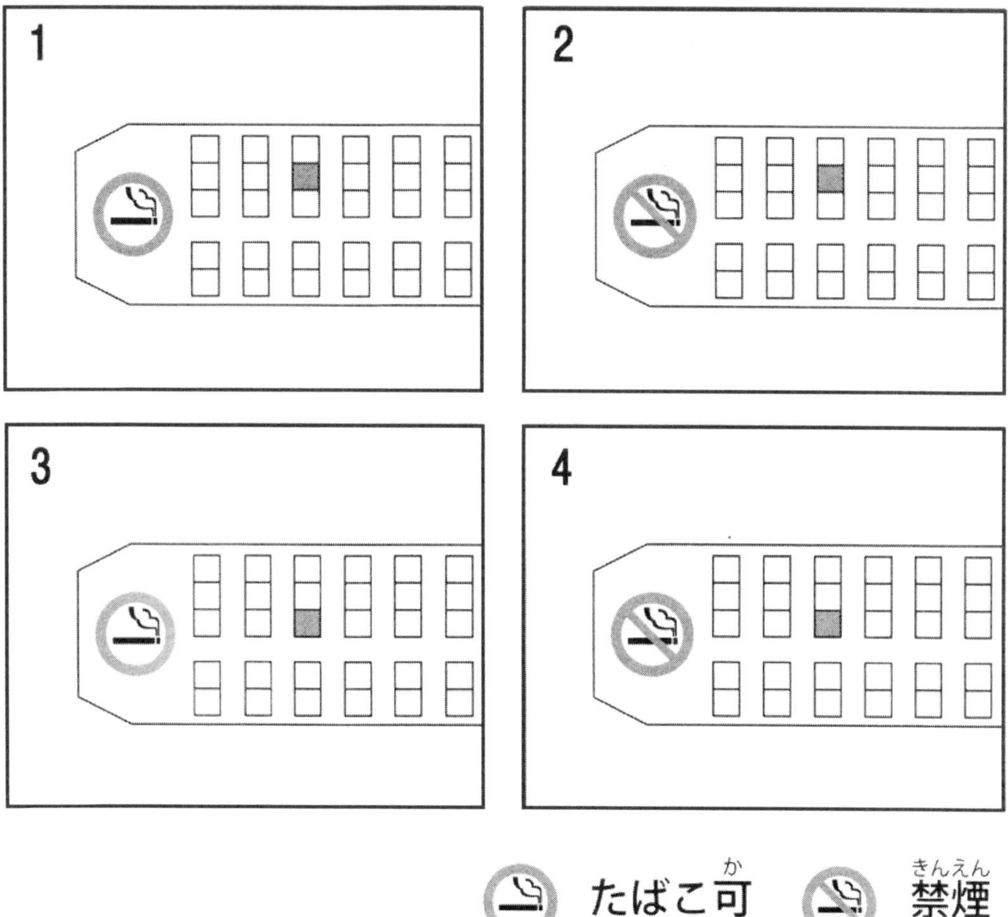
1
2
3
4
たばこ可
禁煙

2番

<table>
<tr><td>

1

あさっての会議（かいぎ）

11時半（じはん）から

昼食（ちゅうしょく）出ない

2時半（じはん）まで

</td><td>

2

あさっての会議（かいぎ）

11時半（じはん）から

昼食（ちゅうしょく）出る

2時半（じはん）まで

</td></tr>
<tr><td>

3

あさっての会議（かいぎ）

11時半（じはん）から

昼食（ちゅうしょく）出る

1時半（じはん）まで

</td><td>

4

あさっての会議（かいぎ）

11時半（じはん）から

昼食（ちゅうしょく）出ない

1時半（じはん）まで

</td></tr>
</table>

3番

1 

2 

3 

4 

4番

1　企画部

2　営業部

3　開発部

4　国際部

5番

1

1位	2位	3位	4位
スポーツ選手	タレント	漫画家	コック

2

1位	2位	3位	4位
スポーツ選手	パイロット	漫画家	タレント

3

1位	2位	3位	4位
スポーツ選手	パイロット	タレント	漫画家

4

1位	2位	3位	4位
スポーツ選手	タレント	コック	パイロット

1	
熱量	40kcal
食物繊維	5g
ビタミンC	50mg
たんぱく質	5g

2	
熱量	40kcal
食物繊維	5g
ビタミンC	50mg
たんぱく質	20g

3	
熱量	250kcal
食物繊維	5g
ビタミンC	50mg
たんぱく質	5g

4	
熱量	250kcal
食物繊維	5g
ビタミンC	50mg
たんぱく質	20g

7番

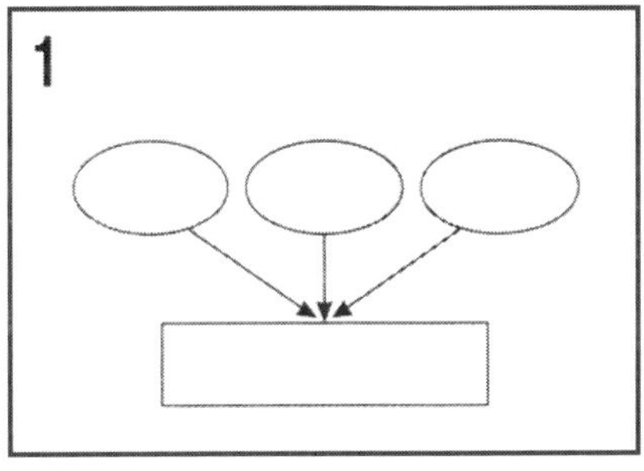

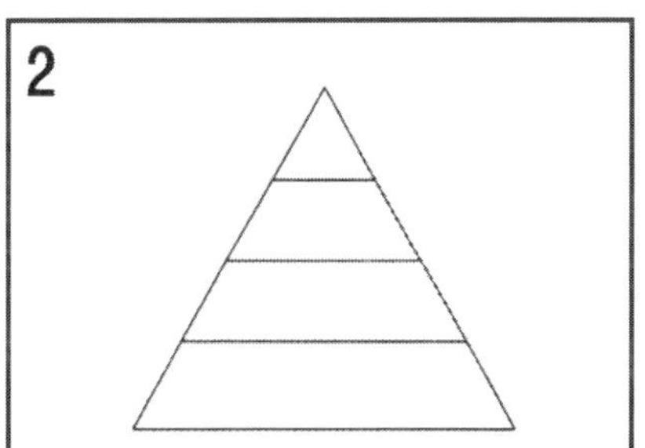

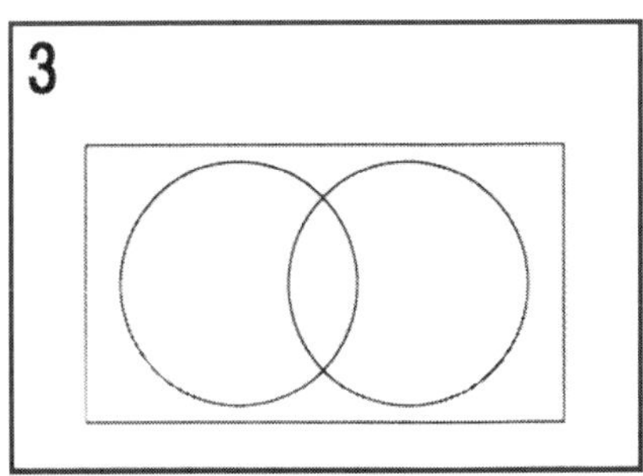

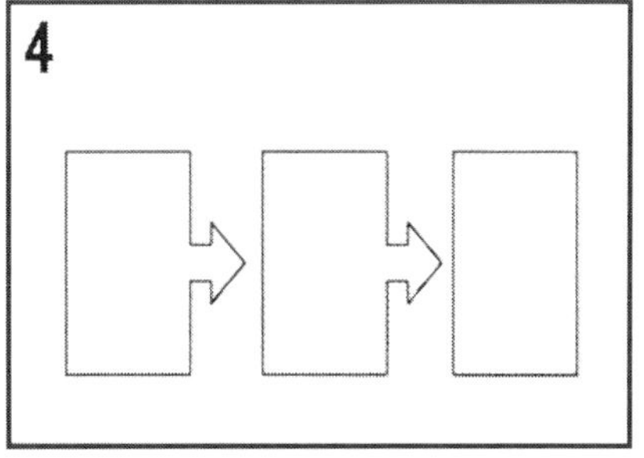

1　3：00

2　3：15

3　4：00

4　4：15

1　結婚と住宅

2　結婚と旅行

3　旅行と住宅

4　旅行と車

10番

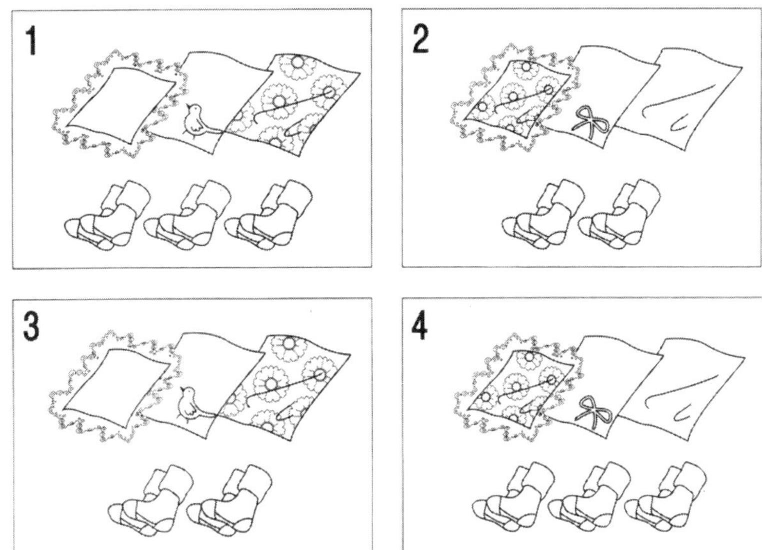

11番

12番

1
その他
自分の店や
会社を持つ
再就職
する
自宅で
のんびり
過ごす

2
その他
自分の店や
会社を持つ
自宅で
のんびり
過ごす
再就職
する

3
その他
自宅で
のんびり
過ごす
再就職
する
自分の店や
会社を持つ

4
その他
再就職
する
自宅で
のんびり
過ごす
自分の店や
会社を持つ

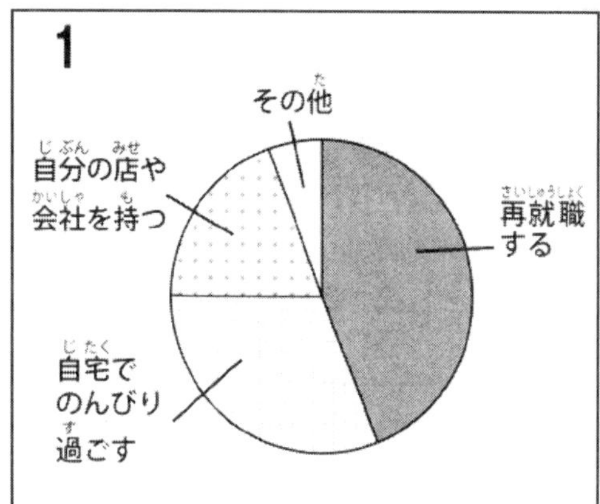

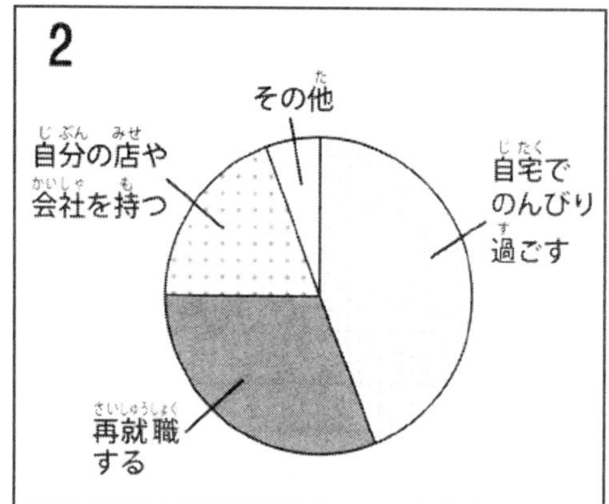

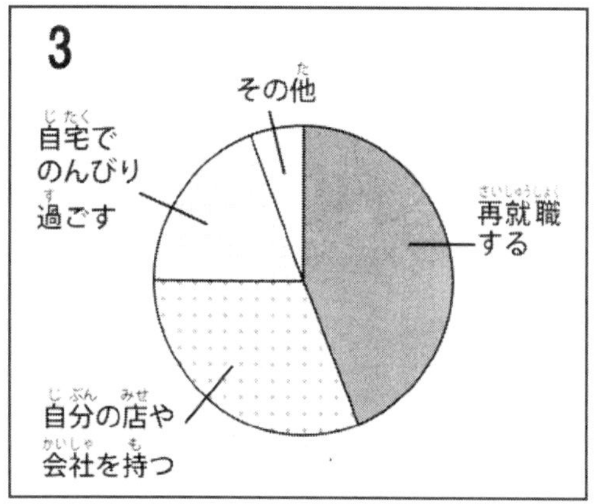

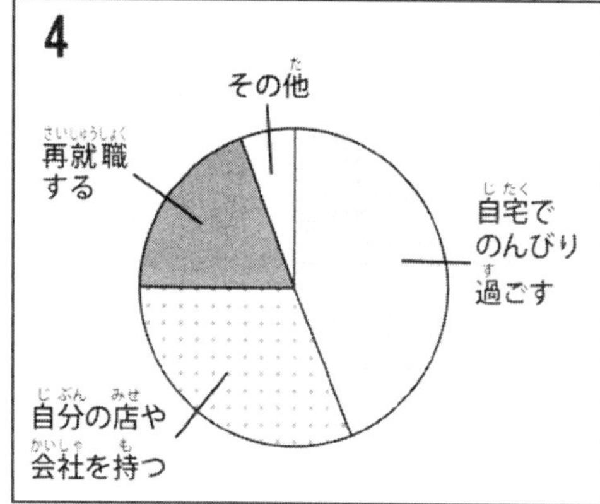

13番

1 月曜日の午前

2 月曜日の午前と火曜日の午後

3 火曜日の午後

4 月曜日の午後と火曜日の午前

14番

1 受付 → トイレ → 身長・体重 → 診察室 → レントゲン → 受付

2 トイレ → 受付 → 身長・体重 → 診察室 → レントゲン → 受付

3 トイレ → 受付 → 身長・体重 → レントゲン → 診察室 → 受付

4 受付 → トイレ → 身長・体重 → レントゲン → 診察室 → 受付

15番

1　景気動向、厳しい経営

2　景気動向、やっと回復

3　採用状況、高校卒業者は減

4　採用状況、経験者も減

16番

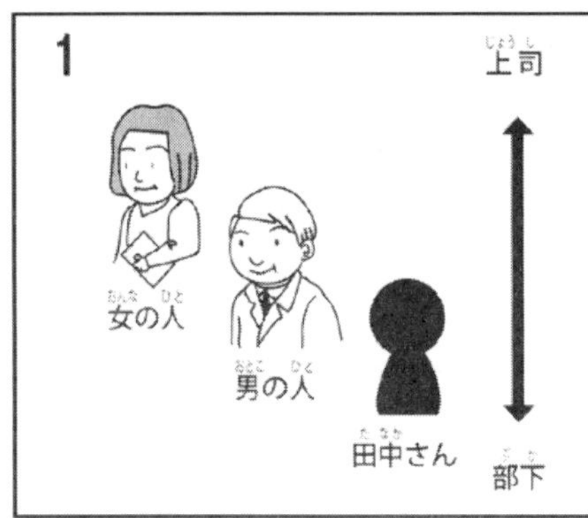

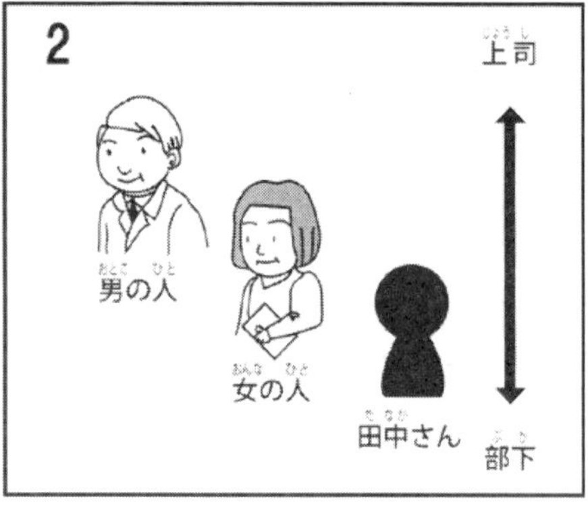

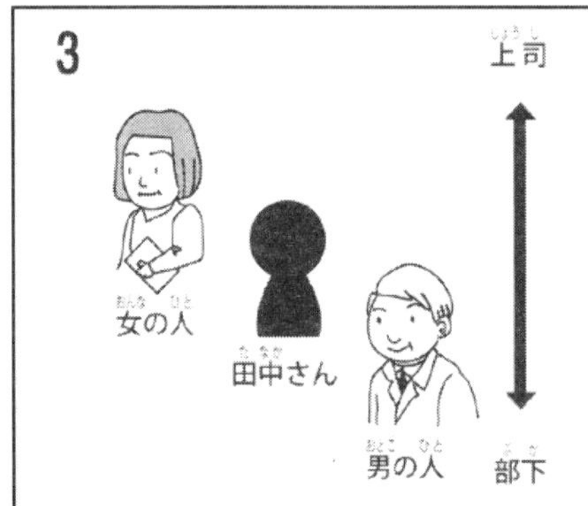

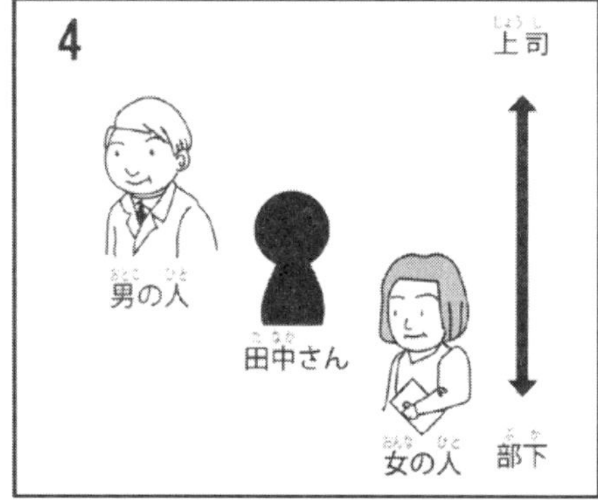

問題Ⅱ　絵などはありません。

例

問　題　Ⅱ				
解答番号		解　答　欄 Answer			
		1	2	3	4
例	正しい	①	②	③	●
	正くない	●	●	●	④

このページはメモに使ってもいいです。

第 10 課

複合動詞

上がる	1	起き上がる	立ち上がる	燃え上がる	飛び上がる	（上へ　　）
	2	晴れ上がる	震え上がる	沸き上がる	盛り上がる	（非常に　）
	3	出来上がる	刷り上がる	焼き上がる	染め上がる	（完成する）
上げる	1	打ち上げる	持ち上げる	引き上げる	見上げる	（上へ　　）
	2	編み上げる	書き上げる	作り上げる	育て上げる	（完成する）
つく	1	飛びつく	張りつく	かみつく	結びつく	（密着する）
	2	考えつく	思いつく			（新しく　）
	3	焦げつく	焼けつく	凍りつく		（完全に　）
つける	1	投げつける	（仕事を）言いつける			（相手に　）
	2	押さえつける	しかりつける	痛めつける		（完全に　）
合う		話し合う	助け合う	信じ合う	愛し合う	（互いに　）
合わせる	1	待ち合わせる	組み合わせる	乗り合わせる		（一緒に　）
	2	問い合わせる				（相手に　）
出す	1	引き出す	取り出す	呼び出す	連れ出す	（外へ　　）
	2	作り出す	生み出す	考え出す	見つけ出す	（新しく　）
	3	降り出す	動き出す	泣き出す	売り出す	（開始する）
込む	1	飛込む	折り込む	書き込む	駆け込む	（中へ　　）
	2	思い込む	考え込む	決め込む	冷え込む	（非常に・完全に）
切る	1	打ち切る	思い切る	締め切る	読み切る	（終わる　）
	2	押し切る	張り切る	困り切る	冷え切る	（非常に・完全に）
入れる	1	受け入れる	取り入れる	乗り入れる	聞き入れる	（外から内へ）
	2	申し入れる	差し入れる			
返す	1	引き返す	言い返す	打ち返す	投げ返す　取り返す	（反対の方向へ）
	2	繰り返す	思い返す	掘り返す	読み返す	（もう一度～する）

止める	呼び止める	受け止める	消し止める	くい止める	（止める　　）
消す	取り消す	吹き消す	打ち消す		（消す　　）
回る	歩き回る	飛び回る	逃げ回る	聞き回る	駆け回る （回る　　）

1 起き上がる: 일어나다. 일어서다. 일어나 앉다.

2 立ち上がる: (앉아 있거나 누운 사람이) 일어서다. (공중으로) 솟아오르다. (어려운 상태에 빠진 사람이) 다시 일어서다. 회복하다. 행동을 개시하다. 나서다.

3 燃え上がる: (세차게) 타서 불길이 높이 오르다. 타오르다. (비유적으로) 감정 등이 격해짐.

4 飛び上がる: 높이 날아오르다. 뛰어오르다. 펄쩍 뛰다. (순서를 밟지 않고) 건너뛰어 나아가다.

5 晴れ上がる: 맑게 개다.

6 震え上がる: (춥거나 무서워서) 부들부들 떨다. 바짝 옴츠러들다.

7 沸き上がる: 끓어오르다. 비등하다. (구름 등이) 피어오르다. (흥분 감격 등이) 터져 나오다.

8 盛り上がる: 부풀어 오르다. 불거져 나오다. 두두룩해지다. 높아지다. 비등하다. 고조되다.

9 出来上がる: 다 되다. 다 만들어지다. 완성되다. 타고나다.

10 刷り上がる: 인쇄를 마치다.

11 焼き上がる: (잘) 구워지다.

12 染め上がる: 염색물이 예정한 색으로 완성되다.

13 打ち上げる: 쳐 올리다. 쏘아 올리다. (파도가) 해안에 밀어 올리다. 흥행이나 일을 마치다.

14 持ち上げる: 들어 올리다. (몸의 일부를) 쳐들다. 들다. 일으키다.

15 引き上げる: 끌어올리다. 인양하다. 값을 인상하다. 높은 자리에 올리다.

16 見上げる: 우러러보다. 올려다보다. <「見上げた」의 꼴로> 훌륭하다고 감탄하다.

17 編み上げる: 위로 엮어나가다. 떠올라가다. 다 엮다(뜨다). 끝까지 다 짜다.

18 書き上げる: 쓰기를 마치다. 다 쓰다. 낱낱이 열거하여 쓰다.

19 作り上げる: 만들어 내다. 완성하다. 꾸며내다. 날조하다. 조작하다.

20 育て上げる: 길러내다. 훌륭하게 성장시키다.

21 飛びつく: 달려들다. 덤벼들다. (마음이 끌린 것에) 얼른 덤비다. 냉큼 손을 내밀다.

22 張りつく: 달라붙다. 들러붙다.

23 かみつく: 달려들어 물다. 물고 늘어지다. (비유적으로) 대들다.

24 結びつく: 맺어지다. 결합되다. 결부되다.

25 考えつく: 생각이 나다(떠오르다). 착상하다.

26 思いつく: (문득) 생각이 떠오르다. (잊었던 일이) 생각나다.

27 焦げつく: 눌어붙다. 꾸어준 돈을 받을 수 없게 되다. (증권 따위의) 시세 변동이 없다.

33 しかりつける: 몹시 야단치다(꾸짖다).

34 痛めつける: 심하게 꾸짖다. 혼내주다. 닦달하다.

35 話し合う: 서로 이야기하다. 이야기를 나누다. 서로 의논하다.

36 助け合う: 서로 돕다. 서로 힘을 합치다.

37 信じ合う: 서로 신뢰하다. 서로 신용하다.

38 愛し合う: 서로 사랑하다. 서로 소중히 하다. 서로 아끼다.

39 待ち合わせる: 미리 장소와 시간을 정해놓고 상대를 기다리다.

40 組み合わせる: 짜 맞추다. 짝을 짓다. 편성하다.

41 乗り合わせる: (배 차 등에) 우연히 같이 타다. 우연히 그 탈것에 타고 있다.

42 問い合わせる: 조회하다. 문의하다. 알아보다

43 引き出す: 꺼내다. 끌어내다. (재주 능력 등을) 끌어내다. 유도해내다. 우려내다. (예금 등을) 찾다. 인출하다.

44 取り出す: 꺼내다. 끄집어내다. 추려내다. 골라내다.

45 呼び出す: 불러내다. 꾀어내다. 부르기 시작하다.

46 連れ出す: 데리고 나가다. 꾀어내다.

47 作り出す: 만들기 시작하다. 만들어내다. 제조하다. 생산하다. 창작하다. 고안하다.

48 生み出す: 낳다. 분만하다. 새것을 만들어 내다. 창출하다. 낳기 시작하다.

49 考え出す: 생각해 내다. 궁리해 내다. 생각하기 시작하다.

50 見つけ出す: 찾아내다.

51 降り出す: (비 눈이) 내리기시작하다.

52 動き出す: 움직이기 시작하다.

53 泣き出す: 울기 시작하다.

54 売り出す: 팔기 시작하다. 대대적으로 팔다. 인기가 높아지다. 유명해지다.

55 飛込む: 뛰어 들다.

56 折り込む: 안으로 접어 넣다. 안쪽으로 접어(꺾어) 구부리다. (사이에) 끼워 넣다.

57 書き込む: (일정한 자리나 빈칸 등에) 써넣다. 기입하다.

58 駆け込む: 뛰어 들다. 뛰어 들어가다. 직소하다.

59 思い込む: 굳게 믿다. 믿어버리다. 깊이 마음먹다. 굳게 결심하다.

60 考え込む: 골똘히 생각하다. 생각에 잠기다.

61 決め込む: (혼자서 제멋대로) 그런 줄로 믿다.

62 冷え込む: 기온이 몹시 내리다. 추위가 매서워지다. 추위가 몸 속 까지 스며들다. 몸
    이 차가와지다.

63 打ち切る: (힘주어) 자르다. 절단하다. (바둑 등에서) 끝까지 두다.

64 思い切る: 단념하다. 체념하다. 결심하다. 각오하다.

65 締め切る: 마감하다. 오랫동안 닫은 채로 두다. 모두 닫다. 완전히 닫다.

66 読み切る: 모두 읽다. 읽어내다 독파하다.

67 押し切る: 눌러 자르다. (무리 반대를) 무릅쓰고 강행하다. 밀고 나가다. (파도를) 무
    릅쓰고 항진하다.

68 張り切る: 팽팽하게 켕기다.(땅기다). 힘이 넘치다. 의욕이 충만 되다. 아주 긴장하다.

69 困り切る: 몹시 난처해지다. 곤경에 빠지다. 애를 먹다.

70 冷え切る: 완전히 차가와지다.

71 受け入れる: 받아들이다. (남의 청을) 들어주다. 승낙하다.

72 取り入れる: (농작물 등을) 거두어들이다. 수확하다. (밖에 있는 것을) 걷어 들이다.
    받아들이다. 도입하다.

73 乗り入れる: 탈것에 탄 채 들어가다. 버스 철도 항공 노선 등을 다른 회사의 노선에
    까지 연장운행하다.

74 聞き入れる: (청을) 들어주다. 승낙하다. 받아들이다.

75 申し入れる: 신청하다. 제의하다.

76 差し入れる: (속에) 넣다. 끼우다. (유치장 등에 들어 있는 사람에게 음식 물품 등을)
    차입하다.

77 引き返す: 되돌아가다. 돌아오다. 되풀이하다. 반복하다. 안팎을 뒤집다. (제자리에)
    되돌리다.

78 言い返す: 한 말을 되풀이하여 말하다.

79 打ち返す: 되받아치다. 반격하다. (논밭을) 갈아 뒤집다. 헌 솜을 타다. 되풀이하다.

80 投げ返す: 던지다. 보내다. 기대다. 제기하다. 제시하다. 아무렇게나 걸치다.

81 取り返す: 되찾다. 돌이키다. 회복하다. 만회하다.

82 繰り返す: 되풀이하다. 반복하다.

83 思い返す: (과거의 일을) 다시 생각하다.

84 掘り返す: (흙을) 파서 뒤엎다. 파서 일구다. (묻었던 곳을) 다시 파다. 다시 파서 묻
    힌 것을 꺼내다. (일단 끝이 난 일을) 다시 문제삼다.

85 読み返す: 되풀이 하여 읽다. 다시 읽다.

86 呼び止める: 불러 세우다.

87 受け止める: (자기 쪽으로 오는 것을) 받다. 받아들이다.

89 消し止める: 불길을 잡다. (소문 등이) 퍼지는 것을 막다.

90 くい止める: 막다. 저지하다. 방지하다.

91 取り消す: 취소하다.

92 吹き消す: (입으로) 불어서 끄다.

93 打ち消す: 부정하다. 없애다. 지우다.

94 歩き回る:(여기저기)걸어 돌아다니다.

95 飛び回る: (공중을 이리저리) 날아다니다. (이리저리) 뛰어다니다. 분주하게 돌아다
니다.

96 逃げ回る: 요리조리 피해 다니다. 여기저기 도망쳐 다니다. 도망 다니다.

97 聞き回る: (여기저기에서) 듣고 다니다.

98 駆け回る: (이리저리) 뛰어 다니다. 분주하게 돌아다니다.

{　　} から適当な言葉を選んで （　　） に入れなさい。

1　{　a　受け入れる　　b　受け付ける　　c　受け持つ　}

① 願書の締め切りは今日で、午後4時まで （　　） ことになっている。

② 会社がわれわれ社員の要求を （　　） まで、ストライキを続けるつもりだ。

③ 彼は小学校の先生で、今年は1年生を （　　） ことになった。

2　{　a　打ち消した　　b　打ち切った　　c　打ち込んだ　}

① 彼女は、来年結婚するという噂を （　　）。

② 雪山での遭難者は1ヶ月たっても発見できず、捜索を （　　）。

③ 彼は定年退職してから数年間、趣味の油絵に （　　）。

3　{　a　追い掛けた　　b　追い越した　　c　追い付いた　}

① お客さんが忘れ物をしたのに気が付いて （　　） が、見失ってしまった。

② 前の車が遅かったので （　　） ら対向車が来ていて、衝突しそうになった。

③ A選手は昨日のマラソン大会で、始めは遅れていたが25km地点でトップ集団に （　　）。

4　{　a　立ち寄った　　b　立ち止まった　　c　立ち去った　}

① 気分が悪くなった私を病院まで連れて行ってくれた男の人は、名前も言わずに （　　）。

② 前を歩いていた人が急に （　　） ので、ぶつかりそうになった。

③ 待ち合わせの時間にはまだ早かったので、本屋に （　　）。

5 ｛ a　取り上げた　　b　取り消した　　c　取り組んだ ｝

❶ 彼はアメリカに留学して、遺伝子の研究に熱心に（　　）。

❷ 息子が全然勉強しないで漫画ばかり読んでいるので、全部（　　）。

❸ 北海道に旅行に行く予定だったが、地震のニュースを聞いて予約を
　　（　　）。

6 ｛ a　引き留めて　　b　引き受けて　　c　引き返して ｝

❶ 結婚するので上司に仲人を頼んだら、快く（　　）れた。

❷ 山登りに行ったが、大雨が降り出したので、仕方なく（　　）きた。

❸ 娘が家を出て独立したいというので（　　）みたが、結局出て行ってしまっ
　　た。

7 ｛ a　見合わせた　　b　見直した　　c　見落とした ｝

❶ 友達とお茶を飲んでいたら、隣の席の人がけんかを始めたので、思わず顔
　　を（　　）。

❷ 試験が終わるまで時間があったので、何度も答案を（　　）。

❸ 地図を見ながら運転していたが、途中で道路標識を（　　）らしく全然違う
　　町に来てしまった。

8 ｛ a　飛び回って　　b　飛び上がって　　c　飛び付いて ｝

❶ 大学の合格通知をもらった妹は、（　　）喜んだ。

❷ 久しぶりに実家へ帰ったら、かわいがっていた犬が（　　）きた。

❸ 彼は貿易会社に就職して、海外を（　　）いる。

9 ｛ a　思い出して　　b　思いついて　　c　思い込んで ｝

❶ 公園を散歩している老夫婦を見ていたら、故郷の両親のことを（　　）会い
　　たくなった。

❷ 昨日新宿でリさんを見掛けた。とっくに国へ帰ったと（　　）いたので、びっくりした。

❸ ゴルフがなかなか上手にならなかったが、プロ選手のビデオを見ていい方法を（　　）練習してみた。

10　{ a 切り落として　　b 切り出して　　c 切り抜いて }

❶ おもしろい新聞記事があったので（　　）とっておいた。

❷ 庭の木が大きくなりすぎたので、枝を（　　）小さくした。

❸ 彼は山から木を（　　）、町まで運ぶ仕事をしている。

11　{ a 待ち構えて　　b 待ちかねて　　c 待ち望んで }

❶ オリンピック選手たちが帰国するので、空港には写真を撮ろうと報道陣が（　　）いた。

❷ 母は久しぶりに帰ってくる弟を（　　）駅まで迎えに行った。

❸ 両親は、私が早く結婚することを（　　）いる。

12　{ a 聞き入って　　b 聞き逃して　　c 聞き流して }

❶ 彼女のすばらしいピアノの演奏に、みんな（　　）いた。

❷ 上司の話は興味がなかったので、（　　）しまった。

❸ 授業中、友達とちょっと話をしていたら、重要なところを（　　）しまった。

13　{ a 言いそびれて　　b 言いかけて　　c 言い張って }

❶ 彼女は私に何か（　　）途中でやめてしまった。何か言いたかったのだろう。

❷ 仕事をやめたことを両親に話そうとしたが、結局（　　）しまった。

❸ その男は、悪いのは自分ではないと（　　）、罪を認めようとしなかった。

(1) 受け入れる: 받아들이다. (남의 청을) 들어주다. 승낙하다.

　　受け付ける: (서류 등을) 접수하다. (남의 말을) 받아들이다. 들어주다. (환자가 약 음식 등을) 먹다. 받다.

　　受け持つ: 담당하다. 담임하다.

(2) 打ち消す: 부정하다. 없애다. 지우다.

　　討ちきる: (힘주어) 자르다. 절단하다. 중지하다. 중단하다. (바둑 등에서) 끝까지 두다.

　　打ち込む: 박다. 두드려 박다. (검술에서) 쳐들어가다. (탁구 테니스 등에서) 상대 코트에 공을 쳐 넣다.

(3) 追い掛ける: 뒤쫓아 가다. 추적하다. 뒤따라 일어나다. 잇달아 하다.

　　追い越す: 앞지르다. 추월하다. (처졌던 것이)앞서다.

　　追い付く: (뒤쫓아) 따라잡다. 따라붙다. (같은 수준에) 미치다. 도달하다. <「～かない」의 꼴로> 되돌릴 수 없다. 소용없다.

(4) 立ち寄る: 다가서다. 들르다.　　　立ち止まる: 멈추어 서다.　　　立ち去る: 떠나가다. 물러가다.

(5) 取り上げる: 집어 들다. (신청 의견 등을) 받아들이다. 채택하다. 빼앗다. 징수하다. 몰수하다. 해산을 돕다. 문제 삼다.

　　取り消す: 취소하다.　　　取り組む: 맞붙다. ～아 씨름하다. 열심히 일에 들러붙다. 몰두하다.

(6) 引き留める: 말리다. 만류하다. 붙들다. 붙잡다.

　　引き受ける: 책임지고 떠맡다. 부담하다. 보증하다. 뒤를 잇다. 계승하다. (주식 어음 등을) 인수하다. 상대가 되다. 응대하다.

　　引き返す: 되돌아가다. 돌아오다. 되풀이하다. 안팎을 뒤집다. (제자리에) 되돌리다.

(7) 見合わせる: 마주보다. 견주다. 비교하다. 대조하다. 보류하다. 결혼시키다.

　　見直す: 다시보다. 재점검하다. 재인식하다. 달리보다.

　　見落とす: 간과하다. 보면서 놓치다. 빠뜨리고 보다.

(8) 飛び回る: (공중을 이리저리) 날아다니다. (이리저리) 뛰어다니다. 분주하게 돌아다니다.

　　飛び上がる: 높이 날아오르다. 뛰어오르다. 펄쩍 뛰다. (순서를 밟지 않고) 건너뛰어 나아가다.

　　飛び付く: 달려들다. 덤벼들다. (마음이 끌린 것에) 얼른 덤비다. 냉큼 손을 내밀다.

(9) 思い出す: 생각하기 시작하다. 생각해 내다. 상기하다. 생각나다.

　　思いつく: (문득) 생각이 떠오르다. (잊었던 일이) 생각나다.

　　思い込む: 굳게 믿다. 믿어 버리다. 깊이 마음먹다. 굳게 결심하다.

(10) 切り落とす: 잘라내다. 베어내다. 둑을 무너뜨려 물을 흘려보내다.

　　切り出す: 베기(자르기)시작하다. (나무나 석재를) 베거나(자르거나)하여 실어 내다.(말을) 꺼내기 시작하다.

　　切り抜く: 오려내다.

(11) 待ち構える: (만반의 준비를 하고) 기다리다. 대기하다.

　　待ちかねる: 이제나 저제나 하고 애타게 기다리다. 더 이상 참고 기다릴 수 없게 되다.

　　待ち望む기다리고 기다리다. 대망하다.

(12) 聞き入る: (귀를 기울여) 열심히 듣다. 귀담아 듣다.

自動詞

{　　} の中の下線を引いた動詞には別の意味があります。適当な言葉を選び、
「て形」にして（　　）に入れましょう。

{　空が赤く染まる　　水が漏れる　　雪が解ける　　夕日が沈む
　木の枝が揺れる　　花がしおれる }

❶ 何時間も話し合った結果、ようやく誤解が（　　）、仲直りした。

❷ 仲間だけしか知らない秘密が（　　）いるようだ。

❸ 受験するかどうか、気持が（　　）いる。

❹ 妹はお母さんにしかられて（　　）いる。

❺ 弟は高校生になってから、暴走族の仲間に入り、悪に（　　）しまった。

❻ 長年飼っていた犬が死んで、家中が（　　）いる。

第 11 課

2007年 1級 読解・文法
（200点 90分）

問題I　次の文章を読んで、後の問いに答えなさい。答えは1・2・3・4から最も適当なものを一つ選びなさい。

　人の会話というのは、言葉としては案外成り立っていないことが多い。ずっと昔、母親と話をしていてそう痛感したことがある。

　たとえばの話。私が母に「このあいだより太ったみたいだけれどどうしたの」と訊く。すると母は「服を買いにいったら大きなサイズの店にいけと言われて腹がたった」と続ける。「甘いものを食べ過ぎたんじゃないの」と私が言うと、「どこそこの店の大福を買ったらまずくて食べられたものじゃなかった」と母は言う。

　このように書き記してみれば、会話としてまったく成り立っていない。双方が双方の思うままを口にしているだけである。

　私はこの母とよく口論になった。この「①思うまま会話」がどんどん進んでいくと、最後に決まって母は「小説なんか書いてないで結婚したらどうか」という方向に結論づけ、「あなたが太った話がなぜ私の結婚話題に結びつくのか」と②私が突っかかり、口論になるわけである。この口論だってもちろん、会話としては成り立っていない。その都度、「母に私の言葉は通じないのだ」と腹立ち紛れに思ったものだった。

　しかしひょっとしたら、通じないと決めつけた私は、会話というものは「相手の言うことを耳で聞き、順繰りに理解する」はずだと信じていたのかもしれない。信じているふうに会話が進んでくれないことに、苛立っていたのかもしれない。そういえば、「私の話をちゃんと聞いているのか」と、話の途中で幾度も言ったことを今、思い出した。③あれは、「耳で聞いたことを順繰りに理解しているのか」と、自分の信じるところを訴えていたんだなあ。

　言葉というものは使う人によって、温度も色合いも違う。もしこれが統一されていれば、順序だてて理性的に会話をせずとも、誤解や勘違いやすれ違いはまったくなくなるのではないか。④映画や小説のなかで人々が交わす言葉は、たいていの場合、温度も色合いも統一されている。だからものごとは決まった時間、決まったページ数のなかで、理性的に展開され着地すべき場所に着地する。しかし、（　⑤　）で、同じ温度、同じ色合い、無個性の言葉でしか会話できないとしたら、と考えると、なにやら殺伐としたものを感じてしまう。あくまで想像だが、戦時下などの有事のときは、ぎりぎりまで言葉から個性がそぎ落とされたのではなかろうか。

　その人しか持ち得ない言葉があり、その人からしか受け取れない言葉というものがある。誤解をしたりすれ違ったりしつつ、それをまた言葉で訂正していく、ということも、案外人の持つゆたかさのひとつなのかもしれない。そう考えると、成立しなかったように思えた母との会話も、私たちにしかあり得ない関係のひとつだったと思え、そのことにちょっと安心する。

（角田光代「成立しない会話」「脳あるヒト　心ある人」産経新聞2006年1月16日付朝刊による）

- （注1）双方：両方
- （注2）口論：口げんか
- （注3）突っかかる：激しい言い方で反発する
- （注4）その都度：そのたびごと
- （注5）順繰りに：順番に
- （注6）苛立つ：いらいらする
- （注7）殺伐：人間関係にうるおいのないようす
- （注8）有事：戦争や大事件が起こること
- （注9）ぎりぎりまで：限度いっぱいまで
- （注10）そぎ落とす：けずり落とす

問1　①「思うまま会話」とあるが、どのような会話か。

　　1　相手に通じないとあきらめて、初めから相手を理解しようとしない会話

　　2　相手の話を十分聞かず、自分の言いたいことを言うだけでかみ合わない会

話

  3　相手が興味を持っている話題について、相手の話の流れに合わせてする会
話

  4　相手の話を聞いていて腹がたつ内容が含まれているので、口論になりやすい会話

問2　②「私が突っかかり」とあるが、その時の筆者の気持ちとして最も適当なものはどれか。

  1　母の話は何が言いたいのかわかりにくいので、欲求不満を感じている。

  2　母のことを思って話しているのに、どうしてわかってくれないのだろうという苛立ちを感じている。

  3　母の話は始まりと終わりでは内容が異なり、しかも気に障る内容になることに対して不快感を持っている。

  4　母が言いたいことを言い続けて人の話を聞かないので、言いたいことが言えなくなるという不満を持っている。

問3　③「あれ」とは何か。

  1　母とどんなことでもよく口論したこと

  2　母に自分の話は通じないと決めつけたこと。

  3　母との会話が思うように進まず苛立ったこと

  4　母に自分の話を聞いているのか何度も確かめたこと

問4　④「映画や小説のなかで人々が交わす言葉」に対して、筆者はどのように思っているか。最も適当なものはどれか。

  1　言葉の順番が決まっているので、会話が理性的である。

  2　会話が順序だてて進まないので、個性的でありおもしろい。

  3　言葉の使われ方もニュアンスも同じで、会話が予想どおりに進む。

  4　会話の場面では、お互いが相手の話をよく聞くようになっている。

問5　（⑤）に入る表現として最も適当なものはどれか。

　　　1　実際の生活　　　2　映画の生活　　　3　小説の生活　　　4　理想的な生活

問6　筆者は、はじめに会話がどのようなものだと考えていたか。

　　　1　本来理性的であるが、誤解は当然生じるものだ。

　　　2　すれ違いがあっても、苛立たずに聞くべきものだ。

　　　3　相手の話の流れに沿って聞き、理解するべきものだ。

　　　4　個性的であっても、その方が人間的だと感じられるものだ。

問7　母と自分との会話について筆者は今はどう思っているか。

　　　1　誤解が生じるような会話も、活発な口論になるので、おもしろい。

　　　2　誤解が生じるような会話も、二人の個性が表われていて、悪くはない。

　　　3　誤解が生じるような会話は、母のわがままな性格の表れで、受け入れがた
　　　　い。

　　　4　誤解が生じるような会話は、母が一方的に進めたことが原因なので、意味
　　　　がない。

問題 II　次の（1）から（3）の文章を読んで、それぞれの問いに対する答えとして最も適当なものを 1・2・3・4 から一つ選びなさい。

(1)　私たち人間にとって悪臭というのは危険信号の一つである。もしも、食べ物が腐っているのに悪臭を感じなかったら、大丈夫だと思って食べて、食中毒を起こして死ぬかもしれない。私たちは、鼻という検出器を使って危険かどうかの判断をしている。

　悪臭があるかないかは、私たち人間の判断であって、この判断が他の生物にもそのまま当てはまるわけではない。腐った物を屋外に出すと、すぐにキンバエが集まってくるように、腐った物はキンバエには、おそらく良い香りのものと思われる。キンバエにとって良い臭いとか悪い臭いとか、おいしい食べ物とかまずい食べ物とかという判断は、明らかに人間とは異なる。

　微生物の中にも、人間と同じようなものをエサにするものもいるし、人間が嫌うも

のをエサにするものもいる。まずいエサとかおいしいエサという判断は、生物それぞ
れで異なるというごく常識的なことが、案外理解されていないようである。このため
に、悪臭物をエサにする微生物は、特殊で変な微生物だという誤解が生まれる。ま
た、悪臭物ばかり与えたのでは、微生物が弱まってしまうのではないかというように
考える人が出てきたりする。

　物が腐ると悪臭が出るが、ここで出た悪臭は、ある種の微生物には重要なエサで
あって、この悪臭物でその微生物が育つ。これは、日常的な自然界の営みであり、こ
の営みを担う微生物が自然界に広く分布している。

　物質の循環にかかわる多くの生物の作用があって始めて、人間は生命を維持するこ
とができるのである。しかし、日常生活においては、<u>その</u>一部しか認識する機会がな
いために、自然環境について誤解している人が多いようである。このことがさまざま
な環境問題の理解の妨げになっているように思える。

（松永是・倉根隆一郎「おもしろい環境汚染浄化のはなし」による）

- （注1）悪臭：いやな臭い
- （注2）検出器：検査して危険なものなどを見つけ出す器具
- （注3）キンバエ：腐った肉などに飛んで来る小さな虫
- （注4）微生物：顕微鏡で拡大しなければ見えない非常に小さい生物

問1　人間にとって悪臭を感じ取ることの意味は何か。

　　1　食べ物の安全性を判断できること

　　2　検出器の正確さを判断できること

　　3　その食べ物が好みに合うかどうか判断できること

　　4　その食べ物を食べると死ぬかどうか判断できること

問2　悪臭物をエサにする微生物が特殊で変だと誤解されるのはなぜか。

　　1　微生物がなぜ悪臭物に集まるか、ということが解明されていないから

　　2　微生物は常に人間とは違うものを好む、ということが認識されていないから

　　3　人間と微生物では好むものの判断が異なる、ということが理解されていな
　　　　いから

　　4　人間と微生物では持っている検出器が異なる、ということが明らかになっ
　　　　ていないから

問3　「その」が指す内容は次のうちのどれか。
　　1　人間は臭いを感じ取ることで生命を維持できるということ
　　2　人間は多くの生物の働きによって生きていられるということ
　　3　自然界には悪臭を好む微生物が分布しているということ
　　4　微生物には物が腐って発生した悪臭物がエサになるということ

(2)　人称代名詞われ（私）の複数はわれわれ（私たち）だと通常考えられている。多くの場合それでいいのだし、実際にもそういうふうに使われている。けれども、われわれがいつでも必ずわれの複数といえるかとなると、そうとばかりはいえないだろう。自分を含んだ複数の人間をひとまとめにしてわれわれというとき、ことわるまでもなくそのわれわれのなかで自分と他の人々とは、なんらかの意味で親和的な間柄にある。たとえばグループ、学校、会社。党派、家、国など、性格や規模こそちがえ、一つの同じ集団に属していて、心の、あるいは利害の上で互いに結びついていることが前提になっているわけだ。しかしこの場合、自分と他の人々とは、それぞれの集団の外部に対しては同一の集団に属するものとして結びつきをもっているにしても、それぞれの集団内部を考えてみれば、<u>自分と他の人々との間柄が対立を含んでいないとはいえない</u>。自分にとって近い集団から遠い集団へ、自分を含む小さな集団から大きな集団へという方向で、一般的には集団内部の自他の対立は大きいが、たとえ小さな身近な集団のなかでも自他の対立はなくなるわけではない。それどころか、ときには近親憎悪と呼ばれるような、近い間柄であることがかえって激しい憎しみを相互に惹き起こすことさえあるのだ。このようなわけで、集団内部の自他の対立を問題にし出すと、<u>われわれということは簡単にはいえなくなる</u>。もっといえば、ありえないことになる。つまり、（　③　）、そこにあるのはつねにただ自己と他者たちだ、ということになるのである。

（中村雄四郎「哲学の現在」による）

159

- （注1）親和的な～：互いに親しい～
- （注2）惹き起こす：生じさせる

問1　①「自分と他の人との間柄が対立を含んでいないとはいえない」という筆者の考えから言えることはどれか。
1　他の集団に属する人間とは、親和的な間柄になることは難しい。
2　同じ利害で結びついていない人間同士には、対立関係が生じやすい。
3　身近な関係以外の人間には、激しい憎しみを持たないとはいえない。
4　同一の集団にいる身近な人間との間でも、親和的になるとは限らない。

問2　②「われわれということは簡単にはいえなくなる」のはなぜか。
1　一つの集団の中で、心や利害の上で互いに結びついているという関係はあまりないから
2　一つの集団の中で、複数の人間が互いに憎しみを持っているということは考えられないから
3　どんなに共通点の多い集団でも、その構成員が全く同じ考えを持つことは許されていないから
4　どんなに共通点の多い集団でも、複数の人間が全く同じ考えを持っていることはありえないから

問3　（③）に入る最も適当な文はどれか。
1　われには複数はない。
2　われは単純ではない。
3　われはわれわれと同義である。
4　われとわれわれは対立している。

(3)　①僕はかたよっている。何がかというと、たとえば映画が観たいと思うと何本も立て続けて見る。観るのではなく、見るというのがふさわしい。本も読む時間がなくてイライラしてくると、バカ買いして本を眺めている。読むのではなく、眺めてい

る。友達と会いたいと思うと、何人にも電話をする。会ってる時間がないのに約束しようとする。肉を食べ過ぎていると思ったら半年食べなかった。白菜がうまいと思ったら毎日食べてたときもある。車が運転したくなって夜中に河口湖周辺まで行った。なぜか僕はかたよっていて、ちょうどいい感じということを知らない気がする。つくづくバランスが悪いと思う。

（　②　）最近ひとつだけうれしく思ったことがある。かたよってるからこそいまの自分があると痛感したのだ。確かに音楽の仕事にしろ、小説を書くことにしろ、偏向した性格でなければ続かなかった。しかしそれよりも、いつまでも壊れてしまったがらくたを捨てられないでいる自分が急に好きになったのだ。捨てずに置いてあるものが残っていたことがうれしかったのではない。捨てられないでいる自分の心が好きになったのである。

僕の胸の中に壊れてしまったハートがある。それを抱えたまま生きている。捨ててしまった方が荷物は軽くなるのに、いつまで抱えている。

壊れたハートでこれからも歩いていく。

（須藤晃「みんなノイズを聴きたがる」による）

- （注1）バカ買い：無茶苦茶に買うこと、必要以上に買うこと
- （注2）白菜：野菜の一つ
- （注3）河口湖：富士山の近くの湖
- （注4）偏向：かたよっていること
- （注5）がらくた：使い道や値打ちのないもの
- （注6）ハート：心

問1　①「僕はかたよっている」とあるが、それはどういうことか。

　　　1　興味が持てるのは、映画しかないということ
　　　2　不必要なものでも、何も捨てられないということ
　　　3　イライラしてくると、本しか読めないということ
　　　4　一度興味を持つと、それをやり過ぎてしまうとうこと

問2　（　②　）に入る最も適当な言葉はどれか。

    1　それで

    2　つまり

    3　だから

    4　ところが

問3　筆者は自分自身について現在はどう思っているか。

    1　かたよった性格だからこそ、今の自分や仕事がある。

    2　かたよった性格を抱えたままでは、今の仕事は続けられない。

    3　かたよった性格のおかげで、今までとは違う自分が好きになった。

    4　かたよった性格を直せないからこそ、今の自分を認めざるをえない。

問題Ⅲ　次の（1）から（5）の文章を読んで、それぞれの問いに対する答えとして最も適当なものを1・2・3・4から一つ選びなさい。

(1)　国を国たらしめる要素は何なのか、ということでは、伝統的に、領土、国民、統治権、これが国家の三要素だ、といわれてきた。つまり、一定の土地とそこに住む人々、そしてその土地および人々に支配権をもつ統治権力、この三つがそろってはじめて国家というものが成り立つ、というわけである。たしかに、このうちのどれ一つ欠けても国家は成り立たないから、そのかぎりでは、これが国家の三要素だというのは、まちがいではない。しかし、一定の土地とそこに住む人々というのは、国家というものがなくても存在する。いわば国家以前の存在である。<u>そこに国家が成立するのは、その土地および人々を支配する統治権力が現れることによって</u>、である。つまり、国家の三要素とされるもののなかでは、統治権こそが、国家を国家たらしめる本質的な要素なのである。国家の本質は「権力」にあり、「権力」こそが国家の実体だ、ということである。

（浦部法徳憲法学教室（全訂第2版）による）

- （注1）国たらしめる：国であるようにさせる
- （注2）実体：本質的な中身

問い　「そこに国家が成立するのは」とあるが、「そこ」とはどこか。
　　1　国家の三要素のうちのどれか一つだけが欠けているところ
　　2　ある決まった範囲の土地とそこに住む人々が存在するところ
　　3　一定の土地および人々を支配する統治権力が現れるところ
　　4　領土、国民、統治権という国家の三要素がそろっているところ

(2)　「どうすれば、将棋が強くなれますか?」とは、もっともよく聞かれる質問である。

　実は、この質問には肝心な言葉が隠されている。それは「努力しないで」という言葉である。つまり「どうすれば努力しないで将棋が強くなれますか」と聞きたいのだ。小さな子どもが上手に将棋を指せば、大人は「この子の才能をまっすぐに伸ばしたい」と思うものだ。しかし、才能という言葉は、あるレベルまでいってからのことで、それまでは継続的な努力によってのみ上達や向上がある。子どもにはまず、継続的な努力を可能にする集中力を養うことが大切なのだ。

　幼児や小学生の頃の子どもは、好奇心が旺盛で、どんなものでも好きになれば夢中になる。しかし、移り気でもある。飽きてしまうと、親がいくら熱心になって旗を振ろうが、太鼓を鳴らそうが、そっぽを向いてしまう。集中力を欠いている状態で無理強いしても、柔らかい頭脳には何も染み込んではいかないだろう。

（谷川浩司「集中力」による）

　・（注1）好奇心：珍しい物事、未知の事柄に対する興味
　・（注2）旺盛：盛んなこと
　・（注3）移り気：興味の対象が変わりやすいこと
　・（注4）旗を振る：ある行動をとるように誘導する

問い　「集中力を養うことが大切なのだ」とあるが、それはなぜか
　　1　集中力さえつけば、継続的に努力しなくても才能がまっすぐ伸びていくから
　　2　子どもに集中力があれば、親が無理強いしたことでも子どもはそっぽを向かないから

　　3　子どもの才能が開花するまでは努力が必要であるが、努力するためには集中力
　　　　が重要であるから
　　4　子どもはふつう集中力がないので、まず集中力を養うことによって好奇心も旺
　　　　盛になると考えられるから

(3)　契約自由の原則は近代資本主義の勃興期の経済体制によくマッチしていました。
それがはたした功績は大きいものでした。しかし、19世紀末葉にいたり、資本主義が
成熟し、高度化するにともない、これをそのまま維持することは、場合によっては、
結果的に人々を不公平に扱うことになってまいりました。大資本による市場の独占化
の傾向が出てくる段階になりますと、このことはさらに一段と顕著となります。ここ
いおいて契約自由の原則は変容をせまられることになるのです。
　　　（井口茂くらしの法律相談　契約で失敗しないための知識とQ&A「改定第2版」による）

　・　（注1）勃興期：急に勢いが強くなった時期
　・　（注2）マッチする：合う
　・　（注3）19世紀末葉：19世紀末
　・　（注4）顕著：著しいこと

問い　契約自由の原則が変容をせまられることになるのはなぜか。
　　1　今までの契約自由の原則は、人々を不公平に扱うことが前提になっていたから
　　2　大資本の市場の独占によって、契約自由の原則の本来の目的が達成されたから
　　3　近代資本主義の勃興期の契約自由の原則は、19世紀の経済において功績を残
　　　　されなかったから
　　4　資本主義の成長にともない、それまでの契約自由の原則では人々を公平に扱え
　　　　ない場合が増えてきたから

(4)

> 　アフリカ・サハラ砂漠に生息するアリの一種は、巣から餌を探しに出掛けた後、帰るのに、太陽の光のほか、散歩を手掛かりにしている可能性が高いことがわかった。ドイツ・ウルム大などの研究チームが二日までに米科学雑誌サイエンスに発表した。ただ、この体内「歩数計」の詳しい仕組みはまだ分からないという。
>
> 　学名が「カタグリフイス・フオルテイス」と呼ばれるこのアリは、帰巣の際、来た道筋をうねうねたどって戻るのではなく、巣に直行することが知られる。
>
> 　周囲に目印がない砂漠で、方向は太陽光に頼るとしても、（　　　　）が謎だった。
>
> 　　　　　　　　　　　　　（日本経済新聞2006年7月3日付朝刊による）

- （注1）　生息する：ある場所に生活する
- （注2）　うねうねと：曲がりながら長く続くようす
- （注3）　直行する：途中でどこにも寄らずに目的地に行く。
- （注4）　目印：目標となる物

問い　　（　　）に入る最も適当なものはどれか。

1　帰巣行動と太陽光の関係

2　体内「歩数計」の詳しい仕組み

3　どうやって距離をつかんでいるか

4　どのような方法で餌を探しているか

(5)　　ある研究所は、20歳以上の日本人男女を対象に、1973年から定期的に日本の現状評価についての質問調査を行っている。下のグラフは、そのうちの「芸術」「経済力」「生活水準」「心の豊かさ」「科学技術の水準」の5つの項目について、＜非常によい＞と＜ややよい＞を合わせた選択率の変化を示したものである。

　それによると、「科学技術の水準」は1973年の調査開始時から徐々に伸びた後いったん下降しているが、最近またわずかに回復傾向が見られる。「芸術」はおよそ10％上がったり下がったりを繰り返し、2003年に評価が上がったものの、今後も評価が伸びるかどうかは分からない。一方「経済力」は1988年を最高に、それ以降評価は下がり、2003年の調査でも回復は見られない。また、「生活水準」と同様、その後も低いままである。日本の現状評価は、1998年以降多少上向きの傾向が見られる項目はあるが、全体的に下がっているということがこの調査からわかった。

問い　文章の内容とグラフが合う組み合わせはどれか。

1　ア：科学技術の水準　　　　イ：芸術　　　　　　ウ：生活水準
　　エ：経済力　　　　　　　　オ：心の豊かさ

2　ア：科学技術の水準　　　　イ：心の豊かさ　　　ウ：生活水準
　　エ：芸術　　　　　　　　　オ：経済力

3　ア：生活水準　　　　　　　イ：芸術　　　　　　ウ：科学技術の水準
　　エ：心の豊かさ　　　　　　オ：経済力

4　ア：生活水準　　　　　　　イ：経済力　　　　　ウ：科学技術の水準
　　エ：芸術　　　　　　　　　オ：心の豊かさ

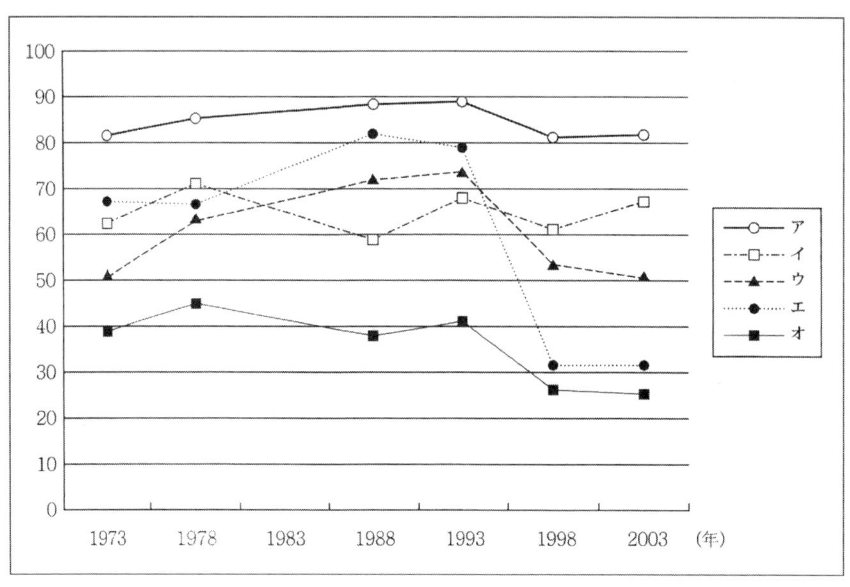

（グラフは坂本広行「日本人の国民性50年の軌跡—
「日本人の国民性調査」から」「統計数理」第53巻第1号による）

問題IV　次の文の______にはどんな言葉を入れたらよいか。　1・2・3・4から最も適当なものを一つ選びなさい。

(22) もう遅刻しないと言った______また遅れるなんて、彼は何を考えているのだろう。

　　　1　が最後　　　　2　のなら　　　　　3　そばから　　　4　ともなしに

(23) 昨日泊ったホテルは、眺め______サービス______、本当に満足のいくものだった。

　　　1　だの/だの　　2　とも/とも　　　　3　なり/なり　　　4　といい/といい

(24) 教授の助言______、この研究の成功はなかった。

　　　1　なくして　　2　ならでは　　　　　3　にも増して　　4　によらず

(25) 悲惨な事故______、安全のための管理体制がいっそう強化された。

　　　1　を掲げて　　2　を契機として　　　3　にも増して　　4　に先立って

(26) 先日提出された調査報告は信頼______ものではなかった。

　　　1　に向く　　　2　に足りる　　　　　3　を通す　　　　4　もかまわず

(27) 最近は多忙で、旅行______コンサートに行く暇もない。

　　　1　どころか　　2　に際して　　　　　3　からすると　　4　もかまわず

(28) ゴミを減らすためには、市や町の取り組み______、個人の心がけもやはり大切だ。

　　　1　もなにも　　2　をなかばに　　　　3　を抜きにして　4　もさることながら

(29) 現在の状況______、今後の計画を考え直す必要がある。

　　　1　もがな　　　2　とみるや　　　　　3　に及ばず　　　4　となると

(30) 店には多くの魅力的な品が並んでいたが、いざ買う______なかなか決心がつかない。

　　　1　より　　　　2　あまり　　　　　　3　につれ　　　　4　となると

(31) 寺の入り口に「ここより中には______」と書かれていたので、見学はあきらめるしかなかった。

　　　1　入るべし　　2　入るべからず　　3　入りかねる　　4　入りかねない

(32) 退職前の慌ただしい生活______、今の生活はのんびりしている。まるで夢のようだ。

　　　1　ぬきには　　2　といったら　　　3　にひきかえ　　4　はもとより

(33) 誰が何と______、私の決意は変わりません。

 1 言おうと 2 言いながら 3 言うおかげで 4 言ったはずで

(34) 取引先の担当者からスケジュールの調整をしたい______連絡を受けた。

 1 との   2 ものの   3 ように   4 ばかりに

(35) 観客は彼女の優美______大胆な演技に感動した。

 1 なりの 2 にして   3 ゆえに   4 をおいて

(36) 急速な小子化は、高齢者の増加______、日本の人口構造を大きく変えてきている。

 1 と言えば 2 とあいまって 3 をかわきりに 4 をきっかけに

(37) 遭難しても、チョコレートが1枚あれば数日間生きられるという話を______、登山には必ずチョコレートを持って行くようにしている。

 1 聞いたところで   2 聞いたかと思うと

 3 聞いてからというもの   4 聞くか聞かないかのうちに

(38) あの人は周囲の心配を______、好き勝手に振る舞っている。

 1 へて   2 もって   3 よそに   4 たよりに

(39) あわや大事故になる______だったが、幸い負傷者は出ずにすんだ。

 1 はず   2 べき   3 もの   4 ところ

(40) 彼の言動は社会人として______もので、とうてい許すことはできない。

 1 あろう 2 あるべき 3 あるまじき 4 あるような

(41) 壁の時計が斜めになっていたので______、かえって曲がってしまった。

 1 掛け直したら   2 掛け直しつつ

 3 掛け直すと同時に   4 掛け直すのに応じて

問題Ⅴ 次の文の______にはどんな言葉を入れたらよいか。1・2・3・4から最も適当なものを一つ選びなさい。

(42) 所得が低い人には、税金の負担を軽くするなどの措置がとられて______。

 1 もともとだ 2 しかるべきだ 3 極まりない 4 やまない

(43) こんな複雑な書類を何十枚も書かなきゃいけないなんて、面倒くさい______。

1　わけがない　　2　ったらない　　　3　じゃすまない　　4　ってことはない

(44) 学生時代、奨学金がもらえてどれほど助かった______。

1　はずだ　　　　2　ものだ　　　　3　ことか　　　　　4　のみか

(45) 子ども「自分のパソコンが欲しいよ。ねえ、駄目？」

母親「ゲームじゃなくて勉強に使うんなら、______けど。」

1　考えようにも考えられない　　　　2　考えなくもない

3　考えるどころじゃない　　　　　　4　考えっこない

(46) つらい治療に耐え、病気を克服することができたのは、家族の励ましが______。

1　あってのことだ　　　　　　2　あるかのようだ

3　あるかぎりだ　　　　　　　4　ありながらだ

(47) 奥様がお亡くなりになったと伺って、悲しみ______。

1　というほどのものではありません。2　といってさしつかえありません。

3　にいたりません　　　　　　　　　4　にたえません

(48) 不正な取引が明らかになり、その取引に関わった会社員は辞職______。

1　を禁じえなかった　　　　　　2　を余儀なくされた

3　には及ばなかった　　　　　　4　にあずからなかった

(49) たった3歳でこんなに難しい曲を見事に演奏してしまうとは、これが天才

______。

1　でなくてなんだろう　　　　　2　ですらないだろう

3　ならそれまでだろう　　　　　4　にあるまじきことだろう

(50) おもしろいと言われたからといって、同じ冗談を何度も______。

1　聞かせてもらいたい　　　　　2　聞かせてしまおう

3　聞かされたらいいじゃないか　　4　聞かされちゃかなわない

(51) 彼なりにできるだけの努力をしたのだから、いい結果を出せなかったとして

も、非難______。

1　するにはあたらない　　　　　2　するよりほかない

3　しないではおかない　　　　　4　しないはずがない

第 12 課

副詞・その他

1	幾〜	いく〜	帰国まで、あと幾日ありますか。幾多 幾つ 幾分 幾ら
2	我が〜	わが〜	我が家ではテレビは見ないことにしている。
3	来る	きたる	運動会は、来る10月10日に行われます。
4	〜沿い	〜ぞい	線路沿いに小さな家が続いている。
5	〜難い	〜がたい	心の通った友人は、何物にも代え難い。
6	仮に	かりに	それが仮に真実だとしても、今となってはどうしようもない。
7	殊に	ことに	日本庭園は美しい。殊に紅葉の季節は見事だ。
8	既に	すでに	その研究は既に10年前に発表されていた。
9	甚だ	はなはだ	甚だ申し訳ありませんが、ただ今入場できません。
10	専ら	もっぱら	休みの日には専ら寝てばかりいる。
11	極めて	きわめて	病気は極めて順調に回復しております。
12	飽くまで	あくまで	彼は飽くまで自分の意見を主張した。
13	又	また	彼は医者であり、又小説家でもある。又は
14	及び	および	商品の注文は、電話及び葉書で受け付けております。
15	故（に）	ゆえ（に）	子供のしたこと故、どうぞお許しください。
16	並びに	ならびに	会長並びにご出席の皆様、本日はありがとうございました。
17	若しくは	もしくは	御来場は、バス若しくは地下鉄が便利です。

1 幾: (주로 명사에 붙어) 수량 정도가 불확실 불명확함을 나타냄. 어느 정도의. 몇.

2 我が: 나의. 우리의.

3 来る: (날짜 등의 앞에 붙어) 오는. 다가오는.

4 〜沿い: (명사에 붙어, 그것으로부터 떨어지지 않고, 나아가거나 나란히 있거나 함을
　　　　 나타냄) 〜을 따라서. 〜에 연하여.

5 〜がたい: (동사의 연용형에 붙어 형용사를 만듦) 〜하기 어렵다(힘들다). 좀처럼 〜
　　　　　　할 수 없다.

6 仮に: 가령. 만일. 만약. 임시로. 잠정적으로. 시험 삼아서.

7 殊に: 특별히. 특히.

8 既に: 이미. 벌써. 때를 놓친 모양. 이젠. 자칫하면. 하마터면. 무엇보다도 분명하게.
　　　 바로.

9 甚だ: 매우. 심히. 대단히. 몹시. (흔히 좋지 않은 뜻으로 씀)

10 専ら: 오로지. 한결같이. 전적으로

11 極めて: 극히. 더없이. 대단히. 지극히.

12 飽くまで: (あきるまで(실컷)의 뜻에서) 끝까지. 철저히. 어디까지나. 철두철미.

13 又: 또. 또다시. 재차. 거듭. 또한. 마찬가지로. 〜도 역시.

14 及び: 및. 과. 와. 「及びもつかない」「及びもない」의 꼴로 도저히 미치지 못하다. 도저
　　　　히 당해 낼 수 없다.

15 故に: 그러므로. 따라서. 그런고로.

16 並びに: 및. 또. 〜와(앞의 사항과 뒤의 사항이 병렬의 관계에 있음을 나타냄.

17 若しくは: 혹은. 또는. 그렇지 않으면.

{　　} から適当な言葉を選んで（　　）に入れなさい。

A.　感覚、感情

1　{ a　うっかり　　b　のんびり　　c　ぼんやり　}

❶ 大事な書類を（　　）タクシーの中に忘れてしまった。

❷ 授業中（　　）外を眺めていたら、先生に指されてしまった。

❸ 疲れたので温泉へ行って、（　　）した。

2　{ a　かっと　　b　はっと　　c　ぞっと　}

❶ いつもカジュアルな格好の加藤さんがパーティードレスで現れた時、その美しさに（　　）した。

❷ 友達があまり自分勝手なことばかり言うので、つい（　　）なった。

❸ トラックと衝突しそうになった。大事故になっていたらと思うと（　　）した。

3　{ a　じいんと　　b　しみじみ　　c　つくづく　}

❶ 親友が急死して、人間の命のはかなさを（　　）感じた。

❷ 仕事上のトラブルが続き、この仕事が（　　）嫌になった。

❸ 貧しいながら家族で助け合ってきた友達の話を聞いて、（　　）胸にせまるものがあった。

4　{ a　むしゃくしゃ　　b　びっくり　　c　すっきり　}

❶ 出かけに、母と口げんかしたので、一日中（　　）していた。

❷ 秘密にしていたことを友人に告白したので（　　）した。

❸ 夜中に隣の部屋から大きい音が聞こえたので（　　）して、飛び起きた。

5 ｛ a　がっかり　　b　へとへと　　c　うんざり ｝

❶ 高橋さんの自慢話を何度も聞かされて、みんな（　　）している。

❷ 楽しみにしていたコンサートが突然中止になり、（　　）した。

❸ 営業の仕事で、一日中歩きまわっていたので、（　　）になった。

6 ｛ a　そわそわ　　b　いらいら　　c　わくわく ｝

❶ 注文した家具が届くのを（　　）しながら待っている。

❷ 兄は初めての子供が生れるのを立ったり座ったり、（　　）して待っている。

❸ 約束の時間を30分も過ぎたのに、友達が来ないので（　　）して待っている。

7 ｛ a　びくびく　　b　はらはら　　c　どきどき ｝

❶ 弟はうそをついたことを父にしかられるのではないかと（　　）している。

❷ スピーチの順番が近づいてくると、緊張で心臓が（　　）した。

❸ 息子は高い所から飛び下りたりして、危ないことばかりするので、いつも（　　）させられる。

A.　感覚、感情

(1) うっかり: 깜빡. 멍청히. 무심코.
　　のんびり: 한가롭고 평화로운 모양. 유유히. 한가로이. 태평스레. 한유하게.
　　ぼんやり: 희미한 모양. 어렴풋이. 아련히. 맥빠진 모양. 우두커니. 망연히. 얼빠진 모양. 멍청히.
(2) かっと: 불길이나 빛이 갑자기 세차게 타오르거나 비치는 모양. 확. 환하게. 갑자기 성을 내거나 흥분하는 모양. 벌컥. 발끈. 눈 입을 갑자기 크게 뜨거나 벌리는 모양. 딱. 번쩍.
　　はっと: 문득. 퍼뜩. 깜짝.

ぞっと: 추위나 무서움으로 소름이 끼치는 모양.

(3) じいんと: 감동 감격으로 몸이 짜릿하게 저려오는 모양. 찡. 짜릿하게. 통증등이 무지근히 느껴지는 모양. 뻑적지근하게. 뻐근히. 작은 소리가 계속 들리는 모양. 앵. 윙.

しみじみ: 절실히. 곰곰이. 차근차근.

つくづく: 곰곰이. 골똘히. 주의깊게. 자세히. 눈여겨. 절실히. 정말. 아주.

(4) むしゃくしゃ: 머리등이 헝클어진 모양. 기분이 밝지 못하고 뒤틀리는 모양. 몹시 짜증이 나는 모양. 부글부글

びっくり: 깜짝 놀람.

すっきり: 말쑥이. 산뜻이. 상쾌하다.

(5) がっかり: 실망하는 모양.

へとへと: 몹시 피곤해서 맥 빠진 모양. 기진맥진한 모양.

うんざり: 지긋지긋하게. 지겹게. 진절머리 나게. 몹시 싫증나게.

(6) そわそわ: 안절부절 못하는 모양. 침착하지 못하고 불안해하는 모양.

いらいら: 안절부절 못하는 모양. 가시 등이 피부에 닿았을 때의 느낌. 까칫까칫. 따끔따끔.

わくわく: 기쁨 기대 걱정 등으로 마음이 설레는 모양. 두근두근. 울렁울렁.

(7) びくびく: 겁이나서 떠는 모양. 흠칫흠칫. 벌벌. 발작적으로 조금 떠는 모양. 바르르. 오들오들.

はらはら: 우수수. 뚝뚝. 하늘하늘. 조마조마.

どきどき: 두근두근.

B. 様子、状態

1 ｛ a ほっそりと　　b ずらりと　　c すらりと ｝

❶ 最近の若者の足は、長くなって（　　）伸びている。

❷ 父の書斎には本が（　　）並んでいる。

❸ 彼女の（　　）した指には、この指輪がよく似合う。

2 ｛ a ぴったり　　b しっかり　　c きっちり ｝

❶ このセーターの色は色の白い彼女に（　　）だと思う。

❷ 食器や瓶など、壊れやすい物を送るときは、すきまに新聞紙などを（　　）詰めて荷造りするといい。

❸ 10年ぶりに会った友人は、私の手を（　　）握って離さなかった。

3　{ a　ざらざら　　b　でこぼこ　　c　すべすべ }

❶ 赤ちゃんの肌は柔らかくて（　　）している。

❷ 家の前の道は（　　）していて、歩きにくい。

❸ ガラス戸を開けていたら砂ぼこりが入って、廊下が（　　）している。

4　{ a　しっとり　　b　あっさり　　c　きらり }

❶ 暑いときには（　　）した物が食べたい。

❷ 夜中に雨が降ったらしく、庭の芝生が（　　）ぬれていた。

❸ その人は笑ったとき、白い歯が（　　）と光るのが印象的だった。

5　{ a　ざあざあ　　b　じめじめ　　c　そよそよ }

❶ 早朝から、雨が（　　）降っていたので、スポーツ大会は中止になった。

❷ 梅雨時は（　　）して、食べ物が腐りやすい。

❸ 今日は五月晴れで、風も（　　）吹いて、気持ちいい。

6　{ a　ぎらぎら　　b　つやつや　　c　きらきら }

❶ 山小屋の窓から夜空を見上げたら、たくさんの星が（　　）輝いていた。

❷ 海水浴に行ったとき、太陽が（　　）照りつけ、日焼けしてしまった。

❸ この牧場の馬は毛並みが良くて、（　　）している。

7　{ a　ぐっすり　　b　げっそり　　c　すやすや }

❶ さっきまで大泣きしていた赤ちゃんが今は（　　）眠っている。

❷ 入試が終わったので、ゆうべは久しぶりに（　　）寝られた。

❸ 心配ごとがあり、食事ものどを通らないので（　　）やせてしまった。

(1) ほっそり: 홀쭉한 모양. 호리호리.　　ずらりと: 잇달아 늘어선 모양. 죽.

すらりと: 날씬하게. 훤칠하게. 일이 순조롭게 진행되는 모양. 단숨에 칼 등을 뽑는 모양.

(2) ぴったり: (문 등이)어긋나거나 틈이 없이 잘 맞는 모양. 꼭. 꽉. 딱. 빈틈없이 달라붙는 모양.
착. 딱. 바짝.

しっかり: 견고한 모양. 튼튼한 모양. 단단히. 꽉. (기억 판단력 등이)확실한 모양. 똑똑히. 확실히.
(기량 설질 생각 등이) 견실한 모양. 착실히. 똑똑히. 빈틈없이. 심신이 건전한 모양.
의식이 확실한 모양. 정신 차려서. 똑똑히. (일 공부 등을)열심히 하는 모양. 착실히.
열심히. 충분한 모양. 듬뿍. 잔뜩.

きっちり: 빈틈이 없는 모양. 꽉 들어 맞는 모양. 시간 수량 등에 우수리가 없는 모양.

(3) ざらざら: 감촉이 거칠고 매끄럽지 않은 모양. 까칠까칠. 껄끔껄끔. 꺼슬꺼슬. 잘고 단단한 알갱이
모양의 많은 것이 서로 부딪쳐 나는 소리. 좌르르.

でこぼこ: 요철. 울퉁불퉁. 울룩부룩. 들쭉날쭉. 불균형. 고르지 않음.

すべすべ: 매끄러운 모양. 매끈매끈. 반들반들.

(4) しっとり: 촉촉하게. 함초롬히. 참한 모양. 조용하고 차분한 모양.

あっさり: 깨끗이. 간단히. 시원스레. 선선히. 산뜻하게. 담박하게. 개운하게.

きらり: 순간적으로 빛나는 모양. 반짝. 번쩍.

(5) ざあざあ: 비가 계속 쏟아지는 소리. 좍좍. 쏴쏴. 주르륵주르륵. 액체나 가루 따위가 세게 흐르거나
쏟아지는 소리. 콸콸. 좍좍. 줄줄. 전기기기의 잡음. 소리. 찍찍.

じめじめ: 불쾌하도록 습기나 수분이 많은 모양. 구질구질. 눅눅히. 축축히.음침하게. 음울하게.

そよそよ: 바람이 조용히 부는 모양. 솔솔. 산들산들. 살랑살랑.

(6) ぎらぎら: 눈을 쏘듯 강렬하게 빛나는 모양. 번쩍번쩍. 번뜩번뜩. (태양등이)강하게 빛나는 모양.
쨍쨍.

つやつや: (부정어가 따름)전혀. 도무지. 조금도. 곰곰이.

きらきら: 계속해서 반짝이는 모양. 반짝반짝.

(7) ぐっすり: 깊은 잠을 자는 모양. 푹.

げっそり: 갑자기 살이 바싹 여위는 모양. 의기소침함. 갑자기 맥이 빠지는 모양.

すやすや: 편안히 자는 모양. 새근새근.

C. 行為、動き

1 { a にやにや　　b しくしく　　c ぷりぷり }

❶ 妹は母にしかられたらしく、部屋で（　　）泣いている。

❷ 電車の中で友達の冗談を思い出して（　　）していたら、周りの人から変な
目で見られてしまった。

❸ 約束の時間に1時間も送れて行ったら、友達は（　　）していた。

2 ｛ a ずばり　　b こっそり　　c きっぱり ｝

❶ 友人から多額の借金を頼まれたが、（　　）断った。

❷ 自分の弱点を友人から（　　）指摘されて、どきっとした。

❸ 彼の秘密を友人から（　　）教えてもらった。

3 ｛ a 勝手に　　b あえて　　c 自ら ｝

❶ 山田さんは（　　）進んで人の嫌がる仕事を引き受けてくれた。

❷ いくら山が好きでも、台風が来るのに（　　）登山するなどという危険を冒すことはない。

❸ 「これはみんなが使うテープレコーダーなので、（　　）部屋へ持って行かないでください。」

4 ｛ a わざと　　b いたずらに　　c わざわざ ｝

❶ 娘が無断で外泊したからといって、（　　）騒ぎ立てないほうがいい。

❷ 渡辺さんは私の忘れ物を（　　）私の家まで届けてくれた。

❸ いつも違う格好をしようと思って（　　）ボタンを一つ外して着てみた。

5 ｛ a せっかく　　b ことさら　　c あくまで ｝

❶ スピーチだからといって、（　　）大声を出さなくてもいい。

❷ たまには顔を見ようと（　　）友人の家へ行ったのに、留守だった。

❸ 彼はどんなに反論されても正しいと思ったことは（　　）主張する人だ。

6 ｛ a じっくり　　b 思い切り　　c 強いて ｝

❶ 佐藤さんは本当にまじめな人だ。（　　）欠点をあげれば、冗談を言わないことだ。

❷ 試験が終わったら、（　　）遊びたい。

❸ 友達に悩みを（　　）聞いてもらって、すっきりした。

7　{ a　ゆうゆうと　　b　せっせと　　c　てきぱきと　}

❶ 両親が（　　）働いて送ってくれたお金だから、無駄には使えない。

❷ 今年入社した田中さんは（　　）仕事をしてくれるので助かる。

❸ インドに行くと、牛が（　　）道を歩いているのが見られる。

8　{ a　がっくり　　b　ばったり　　c　ずっしり　}

❶ 試合が終了すると、敗れたチームの選手たちは（　　）肩を落した。

❷ 小林選手はマラソン大会でゴールしたとたん（　　）倒れた。

❸ すいかを買うときは、持ち上げてみて（　　）重みのあるものを選ぶといい
そうだ。

9　{ a　そっと　　b　さっと　　c　さっさと　}

❶ 込んだ電車にお年よりが乗ってきたら、若い男性が（　　）立って席を譲っ
た。

❷ 「いつまでもテレビを見ていないで（　　）宿題を済ませてしまいなさい。」

❸ 講演が続いていたので、（　　）席を立って静かに会場を出た。

10　{ a　すくすく　　b　すらすら　　c　すいすい　}

❶ 「田舎に引っ越して5年、自然の中で子供たちも（　　）育っています。」

❷ ジョンさんは難しい漢字ばかりの新聞記事を（　　）読んで、みんなを感心
させた。

❸ 渋滞した車の間を1台のオートバイが（　　）走っていった。

11　{　a　ころころ　　b　ぐるぐる　　c　ごろごろ　}

① 待ち合わせの場所が分からなくて、駅の周りを何度も（　　）回って探した。

② 財布から落ちた百円玉が、（　　）転がってどこかへ行ってしまった。

③ 大雨で山から大きな岩が（　　）落ちてきて、怖かった。

12　{　a　ふらふら　　b　ぶらぶら　　c　ひらひら　}

① 高熱のため、立ち上がると（　　）して歩けない。

② 天気がいいので川沿いの道を（　　）歩いていたら、隣町まで来てしまった。

③ 風が吹いて桜の花びらが（　　）散る様子は、まるで雪のようだ。

13　{　a　ぶるぶる　　b　ゆらゆら　　c　ぐらぐら　}

① だれもいない湖で岸に繋がれたボートが（　　）揺れていた。

② 地震で家が（　　）揺れたので、びっくりして飛び起きた。

③ 子猫が雨に濡れて（　　）震えているのを見て、うちに連れてきた。

14　{　a　めっきり　　b　ぐんぐん　　c　どっと　}

① 人気歌手の野外コンサートに若い人たちが（　　）押し掛けて、大混乱になった。

② 父は仕事をやめてから（　　）年をとったように感じる。

③ 最終走者の太郎君は前のランナーを抜き、（　　）その差を広げていった。

15　{　a　続々と　　b　次々に　　c　着々と　}

① 彼は来年大学院を受けるつもりで、そのための準備を（　　）進めている。

② 海岸のゴミを拾うボランティアを募集したところ、子供からお年よりまで（　　）人が集まってきた。

❸ 婚約会見をした女優は記者から（　　　）質問され、微笑みながら答えてい
た。

C.　行為、動き

(1) にやにや: 우스웠던 일 등을 회상하며 히죽거리는 모양. 히죽이죽. (놀리듯) 능글맞게 웃는 모양.
　　しくしく: 코를 훌쩍이며 힘없이 우는 모양. 훌쩍훌쩍. (심하지는 않으나) 끊임없이 찌르듯 아픈
　　　　　모양. 쌀쌀 콕콕.
　　ぷりぷり: 누르면 튕겨질 정도로 탄력이 있어 보이는 모양. 탱탱. 포동포동. 모비 성난 모양.
(2) ずばり: 칼 등으로 단번에 잘라 버리는 모양. 급소나 핵심을 정확하게 찌르는 모양.
　　こっそり: 남몰래. 살짝.　　　きっぱり: 딱 잘라. 단호하게.
(3) 勝手に: 제멋대로 굶. 자기 좋을대로 함.　　　あえて: 감히. 굳이. 억지로. 무리하게.
　　自ら: 몸소. 스스로. 손수.
(4) わざと: 일부러. 고의로. 짐짓. 특히. 특별히. 본격적으로. 정식으로. 조금만. 명색뿐인.
　　いたずらに: 장난삼아.　　　わざわざ: 일부러. 고의로. 짐짓. 특별히. 특히.
(5) せっかく: 일부러. 모처럼. 일껏. 애써. 힘껏. 부디. 아무쪼록.
　　ことさら: 일부러. 짐짓. 고의로. 특별히. 각별히. 새삼스럽게.
　　あくまで: 끝까지. 철저히. 어디까지나. 철두철미.
(6) じっくり: 시간을 들여 꼼꼼하게 하는 모양. 차분하게. 여유있게. 곰곰이.
　　思いきり: 마음껏. 실컷. 정도가 심한 모양. 몹시. 대단히.
　　強いて: 억지로. 구태여. 굳이.
(7) ゆうゆうと: 대범하고 침착하게. 느긋하게. 아득히 먼 모양. 끝없이 이어지는 모양. 충분히 여유가
　　　　　　있는 모양.
　　せっせと: 부지런히. 열심히.
　　てきぱきと: 일을 재빨리 능숙하게 처리해 나가는 모양. 척척. 시원시원.
(8) がっくり: 맥이 빠져 갑자기 부러지거나 꺾이거나 휘는 모양. 푹. 탁. 축. 풀썩. 실망 낙담 피로
　　　　　　등으로 갑자기 기운을 잃는 모양.
　　ばったり: 갑자기 쓰러지는 모양. 픽. 털썩. 뜻밖에 마주치는 모양. 딱. 갑자기 끊기는 모양. 뚝.
　　ずっしり: 묵직한 느낌이 드는 모양. 무거운 것을 내려놓을 때 나는 소리. 쿵.
(9) そっと: 살그머니. 살짝. 조용히. 가만히. 몰래.
　　さっと: 동작이 재빠른 모양이나 일을 서둘러 하는 모양. 후딱후딱. 냉큼냉큼. 척척. 제꺽제꺽.
　　　　　빨랑빨랑. 재빠르게.
　　さっと: 동작이 재빠른 모양이나 일을 서둘러 하는 모양. 후딱후딱. 냉큼냉큼. 척척. 제꺽제꺽.
　　　　　빨랑빨랑. 재빠르게.
(10) すくすく: 나무가 잘 자라는 모양. 쑥쑥. 어린아이가 건강하게 자라는 모양. 무럭무럭. 훌쩍훌쩍
　　　　　　우는 모양.
　　すらすら: 거침없이 순조롭게 진행되는 모양. 줄줄. 술술. 척척.

すいすい: 공중이나 수중을 가볍게 나아가는 모양. 휙휙. 쓱쓱. (속)거침없이. 술술, 줄줄.
(11) ころころ: 작은 것이 구르는 모양. 대굴대굴. 젊은 여자가 밝게 웃는 모양. 깔깔. 포동포동.
　　　　　몽실 몽실
　　ぐるぐる: 물건이 자꾸 도는 모양. 빙글빙글. 빙빙. 핑핑. 긴 것을 몇 겹이고 감는 모양. 둘둘.
　　　　　친친.
　　ごろごろ: 큰 물체가 육중하게 구르는 모양. 데굴데굴. 덜컹덜컹. 여기저기에 많이 있는 모양.
　　　　　흔해 빠진 모양. 우글우글하는 일 없이 시간을 보내는 모양. 빈둥빈둥. 천둥이 울리는
　　　　　소리. 우르르. 고양이 등이 목구멍을 울리는 소리. 그렁그렁.
(12) ふらふら: 휘청휘청. 비틀비틀. 비슬비슬. 생각 없이 나돌아다니는 모양. 어정어정. 마음이 흔들리
　　　　　는 모양. 흔들흔들. 갈팡질팡. 앞뒤 생각없이 행동하는 모양. 얼떨결에. 무심코.
　　ぶらぶら: 매달려서 흔들리는 모양. 흔들흔들. 대롱대롱. 지향 없이 거니는 모양. 어슬렁어슬렁.
　　　　　하는 일 없이 놀고 지내는 모양. 빈들빈들. 빈둥빈둥.
　　ひらひら: 가볍고 얇은 것이 날리는 모양. 펄럭펄럭. 팔랑팔랑. 훨훨. 빛이 번쩍이거나 불꽃이
　　　　　일렁이는 모양. 번쩍. 훨훨.
(13) ぶるぶる: 떠는(떨리는)모양. 벌벌. 와들와들. 부들부들. 덜덜.
　　ゆらゆら: 흔들흔들. 한들한들.
　　ぐらぐら: 몹시 흔들리는 모양. 흔들흔들. 물이 마구 끓는 모양. 펄펄. 부글부글.
(14) めっきり: 갑자기 눈에 띄게 변하는 모양. 현저히. 두드러지게. 뚜렷이. 부쩍.
　　ぐんぐん: (사물이) 힘차게 진행되거나 성장하는 모양. 부쩍부쩍. 쭉쭉.
　　どっと: 여럿이 한꺼번에 소리를 내는 모양. 와. 왁자그르. 사람이나 사물이 일시에 밀어닥치는
　　　　　모양. 우르르. 왈칵. 갑자기 쓰러지거나 병이 악화되는 모양. 덜컥. 털썩.
(15) 続々と: 속속. 잇달아. 연이어. 끊임없이. 　　　次々に: 잇달아. 연방. 차례로. 계속하여.
　　着々と: 일이 잘 되어 가는 모양. 착착. 척척.

D.　時、頻度

1　{ a　絶えず　　b　常に　　c　しきりに　}

❶　この部屋の温度は（　　　）18度に調節されている。

❷　家の前は幹線道路で（　　　）大型トラックが走っている。

❸　犬が（　　　）ほえるので外に出てみると、知らない男の人が立っていた。

2　{ a　しょっちゅう　　b　通常　　c　普段　}

❶　A社の業務は（　　　）9時から5時までとなっている。

❷ 敬語は（　　　）使い慣れていないと、急には使えない。

❸ 霜田さんは授業中おしゃべりをして（　　　）先生にしかられている。

3　{ a 再^{ふたた}び　　b 再^{さいさん}三　　c また }

❶「今日はとても楽しかったです。（　　　）遊びに来てくださいね。」

❷ 彼は18歳で故郷を出てから（　　　）帰ることはなかった。

❸ 空き地に捨ててあるゴミの処分を（　　　）市に頼んだが、1年以上そのままだ。

＊「再び」は「また」に比べて改まった言い方。

4　{ a たまたま　　b めったに　　c たまに }

❶ 就職してからは忙しくて、学生時代の友人と（　　　）会えなくなった。

❷ 休日は疲れているので（　　　）買い物に行くぐらいで、たいてい家で寝ている。

❸ 友人にパーティーに誘われ、（　　　）その日は空いていたので行くことにした。

5　{ a じきに　　b とっさに　　c 直^{ただ}ちに }

❶「雨は（　　　）止むと思うから、しばらくここにいよう。」

❷ 首相はホワイトハウスに到着後、（　　　）会談に入った。

❸ 朝寝坊をして遅刻したが、先生に理由を聞かれて（　　　）うそをついてしまった。

＊「じきに」は時間があまりたたないうちに物事が行われること。「直ちに」は極めて短い時間に何かを行うこと。

6　{ a さっそく　　b あっけなく　　c たちまち }

❶ サッカーの試合でAチームは決勝戦に残ると言われていたが、初戦（　　　）負けてしまった。

❷ 人気歌手のAが駅前でライブをしたら、（　　）100人以上の人が集まった。

❸ 新しくできたレストランは安くておいしいと聞いたので、（　　）行ってみ
るつもりだ。

＊「さっそく」は意識的な動作に使うが、「たちまち」は話し手の意思が含まれる
場合には使わない。

7　{ a　近々　　b　今にも　　c　今に　}

❶ あの二人は（　　）ハワイで結婚式を挙げるそうだ。

❷ 「あまり自分勝手なことばかりしていると、（　　）友達一人もいなくなる
よ。」

❸ 空が暗くなって、（　　）雨が降りそうだ。

＊「今に」はいつか近い未来に。「今にも」は今すぐに。

8　{ a　いずれ　　b　次第に　　c　日に日に　}

❶ 卒業したら日本で就職しようと思っているが、（　　）国へ帰って仕事をす
るつもりだ。

❷ 「明日は（　　）雲が多くなり、午後には雨が降るでしょう。」

❸ 株価は（　　）変化しているので、株式市場から目が離せない。

9　{ a　一斉に　　b　一気に　　c　一度に　}

❶ 登りは何度も休んだが、下りはふもとまで（　　）駆け下りた。

❷ この鍋は大きいので（　　）たくさん料理を作ることができる。

❸ スタートの合図で、マラソンランナーたちは（　　）走り出した。

10　{ a　いまだに　　b　すでに　　c　もはや　}

❶ 会社が倒産したときに助けてくれた友人の親切は（　　）忘れることができ
ない。

❷ 「（　　）お知らせしたようにA大学推薦申し込みの締め切りは明日です。」

❸ これだけ証拠があるのだから、彼が犯人であることは（　　）疑うことはできない。

＊「すでに」は過去のある時点でそのことが成立していることを表す。「もしや」は現時点でそのことが成立していることを表す。

11　{　a　やっと　　b　いよいよ　　c　とうとう　}

❶ かわいがっていた犬が病気になって心配していたが、（　　）死んでしまった。

❷ 友達と遊んでいたら遅くなってしまい、急いで走って（　　）終電に間に合った。

❸ （　　）明日からゴールデンウィークだ。大いに楽しもう。

12　{　a　ついに　　b　いつの間にか　　c　ようやく　}

❶ 日本人の友達ができたら、（　　）日本語が上手になっていた。

❷ 長かった冬も終り、（　　）春らしくなってきた。

❸ キュリー夫人は失敗を繰り返しながら研究を続け（　　）ラジウムを発見した。

13　{　a　今更　　b　もっと　　c　さらに　}

❶ 若いときに勉強しておけばよかったと思うが、（　　）後悔しても間に合わない。

❷ 長雨が続いた上に（　　）台風の被害が重なって、今年は米が不作らしい。

❸ 「すみません。（　　）大きい声で話してください。」

14　{　a　かねて　　b　かつて　　c　あらかじめ　}

❶ 会議に出席する方は（　　）資料をお読みください。

❷ 私が（　　）から欲しいと思っていた絵を手に入れることができた。

❸ この本は（　　）読んだことがあるが、内容はすっかり忘れてしまった。

15　{ a とりあえず　　b ひとまず　　c つい }

❶ ダイエット中なのに、おいしそうなケーキを見ると（　　）食べてしまう。

❷ 夜の集まりまで時間があるので、（　　）家へ戻って休んでから、また出かけることにしよう。

❸ 会社で何かトラブルがあったらしい。詳しいことは分からないが、（　　）行ってみよう。

16　{ a 速<ruby>速<rt>すみ</rt></ruby>やかに　　b いきなり　　c にわかに }

❶ 昼間は暑かったのに、日が沈むと（　　）寒くなってきた。

❷ 準備運動をしないで（　　）泳ぐのは、体に良くない。

❸ 非常ベルが鳴ったら、落ち着いて（　　）避難してください。

17　{ a ろくに　　b めったに　　c 必ずしも }

❶ 弟は法律のことは（　　）知らないのに、専門家のようなことを言う。

❷ 遅刻など（　　）したことのない木村さんが、約束の時間を過ぎても来ないので、皆心配している。

❸ 学校の成績が良かった人が（　　）社会に出て成功するとは限らない。

D.　時、頻度

(1) 絶えず: 끊임없이. 항상. 언제나.　　常に: 늘. 항상. 평소에. 언제나.
　　しきりに: 자꾸만. 끊임없이. 계속해서.
(2) しょっちゅう: 항상. 언제나. 끊임없이. 노상.　　通常: 보통(의 경우)　　普段: 일상. 평소.
(3) 再び: 두 번. 다시. 재차.　　再三: 재삼. 두 세번. 여러 번.
　　また: 또. 또다시. 재차. 거듭. 또한. 마찬가지로. ～도 역시.
(4) たまたま: 가끔. 간혹. 마침. 우연히.

めったに: (부정의 말이 따르며)좀처럼. 특별한 경우 외에는 거의.

たまに: 일이 드물게 일어나는 모양. 모처럼. 드물게. 간혹. 어쩌다. 이따금.

(5) じきに: 곧. 금방. 머지않아.　　とっきに: 순간적으로. 즉시. 곧.

直ちに: 곧. 즉시. 당장. 바로. 직접. 곧. 즉시.

(6) さっそく: 곧. 즉시. 이내. 재빨리. 당장.　　あっけなく: 싱겁게. 어이없이. 허망하게.

たちまち: 금세. 곧. 순식간에. 갑자기.

(7) 近々: 근근. 머잖아. 근간. 근일 중에. 아주 가깝게.

今にも: 당장에라도. 이내. 곧. 금방.

今に: (흔히 뒤에 부정의 말이 따름)아직도. 지금도. 이제. 이제 곧. 머지않아. 언젠가.

(8) いずれ: 어쨌든. 어차피. 아무래도. 결국은. 머지않아. 근간. 일간.

次第に: 서서히. 차츰. 점점.　　日に日に: 날마다. 나날이. 날이 갈수록.

(9) 一斉に: 일제히.　　一気に: 단숨에. 단번에.　　一度に: 일회. 한 번. 한 차례.

(10) いまだに: 아직껏. 아직(까지)도. 지금도 역시.

すでに: 이미. 벌써. 때를 놓친 모양. 이젠. 자칫하면. 하마터면. 무엇보다도 분명하게. 바로.

もはや: 이제는. 벌써. 이미.

(11) やっと: 겨우. 근근이. 가까스로. 간신히.

いよいよ: 더욱더. 점점. 확실히. 정말로. 마침내. 드디어. 최악의 경우에는. 여차하면.

とうとう: 드디어. 마침내. 끝내. 결국.

(12) ついに: 마침내. 드디어. 결국. (흔히 부정의 말이 딸이어)끝끝내. 끝까지. 종내. 아직. 한 번도.

いつの間にか: 어느 사이엔지. 모르는 사이에. 어느덧.

ようやく: 차츰. 차차. 점차로. 겨우. 가까스로. 간신히. 이럭저럭.

(13) 今更: 새삼스럽게. 이제 새삼. (흔히 부정 의문 반어 등의 말이 이어짐)지금에 와서. 이제 와서.

もっと: 더. 더욱. 좀더. 한층.

さらに: 정도가 심해짐을 나타냄. 더 한층. 보다 더. 더욱더. 한번 더 반복하거나 새로 추가함을
　　　　나타냄. 거듭. 다시금. 새로이. 또 한 번. (뒤에 부정어가 따르며)조금도. 전혀. 도무지.
　　　　두 번 다시.

(14) かねて: 미리. 전부터. 진작부터.

かつて: 일찍이. 이전에. 옛날에. (부정의 말이 따르며)아직껏. 이제껏.

あらかじめ: 미리. 사전에. 앞서서.

(15) とりあえず: 다른 일은 제쳐놓고 먼저. 곧바로. 지체 없이. 부랴부랴. 우선. 일단.

ひとまず: 우선. 일단.

つい: (시간적 거리적으로)조금. 바로. 무심코. 그만. 어느덧. (무엇인가를)하려다 지나쳐 버리다.
　　　　그만. 그냥.

(16) 速やかに: 빠름. 신속 함.　　いきなり: 돌연. 갑자기. 느닷없이.

にわかに: 갑작스러운 모양. 별안간. 돌연.

(17) ろくに: (뒤에 부정어가 따름)제대로. 변변히.

めったに: (부정의 말이 따르며)좀처럼. 특별한 경우 외에는 거의.

必ずしも: 반드시. 꼭. 틀림없이.

E.　程度、数量

1　{　a　すべて　　b　何_{なん}でも　　c　すっかり　}

① このパソコンの説明書は（　　）英語で書かれている。

② 友達と映画に行く約束を（　　）忘れてしまった。

③ 困ったことがあったら、（　　）相談に乗ります。

2　{　a　十分_{じゅうぶん}に　　b　完全_{かんぜん}に　　c　全_{まった}く　}

① 加藤さんはよく冗談を言うが、（　　）おもしろくない。

② このけがが（　　）治るには半年はかかるだろう。

③ どの大学を受けるか決める前に（　　）調べたほうがいい。

3　{　a　かろうじて　　b　せめて　　c　少_{すく}なくとも　}

① 能力試験は難しかったが、（　　）合格点に達した。

② この仕事は急いでやっても、（　　）1週間はかかる。

③ 財布を拾ってくれた人に、（　　）一言お礼が言いたいが、名前も分からない。

4　{　a　余計_{よけい}に　　b　割_{わり}に　　c　一段_{いちだん}と　}

① 新しい地下鉄が開通して、都心への交通が（　　）便利になった。

② この映画は怖いから見ない方がいいと言われると（　　）見たくなるものだ。

③ このお皿は子供が作った物だが、（　　）よくできている。

5　{　a　なかなか　　b　かなり　　c　やや　}

① あの双子はよく似ているが、お姉さんの方が（　　）背が高い。

② 今回の試験は、文法は（　　）できたが、聴解が全然分からなかった。

187

❸ 友達と駅前で待ち合わせたが、人が多くて（　　）会えなかった。

6　{ a　まさに　　b　大<ruby>おお</ruby>いに　　c　実<ruby>じつ</ruby>に　}

❶ 絵の展覧会を見に行ったが、どの絵も（　　）すばらしかった。

❷ この店の煮物は私にとって（　　）おふくろの味だ。

❸ 久しぶりに学生時代の友達に会い、（　　）飲んで語り合った。

7　{ a　いやに　　b　やたらに　　c　いたって　}

❶ 祖母は90歳になるが、（　　）健康だ。

❷ おしゃべりびの佳子さんが今日は（　　）静かだ。なにかあったのだろうか。

❸ 一度だまされたぐらいで（　　）人を疑うのは良くない。

8　{ a　もっぱら　　b　ひとえに　　c　ひたすら　}

❶ 以前はスポーツなら何でもやったが、最近は（　　）テレビで観戦だ。

❷ 母は父の手術の間中、（　　）手術の成功を祈り続けていた。

❸ 退院できたのは（　　）治療してくださった先生や看護婦さんのおかげです。

＊「もっぱら」はほかのことはしないで、そのことだけをすること。「ひたすら」は一つの事柄に心を込めること（ex. ひたすら祈る、ひたすら研究する）。

9　{ a　まるで　　b　ちょうど　　c　いかにも　}

❶ 夜は責任者なのに、（　　）何も知らなかったような顔をいている。

❷ 今度の社員旅行は（　　）温泉好きの佐藤さんらしい計画だ。

❸ 会議は（　　）予定の時間通りに終わった。

10　{ a　ちっとも　　b　まるっきり　　c　とても　}

❶ 「こんなゲーム、（　　）おもしろくないよ。違うのやろうよ。」

❷ 彼の言うことは（　　）でたらめだ。

❸ こんなにたくさんの料理を一人では（　　）食べきれない。

E　程度、数量

(1)　すべて: 모두. 모조리. 통틀어. 대체로. 일반적으로.
　　何でも: 무엇이든지. 어떤 것이든지. 모두. 어떻든지. 어쨌든. 기어이. 확실히는 모르나. 듣건대.
　　　　　　아마. 어쩌면.
　　すっかり: 완전히. 매우. 아주. 남김없이. 죄다. 몽땅.

(2)　十分に: 십분. 충분히.　　　完全に: 완전히.
　　全く: (부정어와 함께 쓰이어)전혀. 완전히. 아주. 전적으로. 정말로. 참으로.

(3)　かろうじて: 겨우. 간신히. 가까스로. 아슬아슬하게.
　　せめて: 최소한의 소망을 나타냄. 최소한. 하다못해. 적으나마. 적어도. 그나마.
　　少なくとも: (수량을)적게 잡아도. 최소한. 적어도. 하다못해.

(4)　余計に: 더욱. 더한층.　　　割りに: 비교적. 생각외로. 예상외로. 뜻밖에. 상당히.
　　一段と: 한층. 더욱. 훨씬.

(5)　なかなか: 꽤. 상당히. 매우. (흔히 부정어가 따르며)그렇게 간단하게는. 쉽사리. 좀처럼.
　　かなり: 꽤. 제법. 상당히. 어지간히.　　　やや: 얼마간. 약간. 다소. 조금.

(6)　まさに: 확실히. 틀림없이. 정말로. 꼭 들어맞는 모양. 꼭. 딱. 완전히. 이제 막. 바야흐로.
　　大いに: 대단히. 매우. 크게. 많이.　　　実に: 실로. 참으로. 매우. 아주.

(7)　いやに: 이상하게. 묘하게. 몹시. 심히. 대단히. 극히.
　　やたらに: 함부로. 무턱대고. 마구. 몹시.　　　いたって: 매우. 몹시. 극히. 대단히.

(8)　もっぱら: 오로지. 한결같이. 전적으로.
　　ひとえに: 오직. 오로지. 전적으로. 일심으로.　　　ひたすら: 오직. 단지. 오로지.

(9)　まるで: (부정어가 따름)전혀. 전연. 마치. 꼭. 흡사.
　　ちょうど: 수량 크기 시가 등이 기준 목적에 합치되는 모양. 꼭. 정확히. 예상 기대 목적에 합치되는
　　　　　　모양. 마침. 알맞게. 꼭. 꼭 닮은 모양. 마치. 흡사. 꼭. 방금. 바로. 막.
　　いかにも: 자못. 정말로. 매우. 아무리 봐도. 어떻게 생각해도. 제법. 과연. (상대방의 말에 강하게
　　　　　　긍정하는 뜻을 나타냄)암. 틀림없이. 과연. 어떻게든지.

(10)　ちっとも: (뒤에 부정어가 따르며)조금도. 전연.　　　まるっきり: (부정어가 따르며)전혀. 전연.
　　とても: (뒤에 부정어가 따르며)도저히. 아무래도. 매우. 대단히. 어차피.

F. 判断、希望、仮定

1 ｛ a おそらく　　b 無論（むろん）　　c 必ず（かならず） ｝

❶ 試合に敗れた選手たちは、今度は（　　）勝ってみせると決意を述べた。

❷ 返事ははっきり聞いていないが、彼は（　　）来ないだろう。

❸ 「今回の試合に負けたのは、（　　）君だけのせいではない。」

2 ｛ a もしかすると　　b まさか　　c さぞ ｝

❶ 30分待っても山田さんは来ない。（　　）もう来ないのかもしれない。

❷ 「君は（　　）われわれの秘密をしゃべったんじゃないだろうね。」

❸ 「あなたの合格の知らせを聞いたら、ご両親は（　　）喜ぶことでしょう。」

3 ｛ a とにかく　　b とかく　　c どうせ ｝

❶ 人は（　　）自分の考えが一番正しいと思いがちだ。

❷ 試験の問題は難しかったが、（　　）最後までやってみた。

❸ 父は（　　）私の言うことなんか聞いてくれないだろう。

4 ｛ a 一体（いったい）　　b 何しろ（なに）　　c 何分（なにぶん） ｝

❶ 「（　　）何をしていたんだ。1時間も送れてくるなんて。」

❷ 「この仕事には、まだ慣れていないので、（　　）よろしくご指導お願いします。」

❸ 「（　　）ひどい渋滞で、すっかり遅くなってしまって、申し訳ない。」

5 ｛ a むしろ　　b かえって　　c いっそ ｝

❶ やってはいけないと言われると、（　　）やりたくなるものだ。

❷ 彼は先輩というより（　　）兄のような存在だ。

❸ 「そんなに仕事が辛いなら、（　　）会社をやめたらいいんじゃないですか。」

6 ｛ a 案外　　b 果たして　　c 案の定 ｝

❶ こんな寂しい田舎で、都会育ちの彼女が（　　）生活できるのだろうか。

❷ 朝から曇っていたので心配していたが、（　　）雨が降ってきて、運動会は途中で中止になった。

❸ この試験は難しいと聞いていたが、実際やってみたら（　　）易しかった。

7 ｛ a さすが　　b ひょっとしたら　　c てっきり ｝

❶ 会議は（　　）来週だと思っていたら、今週だと分かって慌てた。

❷ 見たことのない花だが、花好きの田中さんなら、（　　）名前を知っているかもしれない。

❸ 今回の試合の相手は（　　）前年の優勝チームだけあって、強かった。

8 ｛ a 仮に　　b 万一　　c たとえ ｝

❶ （　　）火災が起きたら、この扉が自動的に閉まるようになっている。

❷ （　　）両親に反対されても、私は彼と結婚するつもりだ。

❸ （　　）1ヶ月10万円ずつ返済するとしたら、20年で全額返済できるはずだ。

9 ｛ a 何とか　　b どうやら　　c 何となく ｝

❶ 黒い雲が出てきた。（　　）雨になりそうだ。

❷ 熱はないが、朝から（　　）気分が優れない。

❸ 論文の締め切りまであと3日だが、（　　）なるだろう。

F. 判断、希望、仮定

(1) おそらく: (뒤에 추측하는 동사가 따름)아마. 필시. 어쩌면. 틀림없이.
　　無論: 물론.　　　　必ず: 반드시. 꼭. 틀림없이.
(2) もしかすると: 어쩌면.

まさか: (보통 부정어나 반어를 동반하여)예기하지않은 가정을 나타냄. 설마. 아무리 그렇더라도
さぞ: (추측하는 말이 따르며)추측건대. 틀림없이. 아마. 오죽. 얼마나.

(3) とにかく: 여하튼. 아무튼. 어쨌든. 차치하고. 별문제로 하고.

　　とかく: 아무튼. 하여튼. 어쨌든. 자칫(하면).　　どえせ: 어차피. 이왕에. 결국.

(4) 一体: 원래. 본래. 애당초. 도대체. 대관절.　　何しろ: 여하튼. 어쨌튼. 아무튼.

　　何分: 부디. 아무쪼록. 제발. 여러 가지로. 두루.

(5) むしろ:오히려. 차라리.　　かえって: 오히려. 도리어. 반대로.

　　いっそ: 차라리. 도리어. ～할 바에. 한층. 더욱.

(6) 案外: 뜻밖(에). 예상외(의). 의외로.

　　果たして: 예상 예고한 것이 실제로 일어나는 모양. 생각했던 대로. 역시. 과연. <의문 가정하는
　　　　　　　말이 따르며> 진실로. 정말로. 과연. 도대체.

　　案の定: 생각한 대로. 예상(짐작)했던 대로. 아니나 다를까.

(7) さすが: 과연. (뭐니 뭐니 해도)역시.　　ひょっとしたら: 어쩌면. 혹시. 만약에.

　　てっきり: 틀림없이. 꼭. 영락없이. 의심 없이.

(8) 仮に: 가령. 가사. 만일. 만약. 임시로. 잠정적으로. 시험 삼아서.

　　万一: 만약. 만에 하나. 만일.

　　たとえ: (「とも」「ても」「～しようが」 등이 따르며)어떤 조건을 가정하고, 그 조건 아래에서도
　　　　　　결과가 변하지 않음을 나타냄. 가령～할지라도. 설령 ～그럴지라도. 비록 ～하여도.

(9) 何とか: 어떻게 좀. 어떻게든. 이럭저럭. 어떻게. 이것저것. 이러니저러니. 여러 가지.

　　どうやら: 그럭저럭. 가까스로. 겨우. 어쩐지. 아무래도.

　　何となく: (분명한 이유는 없지만)어쩐지. 어딘지 모르게. 왠지. 아무 생각 없이. 무심코.

G.　その他

1 { a 離れればなれに　　b ばらばらに　　c 思い思いに }

❶ 寮では、休みの日には皆部屋で過ごしたり、（　　）出かけたりしている。

❷ ネックレスの糸が切れて、真珠が（　　）飛び散った。

❸ 大災害の後の混乱で、家族と（　　）なった子供たちが大勢いる。

2 { a かわるかわる　　b 交互に　　c お互いに

❶ 4人の兄弟が（　　）両親の家に泊って、病気の父の世話をしている。

❷ 「試験の日が近づきました。（　　）頑張りましょう。」

❸ 男性と女性が（　　）並ぶように席を決めた。

3 ｛ a 一切　　b 一般に　　c 一応 ｝

❶ あの会社とは今後（　　）取引をしないつもりだ。

❷ レポートは（　　）書くことは書いたが、まだ資料がそろわないので提出していない。

❸ 木造の家は（　　）通気性が良く、暑い夏を過ごすのに適している。

G. その他

(1) 離ればなれに: 따로따로 떨어져서. 뿔뿔이.

　ばらばらに: (굵은)빗방울 우박 등이 떨어지는 모양이나, 총알 등이 연달아 날아오는 모양. 후드득 후드득. 많은 것이 갑자기 흩어져 나오는 모양. 우르르.

　思い思いに: 각자의 생각대로. 제 나름대로. 제각기.

(2) かわるがわる: 교대로. 번갈아. 차례로.　　交互に: 서로 번갈아.

　お互いに: 서로. 피차. 상호간에.

(3) 一切: (뒤에 부정의 말이 따름)일절. 전혀. 전연.　　一般に: 전반. 보통. 보편.

　一応: (완전하다고는 할 수 없으나)일단. 대강. 대충. 우선은. 어쨌거나. 한 차례. 한 번.

第 13 課

擬声語・擬態語

どちらが入りますか。

1 { a　さらさら　　b　ざらざら　}

❶ 海岸で砂を両手ですくったら、隙間から（　　）こぼれた。

❷ 彼女の（　　）した長い髪が風に揺れている。

❸ この紙は（　　）しているので、書きにくい。

2 { a　とんとん　　b　どんどん　}

❶ 金づちで釘を（　　）たたく音が聞こえた。

❷ 音楽会で、弟が大太鼓を（　　）元気良くたたいていた。

❸ ドアを軽く（　　）とノックしたが、返事がなかった。

3 { a　するする　　b　ずるずる　}

❶ 小さい女の子が大きいぬいぐるみを（　　）引きずりながら歩いていた。

❷ 急斜面に立って写真を撮っていたら、（　　）足をすべらせて落ちてしまった。

❸ 開会式で、オリンピックの旗が（　　）と上がっていった。

4 { a　ふかふか　　b　ぷかぷか　}

❶ だれかが忘れていったらしい浮き輪が海に（　　）浮いている。

❷ この布団は今日一日、日に干したので（　　）している。

❸ 父は書斎で気持ち良さそうにパイプを（　　）吹かしている。

5　{ a　ばらばら　　b　ぱらぱら　}

❶ 転んだとき、バックから財布や手帳などが（　　）と地面に落ちた。

❷ 本屋で新刊本を見かけ、どんな本かなと思って（　　）とめくってみた。

❸ あたりが暗くなったかと思ったら、雨が（　　）と降ってきた。

6　{ a　ひりひり　　b　びりびり　}

❶ 別れた恋人からの手紙を（　　）と破って捨てた。

❷ 電気器具の修理をしていたら、配線に触れて（　　）ときた。

❸ 転んで擦りむいたところが、まだ（　　）と痛む。

7　{ a　ぶんぶん　　b　ぷんぷん　}

❶ 約束の時間に遅れたら、彼女は（　　）怒って口もきいてくれなかった。

❷ きれいな花の周りを蜂が（　　）飛んでいる。

❸ 女優のAさんとすれちがったとき、香水のにおいが（　　）した。

8　{ a　たらたら　　b　だらだら　}

❶ もう少しで、彼女にうそがばれそうになり、冷や汗が（　　）流れた。

❷ 毎日残業を言いつける課長に対して、部下は不満（　　）仕事をしている。

❸ 今日は、暑かったので、一日中何もせず（　　）していた。

9　{ a　ふうふう　　b　ぶうぶう　}

❶ お茶が熱かったので、（　　）さましてから、飲んだ。

❷ 大通りは渋滞で、バスや車が（　　）クラクションを鳴らしている。

❸ 楽しみにしていた家族旅行が中止になり、子供たちが（　　）言っている。

(1) さらさら: 사물이 막힘없이 나아가는 모양. 술술. 졸졸. 줄줄. 물기나 찰기가 없는
           모양. 말라있는 모양. 보송보송. 바슬바슬. 물건이 서로 가볍게 스치는 소
           리. 사락사락. 사각사각.
    ざらざら: 감촉이 거칠고 매끄럽지 않은 모양. 까칠까칠. 껄끔껄끔. 꺼슬꺼슬. 잘고
           단단한 알갱이 모양의 많은 것이 서로 부딪쳐 나는 소리. 좌르르.
(2) とんとん: 단단한 것을 가볍게 두드리는 소리. 똑똑. 통통. 퉁퉁. 쿵쿵. 일이 순조롭
           게 진행되는 모양. 착착. 척척. 술술.
    どんどん: 순조롭게 나아가는 모양. 척척. 착착. 술술. 잇따라 계속해서. 속속. 자꾸
           자꾸. 마루를 세게 밟거나 문등을 세게 두드리는 소리. 탕탕. 쿵쿵. 북 불
           꽃 대포 등이 잇따라 울리는 소리. 둥둥. 펑펑. 쿵쿵.
(3) するする: 미끄러지듯 매끄럽게 움직이는 모양. 스르르. 주르르. 거침없이 진행되는
           모양. 술술. 척척. 쭉쭉.
    ずるずる: 질질 끌거나 끌리는 모양. (모래나 진흙 등으로 인하여)발이 미끄러지는
           모양.
(4) ふかふか: 푹신푹신. 말랑말랑. 폭신폭신.
    ぷかぷか: 입은 것이 몸에 커서 헐렁한 모양. 가벼운 물체가 물에 떠있는 모양.
(5) ぱらぱら: 비 우박 등이 드문드문 떨어지는 모양. 후드득후드득. 많은 것이 (가벼운
           소리를 내며) 흩어져 나오는 모양. 자르랑자르랑. 듬성듬성 있는 모양. 드
           문드문. 책장 등을 빠르게 넘기는 모양. 훌훌. 물건을 가볍게 뿌리는 모양.
(6) ひりひり: 피부 점막 등에 날카로운 통증이나 매운 맛이 느껴지는 모양. 따끔따끔.
           얼얼. 뜨끔뜨끔.
    びりびり: 종이·천 등이 찢어지는 소리. (장지·유리창 등이)작게 진동하는 소리·
           모양. 전기에 감전된 느낌.
(7) ぶんぶん: (비행기 팽이 등의)윙윙거리는 소리. (곤충의) 날개소리. 뱅뱅. (윙윙 소리
           가 날 정도로) 세게 휘두르는 모양.
    ぷんぷん: 몹시 화가 난 모양. 냄새가 코를 찌르는 모양.
(8) たらたら: 액체가 방울져 떨어지는 모양. 뚝뚝. 줄줄. 주르르. (달갑지 않은 말을)장
           황하게 늘어놓는 모양.
    だらだら: 완만한 경사가 이어지는 모양. 액체가 줄줄 흘러내리는 모양. 맺힌 데가
           없이 지루하게 이어지는 모양.
(9) ふうふう: 입을 오므리고 입김을 내뿜는 모양. 후후. 훅훅. 숨을 가쁘게 몰아쉬는 모
           양. 헐떡헐떡. 헐레벌떡. 괴로움을 당하거나 일에 몰리는 모양. 허덕허덕.
    ぶうぶう: 불평 잔소리를 하는 모양. 투덜투덜. 툴툴. 굵고 낮은 소리의 형용. 붕붕.
           뿡뿡.

第 14 課
名詞 1

1. 道具

1	鐘	かね	寺の鐘を聞きながら新年を迎える。釣り鐘
2	琴	こと	正月には、よく琴が演奏される。
3	鈴	すず	お土産に、きれいな音の鈴を買った。
4	笛	ふえ	竹で作った笛を吹く。
5	網	あみ	網で魚を捕る。
6	綱	つな	馬を綱でつなぐ。横綱
7	縄	なわ	危険地区に縄を張り、立ち入り禁止にした。
8	鎖	くさり	きれいな貝に鎖を付けてネックレスにした。
9	筒	つつ	竹の筒に花を生けた。
10	器	うつわ	ガラスの器にサラダを盛る。
11	杯	さかずき	杯にたっぷり酒を注いだ。
12	瀬戸物	せともの	瀬戸物が割れないように運ぶ。
13	柄	え	ナイフは柄のほうを相手に向けて渡すものだ。
14	傘	かさ	電車の中の忘れ物では、傘が一番多い。
15	旗	はた	旗を振って選手を励ます。
16	鏡	かがみ	大きな鏡に全身を映す。
17	金づち	かなづち	金づちで釘を打つ。
18	墨	すみ	筆に墨を付けて字を書く。
19	棚	たな	棚の上に箱を載せる。 戸棚/本棚

・鐘: 종. 종소리.　・琴: 거문고.　・鈴: 방울.　・笛: 피리. 호각. 호루라기.
・網: 그물. 실이나 철사로 그물처럼 얽은 것.　・綱: 밧줄. 로프. 의지하는 것.
・縄: 새끼줄. 포승. 오랏줄.　・鎖: 쇠사슬. 체인. 인연. 굴레.
・筒: 통. 소총. 대포.　・器: 그릇. 용기. 기구. 도구. 인물.　・杯: 술잔.
・瀬戸物: 도자기.　・柄: 자루. 손잡이.　・傘: 우산. 양산.　・旗: 기.
・鏡: 거울. (술통의) 뚜껑.　・金づち: 쇠망치. 헤엄을 못 치는 사람.
・墨: 먹. 먹물. 검정(빛).　・棚: 선반. 시렁. 바다 속에서 물고기가 떼 지어 노니는 둔덕.

2. 人・衣服

1	婿	むこ	父は息子がいないので、婿と酒を飲むのを楽しみにしている。
2	嫁	よめ	50年前、祖母はこの家に嫁に来た。
3	若者	わかもの	これからの時代を担うのは、君たち若者だ。
4	悪者	わるもの	このドラマでは、悪者が最後に必ず負ける。
5	我々	われわれ	地球の環境は、我々が守らなければならない。我
6	鬼	おに	日本には鬼が登場する昔話がたくさんある。
7	頭	かしら	うちには二十歳を頭に、3人の男の子がいる。
8	侍	さむらい	江戸時代、侍は商人や農民よりも地位が高かった。
9	お供	おとも	社長のかばんを持って一日中お供をした。
10	地主	じぬし	彼はこの辺りの地主だ。主
11	殿様	とのさま	昔、殿様の命令に背くことはできなかった。
12	麻	あさ	彼女は麻のワンピースを着ていた。
13	絹	きぬ	母の誕生日に絹のスカートを贈った。
14	織物	おりもの	この地方は織物の産地だ。
15	襟	えり	寒いのでコートの襟を立てて歩いた。
16	柄	がら	姉は派手な柄の洋服が好きだ。間柄/大柄/事柄/人柄
17	丈	たけ	ズボンの丈を短くする。
18	喪服	もふく	葬式に黒い喪服で出席する。
19	紫	むらさき	赤と青の絵の具を混ぜると紫になる。

20 冠　かんむり　　　この冠は18世紀の王様のものだ。

・婿: 사위. 신랑. 데릴사위.　・嫁: 며느리. 신부. 신혼 여성. 결혼할 상대의 여성.
・若者: 젊은이. 청년.　・悪者: 나쁜 놈. 악인.
・我々: 우리들. 자신을 겸손히 일컫는 말. 나.
・鬼: 괴물. 도깨비. 죽은 이의 영혼. 귀신. 요괴. 악귀. (술래잡기의) 술래. 무서운 사람.
・頭: 머리. 우두머리. 두목. 수령.　・侍: 무사.
・お供: 수행함. 수행자. (요릿집 같은데서) 돌아가는 손을 위해 부르는 차.
・地主: 지주.　・殿様: 주군 등 귀인에 대한 높임 말.　・麻: 삼. 삼베. 모시.
・絹: 비단. 견직물.　・織物: 직물.　・襟: 옷깃. 목덜미. 칼라. 동정.
・柄: 몸집. 체격. 품격. 분수. (옷감 등의) 무늬. 문양.　・丈: 키. 길이. 기장. 모두. 전부.
・喪服: 상복.　・紫: 보라색.　・冠: 관.

3. 身体・感情

1　傷　　　きず　　　　ナイフで切った指の傷が痛い。
2　舌　　　した　　　　熱い物を食べて舌をやけどした。
3　唇　　　くちびる　　唇が震えるほど寒い。
4　裸　　　はだか　　　温泉は好きだが、裸になるのが恥ずかしい。
5　手の平　てのひら　　降ってくる雪を、手の平で受ける。
6　癖　　　くせ　　　　話すとき、髪の毛を触るのが彼女の癖だ。
7　姿　　　すがた　　　兄は後ろ姿が父にそっくりだ。
8　振り　　ふり　　　　授業中、先生の話を聞いている振りをした。振り出し/身
　　　　　　　　　　　　ぶり
9　左利き　ひだりきき　父も私も左利きです。
10　恥　　　はじ　　　　簡単な漢字が分からず、人前で恥をかいた。
11　訳　　　わけ　　　　泣いている訳を話してください。申し訳/内訳/言い訳
12　誠　　　まこと　　　誠を尽くす。うそか誠か信じがたい
13　魂　　　たましい　　彼女の歌は、人々の魂を揺さぶった。

14	志	こころざし	若者よ、志を高く持て。
15	怒り	いかり	自分の利益ばかり考える彼の態度に、怒りを感じる。
16	情け	なさけ	一人で暮らして、人の情けをしみじみと感じた。
17	過ち	あやまち	自分の犯した過ちを反省する。
18	償い	つぐない	何年かけても、罪の償いを致します。
19	戸惑い	とまどい	外国で暮らすと、習慣の違いに戸惑いを感じることが多い。
20	善し悪し	よしあし	彼は、物事の善し悪しを見分ける目を持っている。

- 傷: 상처. 고통. 타격. 흠집.　　· 舌: 혀. 말을 함.　　· 唇: 입술. 꽃잎.
- 裸 : 알몸. 나체. 벌거숭이. 솔직함.　　· 手の平: 손바닥.
- 癖: 버릇. 습관. 경향. 특징.　　· 姿: 몸매. 옷차림. 모습. 형체. 모양. 상태. 풍취.
- 振り: 휘두름. 흔듦. 사람이 겉으로 나타내는 모습. 꼴. 외양.
- 左利き: 왼손잡이. 술이 셈. 술꾼.　　· 恥: 부끄러움. 수치. 치욕. 창피.
- 訳: 도리. 이치. 사리. 까닭. 사정.　　· 誠: 참. 진실. 성의. 정성.
- 魂: 넋. 혼. 영혼. 기백. 근성. 특유의 정신자세. 마음가짐.　　· 志: 뜻. 호의. 친절. 촌지.
- 怒り: 노여움. 분노.　　· 情け: 정. 인정. 동정. 자비. 흥취. 멋.
- 過ち: 실수. 잘못. 실패. 해서는 안 되는 일. 죄. (남녀 관계에서의) 도덕적인 과실. 실수.
- 償い: 보상. 속죄.　　· 戸惑い: 당황함. 망설임.
- 善し悪し: 좋고 나쁨. 옳고 그름. 선악. 가부.

4. 自然

1	丘	おか	丘に登ると海が見える。
2	峰	みね	山の峰に雪が積もると、冬がやってくる。
3	峠	とうげ	峠を越えれば、目的地までもうすぐだ。
4	岬	みさき	岬に白い灯台が立っている。
5	頂	いただき	山の頂は雲に隠れてよく見えない。
6	滝	たき	滝が勢い良く流れ落ちている。

7	沼	ぬま	この沼は深いので危険だ。
8	霧	きり	霧が晴れ、目の前に美しい景色が広がった。
9	霜	しも	寒いはずだ。庭に霜が降りている。
10	露	つゆ	朝日を受けて、草の葉の露が光る。
11	滴	しずく	入り口で、傘の滴を落とす。
12	炎	ほのお	ろうそくの炎は暖かい感じがする。
13	雷	かみなり	雷の音がするから、夕立になるだろう。
14	稲光	いなびかり	稲光と同時に雷が鳴った。
15	泡	あわ	この石けんはよく泡が立つ。
16	渦	うず	二つの川の流れが一つになった所に、渦ができている。
17	沖	おき	沖にヨットが浮んでいる。
18	潮	しお	潮が引いた海岸で、貝を拾う。
19	津波	つなみ	地震の後、津波の被害が出た。
20	浜辺	はまべ	浜辺の砂で城を作って遊んだ。浜

- 丘: 언덕. 구릉.　　・峰: 산봉우리. 봉우리처럼 솟은 부분. 칼등.
- 峠: 고개. 절정기. 한창때. 고비.　　・岬: 갑. 곶.　　・頂: 꼭대기. 정상.
- 滝: 폭포.　・沼: 늪.　　・霧: 안개.　　・霜: 서리. 백발.　　・露: 이슬.
- 雫: 물방울.　・炎: 화염. 불길.　　・雷: 천둥. 벼락. 불호령.
- 稲光: 번개. 민첩한 동작. 짧은 시간.　　・泡: 거품. (입가의) 게거품.
- 渦: 소용돌이. 와중.　　・沖: 앞바다. 먼 곳.　　・潮: 바닷물. 조수. 밀물 썰물. 호기.
- 津波: 해일.　・浜辺: 바닷가. 해변.

1. 抽象

{　　} から適当な言葉を選んで（　　）に入れなさい。

A.　目的、因果関係、その他の関係

1　{ a 縁　　b 結び付き　　c 間柄 }

❶ 彼とは「おれ」、「おまえ」と呼び合う親しい（　　）だ。

❷ 政治家林氏は以前から財界との（　　）が強いと言われている。

❸ あの人と再会できたのは、不思議な（　　）があったからだろう。

2　{ a 効果　　b 効き目　　c 成果 }

❶ この薬は飲みにくいが（　　）がある。

❷ やせるためにいろいろ試しているが、なかなか（　　）が出ない。

❸ 田中教授は今回の遺跡の発掘調査ですばらしい（　　）をおさめた。

3　{ a 証拠　　b 根拠　　c 口実 }

❶ 彼の主張には十分な（　　）がないから、納得できない。

❷ 犯人は彼に違いないが、（　　）がないので逮捕できない。

❸ 弟は試験があることを（　　）に、家の手伝いを何もしない。

4　{ a 用途　　b めど　　c 目標 }

❶ 佐藤君は水泳の世界大会への出場を（　　）に頑張っている。

❷ 会員から集めた会費の（　　）はすべて明らかにするつもりだ。

❸ 重役の承認を得て、ようやく新工場建設の（　　）がついた。

5 { a 条件　　b 要因　　c 前提 }

❶ 5年以内に返すことを（　　）に、父からお金を借りた。

❷ 友達に紹介された渡辺さんと、結婚を（　　）につきあっている。

❸ 最近の異常気象の（　　）の一つは火山の爆発だと言われている。

6 { a あべこべ　　b さかさま　　c 裏表 }

❶ 子供はよく、靴を左右（　　）にはいてしまう。

❷ この写真は上下が（　　）になっている。

❸ 内田氏は（　　）のない、正直な人柄だ。

＊「あべこべ」は左右、男女などの関係が逆になること。「さかさま」は上下など、主に縦方向に反対になること。

A. 目的、因果関係、その他の関係

- 縁：원인. 조건. 운명. 인연.　・結び付き：연결. 결합.
- 間柄：혈족관계. 친척관계. 사람과 사람 사이의 관계. 사이.
- 効果：효과. (연극 영화 등에서) 음향효과.　・効き目：효과 효능 효험.　・成果：성과.
- 証拠：증거.　・根拠：근거. 본거지.　・口実：구실. 핑계. 평소에 흔히 입에 올리는 말.
- 用途：용도. 쓰이는데.　・めど：목표. 전망. 목적. 지향하는 곳.
- 目標：목표. (사격 등의) 과녁.　・条件：조건. 성립 요건. 전제 사항.
- 要因：요인. 주요한 원인.　・前提：전제.　・あべこべ：반대임. 거꾸로 임. 뒤바뀜.
- さかさま：거꾸로 됨. 반대로 됨.　・裏表：표리. 겉과 안. 말 태도와 속마음이 다름.

B. 物の状態・特徴

1 { a 状況　　b 様子　　c 有様 }

❶ 彼は事業に失敗して、苦しい（　　）に置かれている。

❷ 朝から彼の（　　）がおかしい。何かあったに違いない。

❸ なんという（　　）だ。地震で町全体が破壊されてしまった。

2　{ a 気配　　b 雰囲気　　c 趣き }

❶ 8月末になると、風や空の色に秋の（　　）が感じられる。

❷ このパーティーは若い女性が多くて、華やかな（　　）だ。

❸ 雪が積もった冬の京都の寺は何とも言えない（　　）がある。

3　{ a 都合　　b 調子　　c 具合 }

❶ 試合前なので、体の（　　）を整えておかなければならない。

❷ 「次の日曜日は（　　）が悪いので、行けません。」

❸ あの人は昔から、とても（　　）を重んじる人だ。

4　{ a 見かけ　　b 体裁　　c 外観 }

❶ あのビルは（　　）は古びているが、中はとても立派だ。

❷ 田中さんは（　　）は怖そうだが、本当はとてもやさしい人だ。

❸ あの人は昔から、とても（　　）を重んじる人だ。

＊「外観」は建物などを外から見た様子。小さい物や人については「見かけ」が使われる。

5　{ a 正味　　b 内容　　c 中味 }

❶ 彼の作文は（　　）はいいが、文法の間違いが多い。

❷ このきれいな箱の（　　）を当ててください。

❸ 箱は大きいが、中には（　　）500グラムしか入っていない。

6　{ a 格　　b 品　　c 質 }

❶ 100年以上続いているあの店は、周りの店とは（　　）が違う。

❷ 小林さんのお母さんはいつももの静かで（　　）がいい人だ。

❸ この紙は（　　）がいいので、きれいに印刷できる。

7　{　a　秩序　　　b　バランス　　　c　調和　}

❶ 政治が悪いと、社会の（　　）が乱れる。

❷ これからは人と自然の（　　）を考えなければならない。

❸ 外食が続くと、栄養の（　　）が悪くなる。

8　{　a　構造　　　b　組織　　　c　機構　}

❶ 彼は車のエンジンの（　　）に詳しい。

❷ 会社という（　　）の中での人間関係は難しいものだ。

❸ 最近、人員の削減のために役所でも（　　）改革が進められている。

＊「機構」は官庁や団体など、活動単位としての組織を指す。

9　{　a　欠陥　　　b　短所　　　c　弱点　}

❶ A社の自動車はエンジンに（　　）があることが分かった。

❷ 彼に勝つには、彼の（　　）を突くことだ。

❸ 彼は優秀だが、すぐ怒るのが（　　）だ。

B.　物の状態・特徴

・状況: 상황. 정황.
・様子: 사물의 상태나 상황. 형편. (사람의) 모습. 옷차림. 징조. 낌새. 기미. 눈치. 기색. 흔적. 특별한
　　　　사연 이유.
・有様: 모양. 형편. 상태. 꼴.　　・気配: 기척. 기미. 기색. 낌새. 시세. 경기.　　・雰囲気 : 분위기
・趣き: 멋. 풍치. 아취. 느낌. 분위기. 취지. 요지. 내용.　　・都合: 형편. 사정. 편의.
・調子: (　)가락. 곡조. 음조. 장단. 어조. (사물, 특히 문장 표현 등의)정도. 격조. (신체 기계 등의)상태.
　　　　컨디션. (사물의)진행 상태. 형편. 장단. 맞장구. 본궤도. 기세. 방법. 방식. 요령.
・具合: (어떤 일의)형편. 상태. 물건의 상태. 형편. 몸의 상태. 건강 상태.일의 방식. 모양새. 체면.
・見かけ : 겉보기. 외관.

C.　時 / D.　空間、場所、範囲

1 { a 契機（けいき）　b 危機（きき）　c チャンス }

❶ 彼は就職を（　）に、生活スタイルをがらりと変えた。

❷ 彼女は一生懸命勉強して、留学の（　）をつかんだ。

❸ A国は、ようやく経済（　）を脱したようだ。

2 { a 日頃（ひごろ）　b 平常（へいじょう）　c 終日（しゅうじつ）}

❶ 久しぶりに会った友達と（　）考えていることを語り合った。

❷ 「当店は正月三が日も（　）どおり営業いたします。」

❸ 深夜に大雪が降ったため、電車のダイヤは（　）乱れていた。

3 { a 途上（とじょう）　b 前途（ぜんと）　c 途中（とちゅう）}

❶ 就職が決まった学生に、先生は「君の（　）は明るいよ。」と励ました。

❷ A国の経済は発展の（　）にある。

❸ 友達と話をしている（　）で、急に用事を思い出した。

＊物事が始まってから終わるまでの間のある時点を「途中」という。ある方向、
　目的に向かう場合は「途上」

4 { a 重点　　b 盲点　　c 焦点 }

❶ あの事件は法律の（　　）をついた犯罪だった。

❷ 「君のスピーチは、（　　）をしぼったほうが言いたいことが伝わるよ。」

❸ 来年度の予算は福祉に（　　）を置いて組まれている。

5 { a 分野　　b 領域　　c 範囲 }

❶ 「試験の（　　）は、16課までです。」

❷ 外の大学との交流が進んで、研究の（　　）が広がった。

❸ この賞はスポーツの（　　）で活躍した人に与えられる。

＊「領域」は関係のある範囲のこと。「分野」は人が活動する場としての専門の範
　囲（スポーツ、自然科学、文学など）。

6 { a 方面　　b 方向　　c 行方 }

❶ 道を間違えて、駅とは反対の（　　）に歩いてしまったようだ。

❷ 会社が倒産した後、社長の（　　）が分からない。

❸ 「池袋（　　）においでのお客様は、次の駅でお乗り換えください。」

＊「方向」は向かっている方、「方面」はここでは向かっている場所。

7 { a 縁　　b 隅　　c 端 }

❶ うちの息子は初めて幼稚園に行った日、部屋の（　　）で恥ずかしそうにし
　ていた。

❷ 狭い道で向うから車が来たので、道の（　　）に寄った。

❸ 茶碗を落して（　　）を欠いてしまった。

8 { a 周辺　　b 辺り　　c 傍ら }

❶ スミスさんはテレビを見るときも、（　　）に辞書を置いている。

❷ 大都市（　　）の農地はほとんど住宅地に変わってしまった。

❸ 財布を落したのは、この（　　）だ。

＊「周辺」はある地域を取り囲む周りの地域。「辺り」はある場所を中心に、そこに近い場所。

C. 時 / D. 空間、場所、範囲

- 契機: 계기. 동기.　・危機: 위기.　・チャンス : 찬스. 기회. 호기. 운.
- 日頃 : 평시. 평소. 요즈음. 근래. 수일 내.　・平常 : 평상. 일상. 평소.
- 終日 : 온종일.　・途上: 도상. 도중. 노상.　・前途: 전도.　・途中 : 도중.
- 重点: 중점. (사물의) 중요한 점.　・盲点: 맹점. (비유적으로) 부주의하여 깜빡 놓치고 있는 점.
- 焦点: 초점. 관심 주의 등의 집중점.　・分野 : 분야.
- 領域 : 영역. 영유하고 있는 구역. 세력 범위. 주권이 행사되는 범위.
- 範囲 : 범위. 方面 : 방면. 그 근방. 그 방향. 분야.　・方向 : 방향
- 行方 : 행방. 간 곳. 갈 곳. 장래. 전도.　・縁 : 가장자리. 둘레. 테두리.
- 隅 : 모퉁이. 귀퉁이. 구석.　・端 : 끝. 끄트머리. 가. 가장자리. 일부분. 말단. 잘라낸 조각. 구석
- 周辺 : 주변.
- 辺り : 근처 부근 주위. (접미어적으로 씀) 대체적인 때・ 장소・사람을 나타냄. 쯤. 정도
- 傍ら : 곁. 옆.

E. 量、程度、その他

1 ｛ a 確率（かくりつ）　b 能率（のうりつ）　c 効率（こうりつ）｝

❶ 私は音楽を聴きながら勉強すると、（　　）が上がる。

❷ このストーブは、燃焼の（　　）がいいので灯油代がかからない。

❸ 彼が試験に合格する（　　）は、きわめて低い。

＊「能率」は一定の時間内にできる仕事の割合。「効率」は一定のエネルギー量によってできる仕事量の割合。機械についていうことが多い。

2 ｛ a 余裕（よゆう）　b 余分（よぶん）　c 余地（よち）｝

❶ この議題については、これ以上話し合う（　　）がない。

❷ 時間に（　　）があるから、ゆっくり歩いていこう。

❸ 出席者の人数がはっきりしないので、資料を（　　）にコピーした。

3　{ a 基準　b 標準　c 水準 }

❶ この貯蓄計画は、夫婦と子供二人の（　　）的家庭をモデルに作られている。

❷ 社会福祉の面では、北欧に比べると日本はまだ（　　）が低いと思う。

❸ 工場からの廃水に対して厳しい（　　）が定められている。

＊物事を比較したり、評価するための基礎を「基準」という。その中で最も平均的なものは「標準」（標準的家庭、標準的収入など）。

4　{ a 圧力　b 労力　c 能力 }

❶ 父は何も言わなかったが、私は無言の（　　）を感じた。

❷ この学校では（　　）に応じたクラス分けを行っている。

❸ （　　）を惜しんでいてはいい仕事ができない。

5　{ a 場面　b 場合　c 立場 }

❶ 自分のことばかり考えずに、相手の（　　）に立って考えることも必要だ。

❷ 映画を見ていて、感動的な別れの（　　）で泣いてしまった。

❸ このツアーは、人数が集まらなかった（　　）は中止します。

6　{ a 拍子　b リズム　c テンポ }

❶ この曲は（　　）が速いので歌いにくい。

❷ 毎日夜更かししていたら、生活の（　　）が狂ってしまった。

❸ お年よりがみんな（　　）をとって、楽しそうに歌っている。

＊「リズム」は音楽で使う言葉。「生活のリズム」は規則的な生活習慣のこと。音楽に合わせて手や足で調子をとることを「拍子をとる」という。

7 ｛ a 際限　　b 限度　　c 極限 ｝

❶ 恐怖が（　　）に達したときは、声をだすことさえできない。

❷ 人間の欲望には（　　）がない。

❸ 山本課長の部下に対する態度は、我慢するにも（　　）がある。

＊「際限」はそれ以上越えられないという限界。「限度」は許容できる最大の範囲。「限度がある/ない」のように使う。

8 ｛ a 姿　　b 姿勢　　c 格好 ｝

❶ 子供会のパーティーでサンタクロースの（　　）をしてプレゼントを配った。

❷ 京子さんがずっと欠席なので心配していたが、元気な（　　）を見て安心した。

❸ 彼女は小さいとき（　　）が悪くて、よく注意された。

E. 量、程度、その他

- 確率: 확률. 공산.　　• 能率: 능률. 일정 시간에 할 수 있는 일의 정도. 진척(작업)량.
- 効率: 효율. 余裕: 여유.　　• 余分: 여분. 나머지. 필요 이상임. 덤.
- 余地: 여지. 들어 설수 있는, 또는 이용 할 수 있는 빈 땅. 그 일을 할 수 있는 기회. 여유.
- 基準: 기준.　　• 標準: 표준. 기준. 목표. 평균적인 것. 보통.　　• 水準: 수준. 일정한 표준.
- 圧力: 압력.　　• 労力: 노력. 수고. 노동력. 일손.　　• 能力: 능력. 정신작용. 또는 그 힘.
- 場面: 장면. 연극 영화 등의 한 정경. 어떤 일이 일어나고 있는 그 자리의 모습. 또는 그 장소.
- 場合: 때. 경우. 사정. 상태. 형편.　　• 立場: 입장. 설 자리. 처지. 형편. 견지. 관점.
- 拍子: 박자. 장단. 가락.　　• リズム: 리듬. 규칙적으로 반복 순환하는 움직임. 율동. 시의 운율.
- 際限: 끝. 한계. 한도.　　• 限度: 한도.　　• 極限: 극한. 한계점. 극한치.
- 姿: 몸매. 옷차림. 풍채. 모습. 형체. 모양. 상태. 형상. 풍취. 취향.　　• 姿勢: 자세.
- 格好: 모양. 모습. 겉모양. 그럴듯한 형식.

2. 人間について

{　　} から適当な言葉を選んで（　　）に入れなさい。

A. 感覚、感情

1 { a 意識　b 精神　c 心身 }

❶ （　　）ともに健康でなければ、いい仕事はできない。

❷ 健全な（　　）は健全な肉体に宿ると言われる。

❸ お酒を飲み過ぎて、（　　）を失ってしまった。

2 { a 活気　b 短気　c 根気 }

❶ あの商店街は、いつ行っても人が多く、（　　）がある。

❷ 最近の子供は何をやっても長続きせず、（　　）がないと言われる。

❸ あの人は正義感が強くていい人なのだが、ちょっと（　　）だ。

3 { a 感覚　b 同感　c 直感 }

❶ その点に関しては、あなたの意見に（　　）だ。

❷ 迷ったときは、（　　）を信じることにしている。

❸ あの人は美に対する（　　）が鋭い。

4 { a 気味　b 印象　c 勘 }

❶ だれもいないビルの中を歩くのは、なんだか（　　）が悪い。

❷ 日本へ来て初めて見た雪景色は、今でも（　　）に残っている。

❸ あの人は（　　　）がいいから、クイズに強い。ちょっとヒントを出しただけ
でもすぐ分かる。

5 ｛ a 気立て　　b 気性　　c 気心 ｝

❶ 仕事でも遊びでも（　　　）が知れている人と一緒にやるのは楽しい。

❷ あの人は気に入らないことがあると、すぐどなる（　　　）が激しい人だ。

❸ 彼女はだれに対してもやさしくて、本当に（　　　）がいい。

6 ｛ a 情熱　　b 心情　　c 情緒 ｝

❶ 恋人を亡くしたあの人の（　　　）を考えると、私の結婚のことは言い出せな
かった。

❷ 父は退職後、ボランティア活動に（　　　）を燃やしている。

❸ 最近、（　　　）不安定な子供が増えている。

7 ｛ a 心地　　b 機嫌　　c 気分 ｝

❶ 試験のことが気になって、遊びに行く（　　　）になれない。

❷ 空気がさわやかな高原に行くと、すがすがしい（　　　）がする。

❸ あの人は嫌なことがあったらしく、今日は（　　　）が悪くて口をきいてくれ
ない。

＊「気分」は快、不快などの心の状態。「心地」は外からの刺激によって生れる心
の状態をいうと同時に、「心地よい空気」などのように、気持ちに影響する刺
激そのものについてもいう。

8 ｛ a 苦労　　b 悩み　　c 苦痛 ｝

❶ 医者は、患者の命を延ばすだけでなく（　　　）を和らげることにも努力して
ほしい。

❷ 若いうちの（　　　）は、買ってでもするものだと言われる。

❸ 親しい友人に（　　　）を打ち明けたら、気が楽になった。

9 { a 不満　　b 不平　　c 怒り }

❶ 今回の人事異動に（　　）を持った社員もいるようだ。

❷ あの人は自分では何もしないのに、いつも（　　）ばかり言っている。

❸ 障碍者に対する不平等な扱いには（　　）を感じる。

10 { a 人情　　b 郷愁　　c 情け }

❶ 旅行先で財布をなくして困っていたところを、見ず知らずの人に助けてもらって、人の（　　）を知った。

❷ 都会では薄れているが、田舎に行くとまだ（　　）が残っている。

❸ 子供のころの写真を見ていると、ふるさとへの（　　）を覚える。

＊「情け」は困っている人に対する同情心、「人情」は人間の心の温かさ。

11 { a 好み　　b 好意　　c 好き嫌い }

❶ 子供の頃、「（　　）をせず何でも食べなさい」とよく言われたものだ。

❷ あのレストランの味は私の（　　）に合わない。

❸ 体の具合が悪いので、同僚の（　　）に甘えて仕事を代わってもらうことにした。

12 { a 憎しみ　　b 反感　　c 恨み }

❶ 罪のない市民や子供たちを犠牲にする戦争に（　　）を感じる。

❷ いじめがあっても何もしない教師に（　　）を抱いた。

❸ 妹のケーキを食べてしまったら、毎日のように責められる。食べ物の（　）は恐ろしい。

＊「反感」は人に対する反抗の気持ち。「恨み」は相手の行為を憎み、不満を感じること。

13 { a あこがれ　　b 片想^{かたおも}い　　c 敬意^{けいい} }

❶ 私が好きなＡさんは Ｂさんに夢中だ。（　　）ほど辛いものはない。

❷ ワールドカップで活躍した山田選手は、少年たちの（　　）の的だ。

❸ お年よりに（　）を払わない若者が増えている。

14 { a 良心^{りょうしん}　b 真心^{まごころ}　　c 誠意^{せいい} }

❶ 人の物をとるなんて、（　　）が痛まないだろうか。

❷ 入院したとき、友人から（　　）のこもった手紙をもらって涙が出た。

❸ デパートで商品を取り替えてもらったとき、とても（　　）のある対応をしてくれた。

A. 感覚、感情

- あこがれ: 동경. 그리움.　　• 怒り: 노여움. 분노.　　• 感じ: 감각. 감촉. 인상. 기분. 분위기.
- 郷愁: 향수. 고향을 그리워하는 마음. 옛것에 끌리는 마음.
- 機嫌: (남의) 생각이나 의향. 안부. 기분. 심기. 비위.　　• 心地: 기분. 느낌.
- 情緒: 정서. (희노애락의) 감정.　　• 気立て: 타고난 마음씨. 심지.
- 気性: 타고난 성질. 기질.　　• 気心: 본래의 성질이나 생각.　　• 憎しみ: 미움. 증오.
- 恨み: 원망. 원한.　　• 片想い: 짝사랑.　　• 真心: 진심. 참마음. 정성. 성심.
- 短気: 성미가 급함. 급한 성미.　　• 根気: 근기. 끈기. 싫증내지 않고 오래 해낼 수 있는 기력.
- 直感: 직감.　　• 気味: 느낌. 기분.
- 勘: (사물의 사정이나 의미를) 직감으로 깨닫는 능력. 육감. 직감력.
- 苦労: 고생. 수고. 노고.　　• 悩み: 괴로움. 고민. 걱정. 근심.
- 情け: 인정. 동정. 자비. (남녀간의) 애정. 연정. 풍류를 아는 마음. 정취. 멋.
- 好み: 좋아함. 기호. 취향. 물건을 고를 때의 희망이나 주문. 유행.
- 好き嫌い: 좋아함과 싫어함. 좋아하는 것만을 취함.

B. 思考

1 { a 理性（りせい） b 知性（ちせい） c 知恵（ちえ） }

❶ 彼女は美しい上に（　　）豊かな女性だ。

❷ 皆で（　　）をしぼって考えたので、よい解決方法が見つかった。

❸ 彼はいつも冷静で（　　）的に物事を考える人だ。

2 { a 知識（ちしき） b 良識（りょうしき） c 常識（じょうしき） }

❶ 人に何かしてもらったら、お礼を言うのが（　　）だ。

❷ 彼は鉄道に関する（　　）が豊富だ。

❸ 卒業生の皆さん、これからは社会人として、（　　）のある人になってください。

＊「常識」は普通の人が当然持っている知識や物事を考える力。「良識」は常識よりも優れたものをいう。

3 { a 工夫（くふう） b 発想（はっそう） c アイディア }

❶ 似たような意見が多いが、もっと個性的な（　　）をしてほしい。

❷ 「新しい住まいに関するいろいろな（　　）募集（ぼしゅう）しています。」

❸ この家は快適に生活できる（　　）がされている。

4 { a 迷い（まよい） b 偏見（へんけん） c 疑惑（ぎわく） }

❶ この地方の人の中には、外国人に対して（　　）を持っている人がまだいる。

❷ 彼はわいろを受け取ったのではないかという（　　）を持たれている。

❸ 最近、自分の進路に対する（　　）が生じている。

5 ｛ a 好奇心{こうきしん}　b 興味{きょうみ}　c 関心{かんしん} ｝

❶ 最近、環境問題に人々の（　　）が集まっている。

❷ この論文を読むと若者の考え方がよく分かり、（　　）深い。

❸ 子供は（　　）が強く、いろいろな質問をする。

6 ｛ a 見込み{みこ}　b 当て{あ}　c 見通し{みとお} ｝

❶ この程度の売り上げでは事業が成功する（　　）はない。

❷ もう大人なのだから、親のお金を（　　）にしてはいけない。

❸ 今のままではローン返済の（　　）が立たない。

7 ｛ a 感想{かんそう}　b 意見{いけん}　c 見解{けんかい} ｝

❶ 政府は景気回復に関する（　　）を発表した。

❷ この案に反対の方は（　　）を述べてください。

❸ この小説を読んで（　　）を書いてください。

8 ｛ a 試み{こころ}　b 試し{ため}　c 調べ{しら} ｝

❶ 彼の勇気ある（　　）は失敗に終わった。

❷ 新しいファックスを買ったので（　　）に友達に送ってみた。

❸ 犯人は何も証拠を残さなかったので警察の（　　）は進んでいない。

9 ｛ a ねらい　b 見地{けんち}　c 見当{けんとう} ｝

❶ 中村氏の広い（　　）からの意見はとても参考になる。

❷ 問題の解決にいったいどれほどの時間とかねがかかるか、（　　）もつかない。

❸ そのテレビ番組には、制作者の（　　）通り多くの反響があった。

C. 意志

1 ｛ a 自尊　　b うぬぼれ　　c 自我 ｝

❶ 子供は2、3歳になると、（　　）が芽生えるものだ。

❷ 私は自信作を酷評されて、（　　）心を傷つけられた。

❸ 彼は（　　）が強く、自分が一番優秀だと思っている。

2 ｛ a 意向　　b 意図　　c 意志 ｝

❶ 人事を決める前に、まず本人の（　　）を聞くべきだ。

❷ なぜそんなことを言ったのか、彼の（　　）が分からない。

❸ 彼は（　　）が強く、何事も最後までやり通す。

＊「意向」「意志」は何かをしようとする考え。そのうち「意志」は積極的で強い考え。

3 ｛ a 希望　　b 望み　　c 待望 ｝

❶ 主力選手がけがで出場できないので、Aチームは優勝の（　　）がない。

❷ 留学生は、みんな（　　）に燃えて日本へやってくる。

❸ 山田夫妻に（　　）の赤ちゃんが誕生した。

4 ｛ a 下心　　b 内心　　c 本音 ｝

❶ 忙しくて行けないというのは建て前で、（　　）は行きたくないのだ。

❷ 彼女は顔では笑っているが、（　　）はどう思っているか分からない。

❸ あの人が親切にしてくれるのは、何か（　　）があるからだ。

*「本音」は外に表す考え（「建て前」）に対し、本当に心に持っている考え。
　「内心」は外から見えない心の内。

5 ｛ a 意欲　　b 意地　　c 熱意 ｝

❶ 知っているのに教えてくれなんて、彼は（　　）が悪い。

❷ 交通事故で息子を亡くし、生きる（　　）を失った。

❸ 彼の仕事に対する（　　）には本当に感心させられる。

6 ｛ a 自覚　　b 心がけ　　c 態度 ｝

❶ 無断で欠勤するなんて、サラリーマンとしての（　　）が足りない。

❷ 彼は授業中の（　　）が悪いので、いつも先生に注意されている。

❸ 試合の日の朝になって雨が止んだのは、みんなの（　　）がいいからだ。

7 ｛ a 誇り　　b 自信　　c 勇気 ｝

❶ メダルは取れなかったが、国際大会に出場できたことを（　　）に思っている。

❷ みんなが黙っていたので、（　　）を出して意見を言った。

❸ 私は彼女を幸せにする（　　）がある。

8 ｛ a 願い　　b 夢中　　c 念願 ｝

❶ ようやく（　　）のマイホームを建てることができた。

❷ うちのおじいちゃんは、孫の（　　）を何でも聞いてしまう。

❸ 息子はゲームに（　　）で、勉強のことなど頭にないようだ。

- うぬぼれ: 자부심. 자만심.
- 自尊: 자존. <u>스스로</u> 잘 난체하거나 <u>스스로</u> 높임. 자신의 인격을 존중하며, 긍지를 가지고 <u>스스로</u>의 품위를 지킴.
- 待望: 사물의 실현이나 출현을 바라며 기다림.　　• 下心: 속마음. 본심. 저의. 계략 음모.
- 本音: 본심에서 우러나온 말. 속마음.
- 意地: 자기의 주장 행동을 관철시키려는 마음. 고집. 오기 욕심. 마음보 심술.
- 心掛け: 마음가짐. 마음의 준비.　　• 夢中: 열중함. 몰두함.　　• 心構え: 마음의 준비. 각오.
- 志: 뜻. 호의. 친절.　　• 念願: 염원. 소원.　　• 望み: 소망. 희망. 소원. 전망. 가망성. 기대.
- 誇り: 자랑. 긍지. 자존심. 자긍심.　　• 自我: 자아. 자기. 자신. 자기 자신에 대한 의식. 관념.
- 自覚: 자각. 자기가 놓여있는 상태 가치 사명 등을 인식하는 일. 스스로 느낌.

D.　言語活動

1　{ a　つじつま　　b　論理（ろんり）　　c　理屈（りくつ）　}

❶ 警官に追求されると、彼の言うことはだんだん（　　）が合わなくなってきた。

❷ 弟は（　　）ばかり言って全然行動しない。

❸ 彼の話は（　　）的で分かりやすい。

2　{ a　要旨（ようし）　　b　趣旨（しゅし）　　c　あらすじ　}

❶ 物語の（　　）を聞いて、ぜひ読みたくなった。

❷ 「話の（　　）は分かったが、もう少し聞きたいことがあるので説明してほしい。」

❸ ろんぶんには400字以内でまとめた（　　）をつけることになっている。

3　{ a　批判（ひはん）　　b　評判（ひょうばん）　　c　評価（ひょうか）　}

❶ 柔道大会で中学生が全国優勝し、（　　）になっている。

❷ 彼の作品は専門家の間で（　　）が高い。

❸ 政府の保険制度改革に対し（　　）が集まっている。

4　｛ａ 愚痴（ぐち）　　ｂ 皮肉（ひにく）　　ｃ 噂（うわさ）｝

❶ 部長の（　　）たっぷりの話し方に腹が立った。

❷ 有名タレント同士の結婚が人々の（　　）になっている。

❸ 母はどんなに嫌なことがあっても（　　）を言ったことがない。

E.　文化、芸術、慣習

1　｛ａ 競技（きょうぎ）　　ｂ 体操（たいそう）　　ｃ 競争（きょうそう）｝

❶ 毎朝15分間、軽い（　　）をするようになって、体の調子がいい。

❷ 来月、陸上（　　）の選手として全国高校体育大会に出場する。

❸ 山学生のとき、100メートル（　　）ではだれにも負けなかった。

2　｛ａ 娯楽　　ｂ 祭り　　ｃ レクリエーション｝

❶ この工場では、働く人たちのための様々な（　　）活動が盛んに行われている。

❷ （　　）の少ないこの町では、休日の楽しみは映画をみることぐらいだ。

❸ （　　）の日になると、いつもは静かな神社の前の通りに夜店がたくさん出

て、大勢の人でにぎわう。

3 { a 伝統　　b 習慣　　c 流行 }

❶ 彼は（　　　）ある織物の技術を受け継ぐために、父親のもとで修業している。

❷ 「歯はとても大切なので、毎食後、すぐ歯を磨く（　　　）をつけましょう。」

❸ この服は、（　　　）に左右されないデザインなので、長く着られそうだ。

4 { a 演劇　　b 脚本　　c 舞台 }

❶ 佐藤さんは高校時代、（　　　）クラブでいつも主役をしていて人気があった。

❷ ベテラン俳優の杉村さんでも、初めて（　　　）に立ったときは緊張したそうだ。

❸ 人気作家のA氏はテレビドラマの（　　　）も書いている。

E. 文化、芸術、慣習

- 演劇: 연극.　　• 儀式: 의식. 의전. 식전.　　• 脚本: 각본. 대본.　　• 競技: 경기.
- 娯楽: 오락.　　• シナリオ: 시나리오. 각본.　　• 随筆: 수필.　　• 伝統: 전통.
- 舞台: 무대.　　• 埋葬: 매장.
- 祭り: 신이나 부처 또는 조상을 제사 지냄. 또는 그 의식. 제사. 기념 축하 선전 등을 위하여 베푸는 집단적인 행사. 축제. 제전. 잔치.
- レクリエーション: 레크리에이션.

名詞 2

5. 植物・食物

1	梅	うめ	梅の花のいい香りがする。梅干し
2	杉	すぎ	杉の木は建築用木材としてよく使われる。
3	松	まつ	海の近くでは様々な形をした松が見られる。
4	桜	さくら	春には桜の下で花見をする。
5	穂	ほ	今年も麦の穂が豊かに実った。
6	芽	め	畑にまいた野菜の種から、芽が出てきた。
7	稲	いね	秋にはまいた田んぼの稲を刈る。
8	株	かぶ	花の株を分けて庭に植えた。株式/株式会社
9	茎	くき	豆の葉や茎がどんどん伸びた。
10	芝	しば	庭の芝の手入れは大変だ。
11	筋	すじ	その野菜は筋を取って食べやすくしてから調理する。粗筋/一筋 大筋
12	苗	なえ	稲の苗を植える季節が来た。
13	幹	みき	この木は幹の太さが2メートルもある。
14	酢	す	この料理は酢をたっぷり使う。
15	汁	しる	レモンの汁を絞る。
16	乳	ちち	牛の乳をトラックで運ぶ。
17	豆	まめ	豆は体に良い食べ物だ。
18	豚肉	ぶたにく	豚肉はよく焼いて食べた方がいい。

・梅: 매화나무. 매실.　　・杉: 삼목.　　・松: 소나무.　　・桜: 벚나무. 벚꽃.
・穂: 이삭. (이삭 모양으로) 뾰족한 것.　　・芽: (초목의) 싹. 알눈.　　・稲: 벼.
・株: 그루터기.　　・茎: 줄기. 대.　　・芝: 잔디.　　・筋: 힘줄. 근육.
・苗: 모종. 볏모.　　・幹: 나무줄기.　　・酢: 식초.
・汁: 즙. 국(물). 된장국. 남의 노고나 희생으로 얻는 이익.　　・乳: 젖. 유즙. 유방.
・豆: 식용 콩류의 총칭. 대두.(콩알 같은)물집.　　・豚肉: 돼지고기.

6. 建造物・形状

1	跡	あと	山道に動物の通った跡があった。足跡/跡継ぎ
2	穴	あな	地面に穴を掘ってごみを埋める。
3	墓	はか	故郷にある先祖の墓に参る。
4	堀	ほり	城の周りの堀に、たくさんの鳥がいる。
5	街	まち	この辺りは新しい店が増え、近代的な街に変わった。
6	溝	みぞ	車のタイヤが溝に落ちてしまった。
7	扉	とびら	公演中は扉を締めさせていただきます。
8	井戸	いど	井戸の水は、夏冷たく冬温かい。
9	お宮	おみや	子供の成長を願って、お宮にお参りする。
10	垣根	かきね	家の周りに低い木を植え、垣根を作った。
11	敷地	しきち	広い敷地に学校を建てる。座敷/屋敷/風呂敷
12	踏切	ふみきり	踏切では車は一時停止しなければならない。
13	道端	みちばた	道端に小さな花が咲いている。
14	縦	たて	縦4センチ横3センチの証明写真を撮った。
15	縁	ふち	黒の縁の眼鏡を買った。
16	枠	わく	窓の枠を白く塗る。
17	塊	かたまり	パーティーのために肉を塊で買う。
18	斜め	ななめ	地震で建物が斜めに傾いてしまった。
19	矢印	やじるし	矢印に沿ってお進みください。

・跡: 자국. 발자국. 자취. 흔적.		・穴: (뚫린) 구멍.		・墓: 묘. 무덤. 묘비.		
・堀: 수로. 해자.	・街: 번화한 거리.		・溝: 도랑. 수채. 개천.			
・扉: 문짝. (책의) 안겉장. 속표지.		・井戸: 우물.		・お宮: 신사 (神社)		
・垣根: 울타리.	・敷地: 부지. 대지.		・踏切: 건널목.			
・道端: 길가. 도로변. 길.		・縦: 세로.	・縁: 가장자리. 둘레. 테두리.			
・枠: (콘크리트 공사 등에 쓰는) 상자 모양의 널. 패널. 콘크리트용의 거푸집. 테. 테두리.						
・塊: 덩어리. 뭉치. 집단. 떼. 무리.		・斜め: 비스듬함. 경사짐.		・矢印: 화살표.		

7. 野生・生活

1	蚊	か	窓を開けて寝たら、蚊に刺されてしまった。
2	猿	さる	猿は群れを作ってせいかつする。
3	尾	お	犬が嬉しそうに尾を振っている。
4	殻	から	殻を破って中からひながでてきた。/貝殻
5	角	つの	牛の頭に角が生えている。
6	翼	つばさ	大きな鳥が翼を広げて飛んでいる。
7	巣	す	木の上にある鳥の巣を見つけた。
8	雄	おす	動物は、一般的に雄のほうが目立つ。
9	雌	めす	雌の鳥が、何日も卵を温めている。
10	獣	けもの	足跡を頼りに獣を追う。
11	刃	は	硬い物を切ったら、包丁の刃が欠けてしまった。
12	矢	や	大昔は棒の先にとがった石を付けて矢を作った。
13	盾	たて	飛んでくる矢を盾で防ぐ。
14	弾	たま	ピストルに弾を入れる。
15	的	まと	的に向かってピストルを撃つ。
16	弓	ゆみ	弓を引いて飛ぶ鳥を落とした。
17	刀	かたな	江戸時代、刀は侍だけが持つことを許されていた。
18	鉛	なまり	鉛は体内に入ると毒となる。
19	狩り	かり	狩りをするため、山の奥に入った。

20 獲物　えもの　　網に獲物がかかる。

・蚊: 모기.　・猿: 원숭이.　・尾: (동물의) 꼬리.　・殻: 껍데기. 껍질.　・角: 뿔.
・翼: 날개.　・巣: (새 짐승 벌레 물고기의) 집. 둥지. 보금자리.　・雄:수컷.
・雌: 암컷　・獣: 짐승.　・刃: (칼붙이 등의) 날.　・矢: 화살.　・盾: 방패.
・弾: 탄환. 총알.　・的: 과녁. 표적. 대상. 초점. 목표.　・弓: 활.　・刀: 칼.
・鉛: 납.　・狩: 사냥. 수렵.　・獲物: 사냥감. 어획물.

8. 経済・生活

1　市　　　　いち　　　　昔、この辺りでは毎月10日に市が立った。

2　蔵　　　　くら　　　　川に沿って古い蔵が並んでいる。

3　富　　　　とみ　　　　彼は事業に成功して、多くの富を得た。

4　札　　　　ふだ　　　　お呼びしますので、番号札を取ってお待ちください。

5　値　　　　あたい　　　血液検査の結果、すべての値が正常だった。

6　小銭　　　こぜに　　　チップを渡すために小銭を用意した。

7　問屋　　　とんや　　　問屋は生産者から品物を買い入れ、商店に売る。

8　残高　　　ざんだか　　銀行の通帳を見て残高を確認した。

9　お釣り　　おつり　　　800円の物を買って1,000円払うと、お釣りは200円だ。

10　小遣い　　こづかい　　弟の小遣いは、月5,000円だ。言葉遣い/仮名遣い

11　喪　　　　も　　　　　喪の期間は、国や習慣によって違う。

12　技　　　　わざ　　　　一人前の職人になるために技を磨く。

13　暦　　　　こよみ　　　暦の上ではもう秋だというのに、暑い日が続いている。

14　公　　　　おおやけ　　父は公の機関に勤めている。秘密を公にする。

15　芝居　　　しばい　　　妹は芝居が好きで、役者を志している。

16　手際　　　てぎわ　　　ベテラン社員の仕事は手際がいい。

17　偽物　　　にせもの　　このダイヤモンドは偽物だ。

18　夜更かし　よふかし　　夜更かしをして朝起きられない子供が増えている。

9. 時 · 空間

1	折	おり

お近くにいらっしゃった折には、是非お立ちよりください。
時折

2　暇　　ひま　　忙しくて遊んでいる暇がない。

3　端　　はし　　この道は狭くて危ないから、端の方を歩きなさい。

4　隣　　となり　　隣のへやからテレビの音が聞こえてくる。

5　源　　みなもと　　大きな川の源を探る。

6　果て　　はて　　宇宙の果ては、まだだれも知らない。

7　傍ら　　かたわら　　傍らに辞書を置き、英語の本を読んだ。

8　延べ　　のべ　　二人で三日かかった仕事の延べ人数は6人だ。

9　盛り　　さかり　　桜の花の盛りは、あっと言う間に過ぎる。

10　兆し　　きざし　　景気の回復の兆しはまったく見られない。

11　半端　　はんぱ　　1,000円を3人で分けると、半端がでてしまう。

12　影　　かげ　　太陽が傾くにつれて、影も長くなる。

13　陰　　かげ　　木の陰で本を読む。日陰

14　音　　ね　　庭から虫の音が聞こえてくる。本音/音色

15　趣　　おもむき　　古くて庭の趣のある宿に泊った。

16　初耳　　はつみみ　　えっ、それは初耳ですね。全然しりませんでした。

17　見晴らし　みはらし　　見晴らしのいいマンションに住む。

▪折: 계절. 시절. 그때. 시기.
▪暇: (어떤 일을 하는데 드는)시간. 특히 짧은 시간. 틈. 짬. 기회.
▪端 : 끝. 끄트머리. 가. 가장자리. 일부분. 말단. 꼬리. 잘라낸 조각. 구석. 시초. 처음.
▪隣: 이웃. 옆. 곁. 이웃집. 옆집.　　▪源: 근원. 기원.
▪果て: 끝. 말로. 넓은 지역이 끝나는 곳.　　▪傍ら: 곁. 옆.　　▪延べ: 총계. 합계. 연.
▪盛り: 한창때.　　▪兆し: 조짐. 징조. 전조.　　▪半端: 우수리. 끄트머리. 어중간함.
▪影: 그림자. (해 달 등의) 빛.　　▪陰: 그늘. 응달. 뒤.
▪音: 음. 소리. (흔히 아름다운 소리 목소리를 말함).
▪趣:멋. 풍취. 아취. 느낌. 기분. 분위기.　　▪初耳: 초문. 처음 들음. 또는 그 이야기.
▪見晴らし: 전망. 조망.

3. 社会について

{　　　　} から適当な言葉を選んで（　　）に入れなさい。

A. 社会、国際

1 { a 革命（かくめい）　b 改革（かいかく）　c 変遷（へんせん）}

❶ フランス（　　）は、1789年に起きた。

❷ 受験地獄をなくすには、入試制度の（　　）が必要だ。

❸ この博物館では、女性に衣服の（　　）を見ることができる。

2 { a 責任（せきにん）　b 役割（やくわり）　c 分担（ぶんたん）}

❶ 緑の多い公園は、都会のオアシスの（　　）を果たしている。

❷ 小林さんに頼めば、最後まで（　　）を持ってやってくれるだろう。

❸ このプロジェクトに参加するメンバーと、各自の（　　）を決めた。

3 { a 社会（しゃかい）　b 大衆（たいしゅう）　c 世の中（よのなか）}

❶ だれでも（　　）の一員としての責任を果たさなければならない。

❷ この小説家は専門家の評価は低いが、（　　）には支持されている。

❸ この頃は男性も化粧をしている。（　　）も変わったものだ。

4 { a 契約（けいやく）　b 条約（じょうやく）　c 協定（きょうてい）}

❶ A国とB国は、友好（　　）を結んでいる。

❷ 数時間に及ぶ話し合いの結果、労使間の（　　）が成立した。

❸ 賃貸マンションを、2年（　　）で借りることにした。

5 { a 民間（みんかん）　b 世論（よろん）　c 世間（せけん） }

❶ この事業は、政府と（　　）が共同出資して行っている。

❷ 本当にやりたいことなら、（　　）の目を気にしないでやるべきだ。

❸ 今回の事件に対する（　　）の見方は、大きく二つに分かれた。

＊「世間」は自分につながる範囲でとらえた社会。「世の中」はそれよりやや広い
　とらえ方をしている。「世間の目」は人々のこと。

6 { a お礼（れい）　b 謝礼（しゃれい）　c お返し（かえ） }

❶「つまらないものですが、わたしの（　　）の気持ちです。お受け取りくださ
　い。」

❷ 新築祝いをいただいた（　　）に、タオルのセットを送った。

❸ 講演をしてくださった先生に、わずかだが（　　）を差し上げた。

7 { a 義理（ぎり）　b 正義（せいぎ）　c 不正（ふせい） }

❶ 彼はとても（　　）感が強くて、間違ったことを許せない性格だ。

❷ 彼女は黙って（　　）を見逃すことのできない人だ。

❸ あまり行きたくなかったが、（　　）でパーティーに出席した。

8 { a 使命（しめい）　b 任務（にんむ）　c 義務（ぎむ） }

❶ 納税は国民が果たさなければならない（　　）の一つである。

❷ 訓練を終え、来月から警察官としての（　　）につく。

❸ 林さんはA国とB国の平和会談の仲介役としての（　　）を果たした。

＊「任務」はある仕事や役割につくときに果たさなければならない責任、「使命」
　はその人に与えられた任務。

9 { a 権力　　b 権限　　c 権利 }

❶ （　　）をめぐる政治家の争いに、国民は怒りを感じている。

❷ 事業計画の中止を決定するのは、部長としての私の（　　）を越えている。

❸ 北条さんは長年、女性の（　　）の拡大を求めて運動してきた。

10 { a 犯罪　　b 詐欺　　c 犯行 }

❶ （　　）を取り締まるはずの警察官が逮捕された。

❷ この男は偽のダイヤモンドを売り、（　　）の疑いで指名手配されている。

❸ 警察が調べた結果、この事件は内部の者の（　　）であることが分かった。

A.　社会、国際

• 過疎: (인구 등이) 지나치게 성김.　　• 世間: 세간. 새상. 사회. 세인. 세상 사람들.
• 付き合い: 교제. 사귐.　　出来事: 일어난 일. 사건.　　• 人目: 남의 눈.
• 世の中: 세상. 세간. 사회. 시대.　　• お返し: 답례. 답례품. 보복. 앙갚음. 거스름돈.
• 分担: 분담.　　• 大衆: 대중.　　• 契約: 계약.　　• 条約: 조약. 낱낱의 조목으로 쓴 약속.
• 世論: 여론.　　• 世間: 세간. 세상. 사회. 세상 사람들. 교제나 활동의 범위.
• お礼: 사례. 사례 인사(선물).　　• 謝礼: 사례. 사례인사. 사례 품(돈).　　• 正義: 정의.
• 不正: 부정.　　• 権限: 권한.　　• 詐欺: 사기.

B.　司法、行政、立法

1 { a 統治　　b 治安　　c 独裁 }

❶ A国では長い（　　）政権に対して、国民の批判が集まっている。

❷ 第二次世界大戦後、外国の（　　）下にあった多くの国々が独立した。

❸ この町は犯罪の多い町として知られていたが、長年の市民の努力で（　　）
　が良くなってきた。

2 { a 判決　　b 訴訟　　c 裁判 }

❶ 佐藤さんは夫と離婚後、子供の親権をめぐって（　　）で争うことになった。

❷ 交通事故の被害者が起こした（　　）は、和解によって取り下げられることになった。

❸ 容疑者は証拠不十分で、無罪の（　　）が言い渡された。

C. 経済

1 { a 家計　　b 生計　　c 会計 }

❶ 最近は、妻が（　　）を握っている家が多い。

❷ 彼の家はいちごを栽培して（　　）を立てている。

❸ 彼はサークルの（　　）を担当している。

2 { a 賃金　　b 報酬　　c 所得 }

❶ この2、3年、国民一人当たりの（　　）の伸びが低下している。

❷ 会社の業績悪化のため、社員は（　　）がカットされた。

❸ 今やっている仕事はやりがいはあるが、十分な（　　）は期待できない。

3 { a 消費　　b 浪費　　c 無駄遣い }

❶ 「水の（　　）ですよ。水を出したまま歯を磨くのは」。

❷ 内容のない会議は時間の（　　）だ。

❸ 最近、中高年層の（　　）は貯蓄に比べて伸び悩んでいる。

＊「無駄遣い」「浪費」は役に立たないことに無駄に金などを使うこと。「無駄遣い」は日常的な場面に多く使う。

4 ｛ a 財源 b 財産 c 資金 ｝

❶ 増税しなければ公共事業の（　　）を確保することができない。

❷ 彼は事業に失敗して（　　）をすべて失った。

❸ 彼は昼夜を問わず働いて、会社設立の（　　）を貯めている。

5 ｛ a 価格 b コスト c 値段 ｝

❶ 政治家は大根一本の（　　）を知っているだろうか。

❷ 世界的に石油の（　　）が高くなっている。

❸ これはすべて手作業のため、機械生産に比べて（　　）が高くつく。

＊「値段」は「価格」より日常的な場面で使われる。

6 ｛ a 経費 b 出費 c 費用 ｝

❶ 転勤が決って引っ越しするため、多くの（　　）がかかる。

❷ 不景気なので、事務所の（　　）節減を目指している。

❸ 12月はいろいろな集まりがあるので、（　　）が多い。

7 ｛ a 収益 b 黒字 c 利益 ｝

❶ 今月は節約したので我が家の家計は（　　）だった。

❷ コンサートの（　　）を老人ホームに寄付した。

❸ これからは（　　）にならない部門を縮小していく計画だ。

8 ｛ a 外貨 b 為替 c 通貨 ｝

❶ 中国の（　　）の単位は元である。

❷ 外国旅行で余った（　　）は空港で両替するとよい。

❸ （　　）相場の変動は物価に大きな影響を与える。

C. 経済

- 賃金: 임금. 품삯. 노임.　　• 無駄遣い: 낭비. 허비. 일상적인 것에 많이 사용한 것.
- 浪費: 낭비. 도움이 되지 않는 일에 함부로 돈 등을 쓰는 것.　　• 赤字: 적자. 결손.
- 為替: 환.　　• ただ: 공짜. 무료. 거저. 무보수.　　• 取り引き: 거래. 흥정.
- もうけ: 벌이. 이익. 이득　　• 統治: 통치.　　• 独裁: 독재.　　• 訴訟: 소송.
- 裁判: 재판.　　• 収益: 수익.　　• 通貨: 통화.

D. 仕事、産業

1 ｛ a　ベテラン　　b　プロ　　c　キャリア ｝

❶ 長年の経験を積んだ（　　）の技術と知恵はすばらしい。

❷ スポーツでも何でも（　　）としてやるのは大変だ。

❸ 母は看護婦として30年の（　　）がある。

2 ｛ a　マスコミ　　b　メディア　　c　ネットワーク ｝

❶ 消費文化はテレビなどの（　　）によって広がっていく。

❷ 学生の就職希望をみると、新聞社や放送局などの（　　）志望が多い。

❸ 子供の手術のため、難病の子供を支援する会の（　　）を通して献血を呼び

掛けた。

3 ｛ a　設備（せつび）　　b　装置（そうち）　　c　施設（しせつ） ｝

❶ 公共のスポーツ（　　）は民間に比べて安く利用できる。

❷ この図書館は、パソコンや視聴覚機器などの（　　）が充実している。

❸ 昨日見に行った演劇の舞台（　　）はとてもすばらしかった。

4 ｛ a　手間（てま）　　b　手当て（てあ）　　c　手続き（てつづ） ｝

❶ この料理は（　　）がかからなくて、見た目もきれいだ。

❷ 留学するための（　　）は、けっこう大変で、時間が掛かった。

❸ 階段から落ちてしまった。けがは大したことがないが（　　）が必要だ。

5 ｛ a 成績　　b 功績　　c 業績 ｝

❶ こつこつ勉強したおかげで、徐々に（　　）が伸びてきた。

❷ 新商品の開発が成功して、会社の（　　）が伸びた。

❸ あの人は福祉の分野で（　　）を残した。

6 ｛ a 派遣　　b 雇用　　c 人事 ｝

❶ 最近の（　　）部は採用よりリストラの仕事が増えているそうだ。

❷ 不景気で（　　）調整を行う会社が多い。

❸ 一つの会社に就職しないで、（　　）社員として働く人が増えている。

7 ｛ a 産業　　b 下請け　　c 企業 ｝

❶ 日本の中小（　　）は技術力が高いと言われている。

❷ 親会社の経営が苦しくなると、倒産する（　　）が出てくる。

❸ 高齢化社会になって、中高年を対象にした（　　）が盛んになってきた。

8 ｛ a 部品　　b 品　　c 見本 ｝

❶ あのCDは発売前から評判が高く、売り出しと同時に（　　）切れになった。

❷ 販売ルートを広げるために、商品の（　　）を持っていろいろな会社を回った。

❸ 最近の電気製品は、修理しようと思っても（　　）がたいことが多。

9 ｛ a 素材　　b 資源　　c 作物 ｝

❶ 今年は冷夏のため、野菜などの（　　）の出来が悪かった。

❷ この国は石油などの天然（　　）に恵まれている。

❸ この服は、ペットボトルを再利用した新（　　）で作られている。

10　{ a 田<ruby>た</ruby>んぼ　b 畑<ruby>はたけ</ruby>　c 広場<ruby>ひろば</ruby> }

❶ （　　）に稲が植えてある風景を見ると、故郷を思い出す。

❷ うちの両親は庭に小さな（　　）を作って野菜を育てている。

❸ 駅前（　　）にはバス乗り場がずらりと並んでいる。

11　{ a 同士<ruby>どうし</ruby>　b 相手<ruby>あいて</ruby>　c 同僚<ruby>どうりょう</ruby> }

❶ いつも相談（　　）になってくれたチャンさんが帰国してしまって心細い。

❷ 職場の（　　）に誘われて飲みに行った。

❸ 女性（　　）でおしゃべりしていたら、すっかり遅くなってしまった。

D.　仕事、産業

- 下請け: 하청.　　・手間: (일을 하는데 드는) 품. 시간. 노력. 수고. 일손. 노동력.
- 手当て: (어떤 일을 예정하여) 미리 대비함. 준비. 급여. 수당.　　・手続き: 절차. 수속.
- 見本: 견본. 대표적인 예.　　・メディア: 신문 잡지 방송 등의 매체.
- ベテラン: 베테랑. 그 방면에 경험이 많고 노련한 사람. 고참자.
- キャリア: 커리어. 경력. (공무원으로서) 상급시험 합격자.　　・プロ: 프로. 전문가.
- 装置: 장치.　　・施設: 시설. 특히 양호 시설 등 사회 복지 사업을 하는 곳.　　・派遣: 파견.
- 雇用: 고용.　　・人事: 인사.　　・作物: 작물.　　・広場: 광장.　　・畑: 밭. (전문) 분야. 영역.
- 田んぼ: 논.　　・同士: 한패. 동아리. (접미어적으로 쓰이어) 끼리. 사이.

E.　科学、教育、その他

1　{ a 人格<ruby>じんかく</ruby>　b 気品<ruby>きひん</ruby>　c 人柄<ruby>ひとがら</ruby> }

❶ 彼は（　　）はいいのだが、少し気の弱いところがある。

❷ 彼女は高い能力と優れた（　　）の持ち主として尊敬されている。

❸ 彼女の（　　）のある話し方や態度に皆うっとりした。

2 { a 教養　　b 才能　　c 学力 }

❶ その老人の話し方からは豊かな（　　）が感じられた。

❷ あの子は（　　）に恵まれている上に、努力家でもある。

❸ 最近、子供たちの（　　）の低下が問題になっている。

3 { a 腕前　　b 技術　　c 特技 }

❶ 大学に進学するより、（　　）を身につけたいという高校生が増えている。

❷ 手品を（　　）とする友人がカードのマジックを見せてくれた。

❸ 妹のテニスの（　　）は私よりずっと上だ。

4 { a 行儀　　b 礼儀　　c 作法 }

❶ 旅先で会った若者たちの（　　）正しい態度に好感を持った。

❷ 難しい（　　）は抜きにして、お茶会を楽しみたい。

❸ 近頃の子供は長い時間（　　）良く座っていることができない。

5 { a 実行　　b 実践　　c 実施 }

❶ 中村さんは（　　）力があるので、みんなから頼まれている。

❷ ロケット打ち上げ実験の（　　）は3月10日と決まった。

❸ ここは、私たちのグループが独自の方法で行う有機栽培の（　　）の場所だ。

6 { a 教育　　b 教訓　　c しつけ }

❶ 今回の失敗は悔しかったが、いい（　　）になった。

❷ 言葉遣いなど、家庭の（　　）は厳しいほうがいい。

❸ イリンさんはインドで生まれ、12歳からイギリスで（　　）を受けた

＊「しつけ」は主に家庭などで礼儀作法を教えること。

{　　　　　}　の中から適当な言葉を選び、（　　）に入れましょう。

文学

{ エッセー　　　漫画　　　ベストセラー

　活字離れ　　　ノンフィクション　　　アニメ　　　文学賞 }

A：作家のS氏の本が（❶　　　　）になっていますね。

B：ああ、今年（❷　　　）をとった小説ですね。私はあまり小説は読まないんです。

　政治、経済、歴史などを扱った（❸　　　）が好きです。

A：そうですか。私は身近な題材を自由に書いた（❹　　　）もよく読みます。

B：ところで、最近、若い人たちの（❺　　　）が進んで、本を読んでいるのをあまり

　見かけませんね。電車の中で（❻　　　）を読んでいる人は多いですが。

A：そうですね。最近は映画の分野でも（❼　　　）が人気のようですね。

{　ホームページ　　　メール　　　デジタル　　　サービス

　　インターネット　　コミュニケーション　　リアルタイム　}

A：パソコンさえあれば（❶　　　　）で買い物も切符の予約もできるんですから、便利

　になりましたね。

B：そうですね。海外のニュースも（❷　　　　）で見ることができるし、最近は様々な

　情報（❸　　　　）が充実してきましたね。

A：私は手紙も書かなくなって、ほとんど（❹　　　　）で送ります。今では友達との

　（❺　　　　）にはなくてはならない物になっています。

B：私は今度、家族の写真を撮って（❻　　　　）を作りたいと思っているんですよ。

A：いいですね。きっと遠くにいらっしゃるご両親が喜ばれますよ。

B：ええ。さっそく（❼　　　　）カメラを買おうと思っています。

4. 衣食住、自然

{　　} から適当な言葉を選んで（　　）に入れなさい。

A. 衣食住、道具など

1 { a 住まい　b 住宅　c 住所 }

❶「お（　　）はどちらですか。」「池袋です。」

❷「引っ越し先のご（　　）を教えてください。」

❸ A町は高級（　　）地として知られている。

2 { a 床　b 柱　c 天井 }

❶ 建物は（　　）などの骨組みが重要だ。

❷ （　　）が高いと解放感があり、広く感じる。

❸ 最近は、（　　）暖房にする家が増えている。

3 { a ホース　b パイプ　c さお }

❶ 強い風で（　　）に干したタオルが飛んでいってしまった。

❷ 洗面台の水が流れにくいので、（　　）を掃除した。

❸ 雨が降らないので、（　　）で庭に水をまいた。

4 { a 蛇口　b ふた　c 栓 }

❶「水が止まっていませんよ。（　　）をちゃんと締めなさい。」

❷ ワインの（　　）が固くてなかなか抜けない。

③ 瓶の（　　）が固くて開かなかったので、友達に開けてもらった。

5　{ a ひも　　b コード　　c 鎖(くさり) }

❶ 電気スタンドの（　　）が短すぎて、机の上に置けない。

❷ 古い新聞を（　　）でしばって、資源ゴミに出した。

❸ 犬を（　　）でつないで、散歩に連れて行った。

6　{ a コンセント　　b アンテナ　　c メーター }

❶ 部屋に電気製品が増えて、（　　）が足りなくなった。

❷ 台風で屋根の上のテレビの（　　）が倒れてしまった。

❸ 「ガスの（　　）は、車庫の奥にあります。」

7　{ a ファスナー　　b アクセサリー　　c ピン }

❶ 前髪が落ちてこないように（　　）でとめた。

❷ 太ったのでズボンの（　　）が閉まらなくなってしまった。

❸ 彼女の誕生日に何か（　　）をプレゼントしたいと思っている。

8　{ a 衣類(いるい)　　b 衣装(いしょう)　　c 衣服(いふく) }

❶ 彼は16、7世紀のヨーロッパの（　　）の歴史を研究している。

❷ 選択した（　　）をたたんで、たんすにしまった。

❸ あの人は有名な舞台（　　）のデザイナーだ。

＊「衣服」は主に外側に着る上着、ズボンなど。「衣類」靴下、下着などを含めて
　身につける物すべての総称。「衣装」は特別なときに身につける服（花嫁衣
　装、バレエの衣装など）。

9　{ a 木綿(もめん)　　b ポリエステル　　c ウール }

❶ 寒くなると、（　　）のコードが欲しくなる。

❷　（　　）の服は軽くてしわにならない。

❸　タオルやハンカチはやっぱり吸水性のある（　　）がいい。

10　{ a 襟（えり）　b 裾（すそ）　c 袖（そで）}

❶　暑いので、シャツの（　　）をまくった。

❷　このスカートは少し長いので、（　　）を上げなければならない。

❸　風が強いので、コートの（　　）を立てて歩いた。

11　{ a 食品（しょくひん）　b 餌（えき）　c 食料（しょくりょう）}

❶　吹雪に閉じ込められて、山小屋の（　　）が尽きてしまった。

❷　最近は冷凍（　　）の種類が増えて、便利になった。

❸　森林開発などで動物の（　　）が少なくなってきている。

12　{ a おかず　b おやつ　c 主食（しゅしょく）}

❶　東アジアでは米を（　　）にしている国が多い。

❷　子供の（　　）は手作りにするように心がけている。

❸　外食の（　　）を毎日考えるのはけっこう大変だ。

A.　衣食住、道具など

- 網: 그물.　　・絹: 비단. 명주. 견직물.　　・口紅: 입술연지. 립스틱.　　・棚: 선반. 시렁.
- 包丁: 부엌칼. 식칼.　　・住まい: 삶. 거주함. 사는 곳. 집.　　・床: 마루.
- 柱: 기둥. 일의 중요한 부분.　　・天井: 천정. 천장. 물가 시세 등의 최고 값.
- さお: 장대. 삿대. (큰 저울의) 저울대.　　・蛇口: 수도꼭지.
- ふた: 뚜껑. 덮개. (소라 등의) 딱지.　　・栓: 마개. (수도) 꼭지.
- ひも: 끈. 어떤 일의 이면에 있는 좋지 않은 조건.　　・鎖: 쇠사슬. 체인. 인연. 굴레.
- フアスナー: 지퍼.　　・襟: 옷깃. 칼라. 동정. 목덜미.
- 袖: 소매. 소맷자락. 책상의 양쪽 서랍.　　・裾: 옷자락. 기슭. 강 하류.
- 餌: 모이. 먹이. 사료. 미끼.　　・おかず: 반찬.　　・おやつ: 오후의 간식.
- 住宅: 주택.　　・衣類: 의류. 옷가지.　　・衣装: 의상. 복장.　　・衣服: 의복. 옷.　　・木綿: 목면.

1　{ a　泡　　b　露　　c　雫 }

❶ 葉の上の （　　） に朝日が当たって美しかった。

❷ 冷やしすぎたビールは少ししか （　　） が立たない。

❸ 雨が降ったようだ。木の葉から （　　） が落ちている。

2　{ a　みぞれ　　b　霜　　c　ひょう }

❶ ピンポン珠くらいの （　　） が降り、農作物に大きな被害が出た。

❷ 気温が下がり、雨が （　　） に変わった。

❸ 今朝はとても冷え込んだため、庭一面に （　　） が降りた。

3　{ a　風景　　b　眺め　　c　光景 }

❶ 友人の家で大家族が和やかに食事をする （　　） を見て温かい気持ちになった。

❷ あの画家はフランスの田舎の （　　） を好んで描いた。

❸ 山登りはきつかったが、頂上からの （　　） はすばらしかった。

＊「風景」は主に自然界の調和のとれた様子（「風景画」など）。「眺め」はある場所から見える風景）（「窓からの眺め」など）。

4　{ a　天気　　b　天候　　c　気候 }

❶ この島は一年中 （　　） が温暖なので、過ごしやすい。

❷ 米の取れ高はその年の （　　） に左右される。

❸ 旅行に行くので、明日の （　　） が気になる。

5 { a 津波　　b 洪水　　c 雪崩 }

❶「地震があったので、沿岸地方に住んでいる方は（　　）に注意してください。」

❷ 大雨のため、近くの川は（　　）になる恐れがある。

❸「（　　）の危険があるので、スキー客は直ちに避難してください。」

6 { a 水気　　b 湿り気　　c 湿気 }

❶「肉と混ぜる前に野菜の（　　）をよく切ってください。」

❷ 今日はあまり日が照らなかったので洗濯物に（　　）が残っている。

❸ 日本の夏は気温が高い上に（　　）も多いので、過ごしにくい。

7 { a 湾　　b 岬　　c 半島 }

❶ 船員にとって（　　）の灯台は方向を知る大切な存在だ。

❷ この（　　）には大きな漁港が二つある。

❸ この（　　）は波が穏やかなので、貝の養殖が行われている。

8 { a オゾン　　b 大気　　c 放射能 }

❶ 原子力発電所の事故で周囲に大量の（　　）が漏れた。

❷ （　　）層が破壊され、地上に届く紫外線の量が増えている。

❸ 車の排気ガスによる（　　）汚染が深刻だ。

B. 自然

- 嵐: 몹시 거센 바람. 폭풍우. (비유적으로)격렬한. 감정 행동.
- あられ: 싸라기눈. 깍뚝 썰기. 주사위 썰기. 또는 그렇게 썬 것.
- 稲光: 번개. (비유적으로) 민첩한 동작. 짧은 시간.　　• 宇宙: 우주.
- 沖: 앞바다. 넓게 펼쳐져 있는 논밭이나 들판의 먼 곳.　　• 海岸: 해안.
- 影: 그림자. (해 달 등의) 빛. 모습. 형체. (수면 거울에 비친) 영상. 자취. 환영. 그림자.

• 崖: 낭떠러지. 벼랑. 절벽.　• 雷: 천둥. 우레. 벼락. (비유적으로) 불호령. 호통을 치는 사람.
• 霧: 안개. 공중에 뿜은 미세한 물방울.　• さび: 녹. 나쁜 결과.　• 酸素: 산소.
• 大気: 대기. 공기.　• 風景: 풍경 경치.　• ほこり: 먼지.　• 泡: 거품. (입가의) 게거품.
• 露: 이슬. 조금. 추호. 덧없는 것. 눈물.　• 雫: 물방울.　• みぞれ: 진눈깨비. 꿀을 넣은 빙수.
• ひょう: 우박.　• 眺め: 조망. 경치. 전망.
• 天気: 날씨. 일기. 좋은 날씨. 갠 날씨. 쾌청한 날씨. (변덕스러운 사람의 기분. お天気屋: 변덕쟁이).
• 天候: 일기. 날씨.　• 気候: 기후.　• 津波: 해일. 해소.　• 洪水: 홍수. 큰물.
• 雪崩: 눈사태.　• 水気: 물기. 수분.　• 湿り気: 습기.　• 湿気: 습기.　• 湾: 만.
• 岬: 갑. 곶.　• 半島: 반도.　• 霜: 서리.　• 放射能: 방사능.

C. 生物

1 { a つぼみ　b 種(たね)　c 実(み) }

❶ 春とはいってもまだ寒いのに、桜の（　　）がもう膨らんでいる。

❷ 庭にある木の赤い（　　）は、鳥が全部食べてしまった。

❸ 朝顔の（　　）は4月頃まくといい。

2 { a ウイルス　b ばい菌(きん)　c 細菌(さいきん) }

❶ 彼は腸内（　　）の研究者として知られている。

❷ 「手には（　　）がついているから、家に帰ったらよく洗いなさい。」

❸ 今年の冬は、インフルエンザの（　　）が猛威をふるっている。

3 { a とげ　b 芽(め)　c 根(ね) }

❶ バラは美しいが、（　　）が痛い。

❷ 温かくなって、チューリップの（　　）が少し出てきた。

❸ 大木は土にしっかりと（　　）を張っている。

4 　{ a 細胞（さいぼう）　　b 毒（どく）　　c かび }

❶ 発癌物質によって（　　　）が刺激を受け、癌になると言われている。

❷ 梅雨時には、食べ物に（　　　）が生えやすい。

❸ キノコはいろいろな種類があるが、中には（　　　）を持っているものもある。

*「細菌」の中で有害なものを「ばい菌」という。「ウイルス」はインフルエンザなどの病原体で、細菌よりさらに小さい微生物。

5 　{ a 梢（こずえ）　　b 幹（みき）　　c 枝（えだ） }

❶ 松は（　　　）ぶりが良いかどうかで価値が決まる。

❷ 林の中を歩いている、（　　　）に小鳥がたくさん止っていた。

❸ あの木は（　　　）が太く、大人が3人手をつないでも届かない。

*「枝」の先の方を「梢」という。

6 　{ a くちばし　　b しっぽ　　c 角（つの） }

❶ 私が名前を呼ぶと、その犬は（　　　）を振ってやってきた。

❷ 鹿が（　　　）をつき合わせて、けんかをしている。

❸ つばめのひなが（　　　）をいっぱいに開けて、親鳥からの餌を待っている。

C. 生物

- ウイルス: 바이러스.　　・かび: 곰팡이. (비유적으로) 하찮은 것. 낡은 것.
- くちばし: 부리. (새의) 주둥이.　　・細胞: 세포.
- しっぽ: 꼬리. 물고기의 뒷지느러미. 가늘고 긴 것의 끝.　　・種: 종자. 씨앗. 혈통. 아이. 자식.
- 角: 뿔. 뿔모양과 같은 것. 여자의 질투심.　　・毒: 독.　　・とげ: 가시.
- 根: 뿌리. (서 있거나 돋아난 것의) 밑동. 밑둥치. 부스럼 속의 단단한 망울. 근. (낚시에서) 바다 속의 암초. 화살촉. 근원. 기원. 본성. 마음속에 맺힌 응어리.
- 菌: 균. 세균.
- 芽: (초목의) 싹. 알눈. 배반. (비유적으로) 새로 생겨서 앞으로 발전하려는 것. 싹.
- つぼみ: 꽃 봉오리. (비유적으로) 아직 제구실을 못하나 전도유망한 젊은이.

• 実: 열매. 씨앗. 알맹이. 내용. 국 건더기.
• バイ菌: 미균. 인체에 해가되는 세균 등 미생물의 속칭.　• とげ: 가시.
• 梢: 우듬지. 나무 끝. 가지 끝.　• 幹: 나무줄기. 사물의 주요 부분. 기간.
• 枝: 가지. 근원에서 갈라져 나간 것.

D.　身体、その他

1　{ a 体格（たいかく）　b 体つき（からだ）　c 肉体（にくたい） }

❶ 木村さんは長年スポーツをしているだけあって、（　　）がいい。

❷ あの親子は（　　）が似ている。

❸ この仕事は（　　）的な疲れよりも、精神的な疲れを感じる。

　＊「体格」は身長、体重、骨格から見た体の様子。「体つき」は外観から見た特
　　徴をとらえていう体の様子。

2　{ a ひじ　b ひざ　c かかと }

❶ 転んで（　　）をすりむいた。

❷ 身長を測るときは（　　）をつけてまっすぐ立ってください。

❸ 電車で居眠りをしてしまい、隣の人に（　　）でつつかれた。

3　{ a 腕（うで）　b 肩（かた）　c 脇（わき） }

❶ 赤ん坊はお母さんの（　　）の中で、すやすやと眠っていいる。

❷ 疲れ切ってゴールした選手は。仲間たちに両（　　）を抱えられて、やっと
　　歩いた。

❸ 長時間パソコンを打っていると目が疲れ、（　　）が凝ってくる。

4　{ a 額（ひたい）　b ほっぺた　c まぶた }

❶ 山道をしばらく登っていると、（　　）に汗が浮かんできた。

❷ 冷たい風の中で、子供たちは（　　）を真っ赤にして遊んでいる。

❸ （　　）を閉じると、故郷の景色が浮かんでくる。

5　{ a　つば　　b　汗　　c　涙 }

❶ スポーツで（　　）をかけば、嫌なことは忘れてしまう。

❷ 祖母は成長した孫の姿を見て、（　　）を流して喜んだ。

❸ おいしそうな料理が並んでいるのを見て、思わず（　　）を飲み込んだ。

6　{ a　いびき　　b　くしゃみ　　c　あくび }

❶ さっきから（　　）が続けて出る。風邪をひいたようだ。

❷ ルームメイトの（　　）がうるさくて、よく眠れない。

❸ 先生の話の最中に眠くなって、大きな（　　）をしてしまった。

7　{ a　脈拍　　b　血圧　　c　息 }

❶ 階段を走って上ったら、（　　）が切れた。

❷ 走る前と、全力で走った後の2回、（　　）を測って比べてみた。

❸ 少し（　　）が高いので、塩分をとりすぎないように、食べ物に注意している。

8　{ a　やけど　　b　あざ　　c　きず }

❶ 子供の頃、木から落ちてけがをしたときの（　　）が今も残っている。

❷ なぐられて、目の周りが（　　）になった。

❸ （　　）をしたときは、すぐに冷たい水で冷やすといい。

9　{ a　一生　　b　命　　c　寿命 }

❶ このアニメを通して、子供たちに（　　）の大切さを教えたい。

❷ 医学が進んだおかげで、人間の（　　）が飛躍的に延びた。

❸ 彼女は（　　）を無医村の医療活動に捧げた。

- 垢: 때. 더러움. 더러운 것.　　• アレルギー: 알레르기. 정신적 거부반응.
- 体つき: 몸매. 몸집. 체격.　　• 癌: 암. 조직 기구 내의 고질적인 장애.　　• 血液: 혈액. 피.
- 腰: 허리. (옷의) 허리부분. 또는 그 부분. 산허리. 벽 미닫이 등의 중간보다 약간 아래 부분.
- しゃっくり: 딸꾹질.　　• 寿命: 수명. 목숨의 길이. (변하여) 물건을 사용 할 수 있는 기간.
- 神経: 신경. 사물을 느끼거나 생각하는 힘. 감각. 감수성.
- 心臓: 심장 염통. 사물의 중요부.　　• 背中: 등. 뒷면. 뒤.　　• 脳: 뇌. 두뇌. 머리.
- 肺: 폐. 허파.　　• 皮膚: 피부.　　• 骨: 뼈. 가시. 기물의 뼈대. 살. (사물의) 중심. 핵심. 기골. 기개.
- ひじ: 팔꿈치. 팔꿈치 모양의 것.　　• ひざ: 무릎.　　• かかと: 발꿈치. 발뒤꿈치. (신발의) 뒤축.
- 脇: 겨드랑이. 옷의 겨드랑이 부분. 옆구리.　　• 額: 이마.　　• ほっぺた: 볼 뺨.
- まぶた: 눈꺼풀.　　• つば: 침. 타액.　　• いびき: 코고는 소리를 냄. 또는 그 소리.
- くしゃみ: 재채기.　　• あくび: 하품.
- やけど: 화상. 또는 그 상처. (비유적으로) 피해를 봄. 타격을 입음.
- あざ: (피부에 생기는 빨강이나 보라색 따위의) 반점. 멍.
- きず: 다친데. 생채기. 흉터. (정신적인) 고통. 타격. 흠집. 금간데. 결점. 수치. 오점. 불명예.
- 脈拍: 맥박.　　• 血圧: 혈압.　　• 息: 숨. 호흡. 기분. 김.

E.　感覚を刺激するもの

1　{ a 騒音（そうおん）　b 雑音（ざつおん）　c 物音（ものおと） }

❶ 友達と電話で話していたら、（　　）が入って聞きにくくなった。

❷ 夜中に変な（　　）がして目が覚めた。

❸ 道路の（　　）がうるさくて、夜も眠れない。

2　{ a つや　b 香（かお）り　c 粘（ねば）り }

❶ この石は、磨くと（　　）が出てさらに美しくなる。

❷ 納豆のように、（　　）のある食品は栄養価の高いものが多い。

❸ 部屋には、かすかに花の（　　）が漂（ただよ）っている。

- 味: 맛. 재미. 묘미. 운치. 정취. 체험에 의하여 얻은 느낌.
- 映像: 영상. 물체의 비추어진 모습. 이미지. (영화 텔레비전의) 화상.
- 光沢: 광택. 광. 윤.　　• 雑音: 잡음. 소음. 잡소리. 무책임한 언론.
- 色彩: 색채. 색조. 빛깔. 특색. 경향. 성질.　　• 刺激: 자극. 마음을 흥분시킴.
- つや: 윤. 광택. (목소리 등이) 젊고 발랄한 목소리. 재미. 애교.　　• 粘り: 찰기. 끈기.
- 反響: 반향. 메아리.　　• 響き: 울림. 울리는 소리. 반향. 메아리. 여운. 울려오는 진동. 음감. 영향.
- 物音: (무슨)소리.　　• 騒音: 소음.

{　　　　　　}　の中から適当な言葉を選び、（　　　）に入れましょう。

野球

{　ファインプレー　　　ファン　　　ルーキー　　　オールスターゲーム

エラー　　　ホームラン　　　アマチュア　}

A：私はスポーツ観戦が好きです。特に野球に興味があります。

B：そうですか。私もよく見ます。打撃好調の鈴木選手はよく（❶　　　　）やヒットを
　打ちますね。

A：今年高校を卒業した（❷　　　　）の松田選手の活躍もすばらしいですね。

B：野手の（❸　　　）も私たち（❹　　　）を喜ばせてくれますね。さすがプロ選手は
　（❺　　　）のような（❻　　　）は少ないですね。

A：そうですね。各チームの代表選手が出る（❼　　　　）も楽しみですね。

相撲

{ 勝負　黒星　白星　横綱　土俵　力士　軍配 }

A：相撲を見たことがありますか。

B：テレビでよく見ます。あれは日本の伝統的なスポーツですね。

A：ええ、競技をする円形の（❶　　　）や座布団に座って見るさじきは昔の劇場のようですね。（❷　　　）を判定する行司の（❸　　　）を持つ姿も珍しいでしょう。

B：（❹　　　）の中で一番位の高い人を何と言いますか。

A：（❺　　　）と言います。次が大関です。勝つことを（❻　　　）、負けることを（❼　　　）と言うのもおもしろいでしょう。

B：今度は実際に見に行きたいです。

- 打撃: 타격. 세게 침. (정신적인)충격. 손해. 피해. (야구에서)투수가 던진 공을 타자가 침.
- ファインプレー: 묘기. 미기.　・ルーキー: (야구 등에서)신인선수.
- 勝負: 승부. 승패. 승부를 겨룸.
- 黒星: 검고 둥근 점. (과녁 중앙의)검은 동그라미. (변하여)중심. (씨름의 승패를 나타내는 일람표에서) 졌음을 나타내는 검은 동그라미표. 패배. 실패.
- 白星: 안에 먹칠을 하지 않은 별표나 동그라미표. 특히, 일본 씨름에서 승리를 나타내는 ○표 (변하여) 성공. 공훈.
- 横綱: (일본 씨름에서)최고위의 씨름꾼이 씨름판에 들어갈 때 まわし위에 매는 四手(しで)로 장식한 굵은 줄. (비유적으로)제일인자.
- 土俵: 씨름판　・力士: 씨름꾼.
- 軍配: 군대를 배치하고 지휘함. (변하여)지시. 명령. 軍配うちわ의 준말. (일본 씨름에서)심판이 씨름 판에서 쓰는 부채 모양의 것.

저자 **이계옥**

성신여자대학교 일어일문학과 졸업(1977.2)
한국외국어대학교대학원 석사학위 취득(1980.2)
한국외국어대학교대학원 박사학위 취득(2000.2)
현재 배화여자대학 일어통번역과 교수(1984.9~현재)

日本語 能力試験 特講
Japanese Language Proficiency Test Special Class

초판인쇄   2009년 8월 14일
초판발행   2009년 8월 24일

저자   이계옥
발행   제이앤씨
등록   제7-220호

주소   서울특별시 도봉구 창동 624-1 현대홈시티 102-1206
전화   (02)992-3253(대)
팩스   (02)991-1285
전자우편   jncbook@hanmail.net
홈페이지   http://www.jncbook.co.kr
책임편집   김연수

ISBN 978-89-5668-738-4 03730   정가 14,000원